Chengshi Duo Moshi Hunhe Jiaotongliu Shuxue
城市多模式混合交通流数学
Jianmo yu Fangzhen Fenxi
建模与仿真分析

谢东繁　李新刚　四兵锋　贾　斌◎著

人民交通出版社股份有限公司

北　京

内 容 提 要

本书系统论述了城市多模式道路及网络交通流的建模与分析方法,并通过大量数值算例对这些模型进行验证。本书共 10 章,主要内容包括:路段与典型瓶颈场景的混合交通流建模与仿真、多模式交通系统的超网络建模及分析、基于瓶颈模型的城市多模式通勤出行建模分析、车联网等新技术环境下混合交通流建模与分析等。

本书可作为城市交通规划与管理部门的参考书,也可作为高等院校交通运输工程、系统科学与工程等专业高年级本科生与研究生教材。

图书在版编目(CIP)数据

城市多模式混合交通流数学建模与仿真分析/谢东繁等著. —北京:人民交通出版社股份有限公司,2023.9
 ISBN 978-7-114-18654-7

Ⅰ.①城… Ⅱ.①谢… Ⅲ.①城市道路—交通运输管理—系统建模 Ⅳ.①U491

中国国家版本馆 CIP 数据核字(2023)第 040290 号

书　　名:	城市多模式混合交通流数学建模与仿真分析
著 作 者:	谢东繁　李新刚　四兵锋　贾　斌
责任编辑:	任雪莲
责任校对:	赵媛媛　龙　雪
责任印制:	张　凯
出版发行:	人民交通出版社股份有限公司
地　　址:	(100011)北京市朝阳区安定门外外馆斜街 3 号
网　　址:	http://www.ccpcl.com.cn
销售电话:	(010)59757973
总 经 销:	人民交通出版社股份有限公司发行部
经　　销:	各地新华书店
印　　刷:	北京虎彩文化传播有限公司
开　　本:	787×1092　1/16
印　　张:	15
字　　数:	339 千
版　　次:	2023 年 9 月　第 1 版
印　　次:	2023 年 9 月　第 1 次印刷
书　　号:	ISBN 978-7-114-18654-7
定　　价:	66.00 元

(有印刷、装订质量问题的图书,由本公司负责调换)

前言

高速的经济运行模式与快速推进的城市化进程激发了交通需求的持续快速增长,机动车数量急剧增加,导致交通拥堵严重、交通事故频发、环境污染加剧等一系列城市交通问题。为解决此类问题,推进城市可持续发展,国家从交通规划、运营与管理等不同层面提出了未来城市发展多模式综合交通系统的愿景。2019年,中共中央、国务院印发《交通强国建设纲要》,提出了现代信息技术下的多模式城市交通发展视角。2021年2月,交通运输部发布了《国家综合立体交通网规划纲要(2021—2035年)》,提出了发展多模式立体交通体系的构想,以满足日益增长的高品质、多样化、个性化出行需求。2022年,国务院印发《"十四五"现代综合交通运输体系发展规划》,提出了2035年基本建成交通强国的展望。当前,我国许多城市,特别是大中城市已经全面发展多种交通模式,包括道路交通(私家车)、公共交通(城市轨道交通、常规公交、出租车)以及慢行交通(步行、自行车)等,这些交通模式互为补充,组成复杂的城市交通系统。

发展城市多模式交通系统的重要目标是充分利用各种交通模式的优势,提升城市交通系统的承载能力、运输效率,并满足多样化的出行需求。然而,不同于单一模式的交通系统,多模式交通系统存在不同交通模式之间的相互干扰以及关联与匹配问题;特别是在不同交通模式衔接的节点处,客流在不同交通模式之间的迁移机制与规律,以及多模式交通网络上交通的演化规律等,仍是困扰交通领域科研人员的关键问题。为此,亟须面向城市多模式交通系统开展系统、深入的研究与分析,从而为城市多模式交通规划与管理提供科学的理论支撑。

针对城市多模式交通系统动态、随机、复杂的特点,本书按照从微观到宏观的基本思路,层层展开,逐步深入,从多模式交通系统分析、建模与管控策略等方面进行阐述。具体内容如下:第1章为绪论,主要介绍城市多模式交通系统的构成与特征;第2章为交通流基础知识,主要介绍相关的基础知识;第3~5章从微观层面介绍多模式混合交通系统建模与分析方法,其中,第3章为路段多模式混合交通流建模与分析,第4章为平面交叉口混合交通系统建模与分析,第5章为考虑公交线路影响的多模式交通系统建模与分析;第6~9章从宏观层面介绍多模式网络交通流建模与分析方法;第10章为车联网等新技术环境下多模式混合交通流建模与分析。

本书由北京交通大学谢东繁、李新刚、四兵锋、贾斌共同撰写。其中,谢东繁负责全书结构框架设计与统稿,以及第1、2、3、4、10章的撰写;贾斌负责第5章的撰写;四兵锋负责第6~8章的撰写;李新刚负责第9章的撰写。

本书的撰写得到了国家自然科学基金"基础科学中心"项目(未来城市交通管理72288101)、国家自然科学基金"专项基金项目"(面向极端灾害的城市系统安全运营与韧性恢复,72242102)、国家自然科学基金项目(韧性城市交通枢纽安全风险防控与管理,72091513)的资助,在此表示感谢。此外,在本书的撰写过程中,广泛参考了国内外的文献资料,谨向这些资料的原作者和出版单位表示衷心的感谢!

由于作者水平有限,书中难免存在错误和遗漏,恳请读者批评指正。

作　者
2023年4月

目录

第1章　绪论 ····· 1
1.1　概述 ····· 1
1.2　城市多模式交通建模的研究现状 ····· 3
1.3　城市多模式交通建模中的主要问题 ····· 7
1.4　本章小结 ····· 8
本章参考文献 ····· 8

第2章　交通流基础知识 ····· 14
2.1　交通流基本参数 ····· 14
2.2　交通流基本图 ····· 15
2.3　行人流基本参数 ····· 18
2.4　行人流基本图 ····· 19
2.5　本章小结 ····· 20
本章参考文献 ····· 20

第3章　路段多模式混合交通流建模与分析 ····· 22
3.1　概述 ····· 22
3.2　机非混合交通流耦合元胞自动机模型 ····· 27
3.3　数值模拟和分析 ····· 30
3.4　本章小结 ····· 36
本章参考文献 ····· 37

第4章　平面交叉口混合交通系统建模与分析 ····· 42
4.1　概述 ····· 42
4.2　人行横道人车混合交通流建模 ····· 42
4.3　无信号交叉口混合交通流建模 ····· 56
4.4　本章小结 ····· 68
本章参考文献 ····· 70

第5章 考虑公交线路影响的多模式交通系统建模与分析 ... 71
5.1 概述 ... 71
5.2 含有公交线路的双车道元胞自动机模型 ... 72
5.3 公交线路对双车道车流的影响分析 ... 74
5.4 停靠站客流不均衡对公交线路运行特性的影响分析 ... 83
5.5 本章小结 ... 89
本章参考文献 ... 89

第6章 多模式交通系统的超网络模型与路径 ... 91
6.1 概述 ... 91
6.2 单模式交通网络 ... 92
6.3 交通网络的一般属性 ... 93
6.4 交通量基本守恒条件 ... 94
6.5 最短路算法 ... 95
6.6 多模式交通系统 ... 96
6.7 多模式交通超网络模型 ... 98
6.8 多模式交通出行的超路径 ... 102
6.9 最短超路径算法 ... 105
6.10 有效超路径算法 ... 108
6.11 本章小结 ... 111
本章参考文献 ... 111

第7章 多模式交通超网络流量分配 ... 113
7.1 概述 ... 113
7.2 交通网络流量分配基础 ... 114
7.3 考虑换乘的多模式交通超网络流量分配模型 ... 118
7.4 考虑距离因素的多模式交通超网络流量分配模型 ... 124
7.5 城市群多模式交通超网络流量分配建模 ... 133
7.6 本章小结 ... 144
本章参考文献 ... 145

第8章 多模式交通网络系统优化模型 ... 148
8.1 概述 ... 148
8.2 交通拥堵分析 ... 149
8.3 交通外部性 ... 149
8.4 交通系统优化模型 ... 151
8.5 双层规划模型 ... 153
8.6 考虑社会成本的多模式交通系统优化模型 ... 155
8.7 考虑公平性的停车换乘设施选址系统优化模型 ... 163
8.8 本章小结 ... 172

  本章参考文献 ·········· 172

第9章　基于瓶颈模型的城市多模式通勤出行模型 ·········· 175
 9.1 概述 ·········· 175
 9.2 小汽车和公交车模式混合的通勤交通模型 ·········· 176
 9.3 小汽车与公交车模式分离的通勤交通模型 ·········· 180
 9.4 小汽车和公交车模式分时段混合的通勤交通模型 ·········· 183
 9.5 本章小结 ·········· 193
  本章参考文献 ·········· 193

第10章　车联网等新技术环境下多模式混合交通流建模与分析 ·········· 194
 10.1 概述 ·········· 194
 10.2 基于智能交通信息的车辆跟驰模型 ·········· 195
 10.3 考虑车间通信信息的自适应巡航控制模型 ·········· 203
 10.4 考虑车间通信的协同驾驶模型与混合交通流特性分析 ·········· 220
 10.5 本章小结 ·········· 231
  本章参考文献 ·········· 231

第1章 绪论

1.1 概 述

多模式交通系统通常指由交通参与者(人)、多种交通工具(私家车、公共汽车、非机动车等)、交通基础设施(道路、轨道、交通信号等)以及交通环境等组成的复杂交通系统。城市典型的交通模式包括道路交通(私家车)、公共交通(常规公交、城市轨道交通、出租车等)以及慢行交通(步行、自行车)等。如图1-1所示,多模式交通系统中,各种交通模式在交通枢纽等节点处相互连接,构成多模式复合交通网络,成为城市综合交通系统的基础。

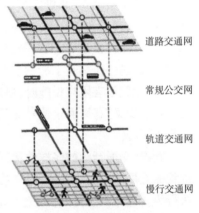

图1-1 多模式交通系统各节点的连接示意

1)道路交通

在本书中,道路交通特指服务于机动车的道路系统。道路交通系统具有灵活多样的特征,能够实现门到门的便捷运输,满足多样性的用户出行需求,是城市交通系统的主体。通常认为,道路交通系统是由人、车、路、环境以及各种交通管理与控制措施组成的复杂开放巨系统。

2)公共交通

随着机动车保有量的快速增加,交通拥堵、环境污染、能源消耗高等问题日益凸显,大力发展城市公共交通是解决这些问题的重要手段。公共交通主要形式为常规公交和城市轨道交通。

(1)常规公交。

常规公交是城市公共交通系统的主体,是服务普通城市居民出行的主要交通模式之一。

(2)城市轨道交通。

城市轨道交通系统包括地铁、轻轨、单轨、有轨电车、磁浮列车、自动导向轨道系统、市域铁路等,是城市公共交通系统的骨干。

3)慢行交通

慢行交通主要包括步行和自行车两种方式。慢行交通是交通出行起点、终点以及交通换乘的衔接部分,是交通出行的重要环节。随着城市交通环境污染、能源短缺的加剧,很多国家和地区开始倡导绿色交通理念,慢行交通系统重新焕发出生机。

当前,多模式交通综合发展已经成为我国城市交通发展的普遍特征,各种交通模式并行发展、互为补充,构成了复杂的城市综合交通系统。例如,2017年,北京市中心城区各种交通模式分担的日均交通量分别为:小汽车934万人次、轨道交通(包含地铁和轻轨)600万人次、公交618万人次、出租车110万人次、自行车462万人次、步行1128万人次。2017年,上海市公共交通运量为65.6亿人次,日均客运量约1800万人次,各种交通模式分担的交通量分别为:轨道交通53.9%、公共汽(电)车33.5%、出租汽车11.6%、轮渡0.8%[1]。然而,我国大部分中小城市的多模式交通发展受到经济、地理等因素的制约,公共交通分担量相对较低。如何进行高效的管理与组织,充分发挥各种交通模式的优势特征,从而提升城市交通系统整体的运行效率,缓解交通拥堵,是我国城市交通亟须解决的重要问题。

多模式交通为城市居民出行提供了多种途径,但也增加了交通系统的复杂性。以城市道路交通为例:

首先,由机动车、非机动车、行人构成的混合交通成为我国城市道路交通系统的典型特征。在混合交通的条件下,各种交通模式之间的冲突不可避免。特别是在没有机非隔离设施的路段、人行横道、交叉口等交通瓶颈处,机动车、非机动车和行人之间的相互干扰和冲突非常严重,进一步加重了交通拥堵的程度。据北京和上海的调查,与有隔离设施的路段相比,车道之间没有隔离设施时,机动车、非机动车的平均车速均下降约15%;而在交通冲突最为严重的交叉口处,通过信号交叉口的机动车由于受到非机动车和行人的干扰,其平均速度会显著下降。

其次,交通行为的多样性和复杂性是城市多模式交通的显著特征。我国正处在城市化进程的发展阶段,人们的交通守法意识有待进一步提升,机动车、非机动车和行人的交通违法行为普遍存在。比如,在交叉口和人行横道等交通瓶颈处,非机动车和行人违法穿行的现象时有发生;而机动车也存在频繁变换车道、跨线行车、占用非机动车道,以及长时间路边停车等行为。此外,随着机动车交通的快速发展,大量新手驾驶员的加入加剧了驾驶行为的不确定性。交通行为的多样性和复杂性,客观上使发生交通拥堵的可能性增加,同时导致了更加严重的交通安全等问题。

再次,多模式交通系统下存在大量复杂的交通瓶颈。以我国城市道路系统为例,许多城市中存在大量的多种类型的平面交叉口、人行横道和公交站等典型瓶颈。理论研究表明,均匀、稳定的车流遇到交通瓶颈时会受到干扰,从而导致非稳态交通流的形成;同时,相关的实测研究也发现,交通瓶颈处往往存在多种不同的拥挤交通流模式,并且伴随着通行能力和效率的大幅下降。特别是在多模式混合交通条件下,通常会存在多个方向车流以及多种交通模式之间的干扰和冲突,交通环境极为复杂,这也是局部交通拥堵的重要原因。

最后,在多模式交通系统下,出行者的一次出行过程中可能包含多种交通模式,如步行、公交、地铁等,多模式出行导致复杂的出行链特征。传统的面向单模式的网络交通流理论无法适用于更为复杂的多模式交通网络系统。因此,对多模式交通网络的出行方式链广义阻抗的描述与量化分析,对于多模式交通网络的规划设计有着重要作用。

---

[1] 北京市数据来源:北京交通发展研究院,《2017年北京市交通发展年度报告》,2017。上海市数据来源:上海市城乡建设和交通发展研究院,《2017年上海市综合交通运行年报》,2017。

1.2 城市多模式交通建模的研究现状

当前,针对机动车构成的道路交通流,已经形成了较为完善的模型方法体系(HCM,2000;Chowdhury 等,2000;Helbing,2001),针对行人流、自行车流也取得了较为丰富的研究成果(Helbing 和 Molnar,1995;Jia 等,2007;Kirchner 和 Schadschneider,2002;Wang 等,2008)。在多模式交通流领域,由于多种交通模式在运行特征、匹配耦合以及关联演化等多方面的复杂性,相关的研究成果较为缺乏;另外,多模式交通流在数据采集与融合等方面的困难进一步加大了多模式交通流研究的复杂性。

下面分别从多模式交通流大数据挖掘与应用、多模式交通流状态感知与辨识、多模式交通流耦合衔接机制、多模式交通流动态演化与建模、多模式交通流管理与控制等方面对多模式交通系统的研究成果进行概述。

1)多模式交通流大数据挖掘与应用

面向多模式交通流的研究涉及海量基础数据。在数据层面,基于人工、检测器、手机基站、刷卡终端、北斗卫星等多种途径,世界各国的研究者获取了丰富多样的交通大数据,这些数据涵盖机动车、轨道交通、慢行交通等各个交通领域(Herodotou 等,2011),并在交通状态辨识、交通流动态演化、交通量预测、交通网络设计等领域得到了广泛应用。然而,在多模式交通流层面,由于缺少多模式交通数据之间的融合匹配研究,大量现有文献对交通流状态辨识和动态演化的研究局限于单模式交通流(He 和 Peeta,2016;Boyce,2013;Xu,2011);关于多模式交通和多模式复合交通网络的研究成果集中在交通网络设计和动态交通流分配等领域(Bie 和 Lo,2010;Balakrishna 等,2005;Watling,2003);而在多模式交通流的状态及时空演化规律方面,研究成果较少。

对于城市交通流,早期通过浮动车法和固定传感器进行数据采集。浮动车法对探测车数量有一定要求,成本较高,且受卫星定位精度影响大;固定传感器采集则有范围有限、周期长、精度低、成本高的缺陷,因而这两种方式都不适合时变的交通路网体系(Wang 等,2013)。无线传感器网络作为传统交通检测器的替代技术之一,为城市交通流状态感知提供了更好的解决办法(Cheung,2006)。然而传感器节点的固定位置部署只适合固定的交通流模式,以车辆传感器网络(Vehicular Sensor Network,VSN)为代表的移动传感器网络逐步盛行,与传统传感器网络相比,移动传感器网络的移动能力提升了网络覆盖性、连通性等性能,广泛用于动态、实时地获取区域内监测数据(Lee 和 Gerla,2010)。随着车联网技术和大数据的出现,群智感知技术在交通领域得到发展。群智感知技术通过公交车、出租车、智能手机终端等设备获取大量监控数据,利用 GPRS/GSM/4G/5G/Wi-Fi/蓝牙等通信资源传输数据,使用控制系统主动选择合适时间、位置上的数据集合,从而达到数据的有效获取与精细化最优(Herrera 等,2010)。虽然群智感知技术在可信度、采样建模、自适应等方面仍然存在问题,但是移动传感器网络和群智感知技术是未来发展的主流方向,也是当前获取交通数据的主要方式。

目前,大数据分析与挖掘技术在交通研究与应用领域受到广泛关注。特别在道路交通方面,通过线圈传感器数据、北斗卫星导航(或 GPS)数据、浮动车数据等的融合,弥补了单一数据源的不足,为深入研究道路交通流理论提供了支撑。Berkow 等(2009)对道路交通流量数据进行了融合,取得了较好的融合效果,使通过融合数据获取交通量成为可能。Faouzi 等(2009)进一步对数据融合的数据实时动态性及数据质量的保证提出了一定要求,研究出精度更高的数据融合处理方法,对数据融合技术在交通领域的应用起到了推进作用。Cheu 等(2003)提出了模块的概念,为建立的数据模型设计了不同模块功能,并通过模块的共同作用实现融合精度的提升。国内对数据融合处理技术的研究起步较晚,但发展迅猛。物联网时代产生了一种基于大数据融合调度的综合交通处理平台,平台结合多源信息融合理论,对数据库中的文本信息、位置信息、图片、音频、视频等数据进行模式识别和信息融合,实现对多源信息的整合与高效利用(Guo 等,2016)。目前,对道路交通等单一交通模式的数据融合处理方法研究较多,但对多模式交通的数据融合处理研究较少,值得后续探讨。

2)多模式交通流状态感知与辨识

多模式交通流状态感知与辨识是研究交通流状态演化的基础,也是进行交通管理与控制的基本条件。当前,信息、移动互联、传感以及计算机等技术的快速发展为多模式交通流状态感知与辨识提供了丰富的数据基础与分析技术。

传统交通状态感知与辨识研究主要基于单一或局部数据对交通状态进行定义,并以此为基础对其他区域/不同时间的交通状态进行预测与分析。陈钊正等(2018)使用聚类算法处理实际交通流数据,实现了高速公路交通状态和拥挤程度的实时判别。Lee 等(2011)对微观交通瓶颈间的有效交通流进行了辨识分析,提出三相位时空交通瓶颈决策模型,但计算效率较低、结果精度不够。近年来,大数据挖掘与机器学习技术是研究交通流状态感知的热点与趋势。Schuessler 和 Axhausen(2009)提出了对出租车和公交车卫星定位数据、浮动车数据、市民刷卡数据、个人移动通信数据等轨迹数据的处理方法,结合可视化技术判断城市交通的实时状态,但此研究没有得出具体的迁移规律和确切的常规拥堵辨识方法,具有一定局限性。卢顺达等(2018)利用包含多种交通模式在内的智能移动设备轨迹数据,挖掘了节假日交通量激增产生拥堵后,居民的出行行为以及出行特征信息。研究成果虽然根据居民的出行特征制订了有效的交通缓堵策略,提出了精细化的出行信息服务策略,但研究范围较小,仅限于节假日和热点区域。

3)多模式交通流耦合衔接机制

在城市多模式交通流的研究中,多种模式交通流的耦合衔接机制是研究的关键与难点。在城市多模式交通构成的复杂交通系统中,节点处的换乘与接续运输以及交通枢纽是多模式交通流耦合衔接的基础支撑,也是当前研究的重要领域。总结起来,最核心的研究对象包含停车换乘与交通枢纽。

停车换乘(Park and Ride,P&R)被认为是解决城市中心区域交通拥堵的有效管理策略之一,当前已经有大量研究成果。国外对 P&R 出行方式选择行为的研究较早。Hensher 和 King(2001)通过建立嵌套 Logit 模型进行研究,结果表明采取停车收费对 P&R 出行影响效果最显著,且费用达到一定值时,城市外围居民会放弃小汽车出行。Bos(2004)建立了层次信息集成模型,结果表明,P&R 出行者在制订出行决策时首要关注的因素是 P&R 设施的安全性,其次是换乘次数和换乘频率。Dijk 和 Montalvo(2011)基于欧洲 45 个城市,研究了交通政策对 P&R 设施利用率的影响,结果表明 P&R 的出行需求、社会经济水平等对交通政策的制定起关键性的作用。

在城市多模式交通接续运输方面,Kuah 和 Perl(1989)最早提出了针对地铁系统的公交接续问题,建立了相关的分析模型框架;Li 等(2009)提出利用公交接续服务来提升公交-地铁系统的运营效率的分析框架,建立了相应的优化模型;考虑公交接续服务系统设计中的客流需求情况,Codina 等(2013)建立数学规划模型用以优化公交接续线路,并提出了相应的求解算法;Yang 等(2017)研究了地铁限流条件下的公交接续设计问题,建立了两阶段模型分别优化地铁限流方案及公交接续线路,实现乘客等待时间与运营成本的优化;Xiong 等(2015)研究了地铁与公交时刻表的同步优化问题,并以乘客等待时间成本与换乘成本最小为目标建立相应的数学规划模型。除了研究正常条件下的公交接续问题外,还有相关学者研究了突发事件下的公交接续问题。其中,Jin 等(2014)提出了利用公交接续服务来提升地铁系统运营可靠性的方法。Jin 等(2015)研究了地铁突发事件情况下的公交接续问题,根据客流需求来生成相应的线路集合,并以乘客时间成本最小为目标将运力资源配置到相应的线路上。

交通枢纽是城市多模式交通耦合衔接的节点,当前多模式交通换乘行为是这一领域研究的热点。一些学者基于调查数据开展了研究。Cheung 和 Lam(1998)以香港地铁站为研究对象,研究了地铁客流在自动扶梯和步行楼梯间的路径选择行为以及乘客走行时间函数模型,并建立了行人的路径选择模型。Chen 等(2003)通过对地铁换乘公交或慢行交通乘客的出行行为做调查,建立了三种潜在的用户的二进制 Logit 模型,找出了不同转移模式下地铁总用户与出行的潜在自行车用户转移可能性。刘帅等(2013)通过对城市轨道交通典型站点乘客进行问卷调查,进行了自行车换乘轨道交通的特征研究。Sayarshad 等(2012)通过建立一种适用于小型社区内出行的自行车共享系统模型,对公共交通换乘慢行交通系统进行了优化,并且科学地预测了自行车换乘需求量。

另一些学者则基于大量实测数据开展研究。Zhao 等(2007)基于自动售检票(Automatic Fare Collection,AFC)系统和自动车辆定位(Automatic Vehicle Location,AVL)系统,同时根据地理信息系统(Geographic Information System,GIS)和 AVL 的可用性,进行了公共交通刷卡数据的起讫点(Origin Destination,OD)需求推算,并将算法应用于芝加哥轨道交通系统。Jang(2010)利用刷卡数据对多种出行模式下的乘客出行时间、换乘、出行时间分布的特征进行了评估,最后分析了特殊地区间的乘客换乘行为。Ma(2013)以北京 AFC 数据为例,基于贝叶斯决策树的马尔可夫链推断公交上车站点,基于出行时空特性推断出乘客出行链,并研究乘客出行行为和出行规律。管娜娜等(2018)基于成都的公交 IC 卡数据,计算了轨道交通各车站进出站客流量、地铁与常规道路公交换乘量,分析了地铁与常规道路公交换乘率、换乘客流的时空分布特征,但存在换乘识别方法不够科学的问题。

4)多模式交通流动态演化与建模

交通流的动态演化现象、规律、机理以及建模是交通流研究的核心内容之一,当前已有较为丰富的研究成果。然而,现有研究主要基于单一模式交通流,较少研究城市多模式交通系统。

德国学者 Nagel 和 Schreckenber（1992）提出了著名的 NaSch 模型，Biham 等（1992）将 184 号模型推广到二维城市交通网络，提出了著名的 BML 模型，分别从道路和网络层面分析了交通流从自由流到饱和流的自组织变相过程。Lan 等（2003）研究了交通流的混沌现象和自组织现象，分析了在交通流混沌边缘条件下拥堵生成的自组织过程。Hu 等（2005）用二维元胞自动机研究交通自组织特性，通过改进元胞自动机模拟了不同情况下的交通流自组织，并提出开放边界下跟车和随机交通信号控制对交通流自组织的影响。Nagatani（1993）通过模拟发现交通流元胞自动机模型呈现出显著的车流自组织临界性及从自由运动相到堵塞相的相变行为。除了道路交通自组织演化机理，国内外在交通系统自组织演化规律方面也取得了一系列研究成果。Tang（2008）分析了综合交通运输系统结构自组织演化的宏观机制，建立了综合交通运输系统的结构自组织演化模型，分析了我国综合交通运输系统结构的演化历程。司德鹏（2012）论述了城市公共交通运输结构演化的自组织性，建立了城市公共交通运输结构自组织演化模型，详细探讨了城市公共交通运输结构自组织演化的条件，并以北京市为例分析了自组织演化的内在和外在机制。

在交通流演化规律方面，Lin 等（2009）根据 Logistic 方程，建立了城市交通运输方式共生演化模型，并讨论了城市交通运输方式共生演化机制。Fan 等（2009）采用动态交通演变模型预测交通信息，预测了一个 OD 对之间的最小行程时间。Guo 等（2015）基于路段模型构建了路网流量从非平衡状态向平衡状态演化的一般模型，并分析了动态模型的相关性质以及动态演化轨迹。Wang 等（2014）考虑到出行者认知出行时间的随机性，提出了多准则排序的路径选择动态演化模型，并结合演化博弈论和累积前景理论，构建了考虑出行时间随机性的路网流量演化模型。

在交通拥堵传播方面，Degond 等（2008）基于车辆的加速规则和最小安全行车距离建立了改进 AW-Rascle 模型的演化方程，并对交通拥堵的形成及演化过程进行了仿真。Kerner（2008）对重度瓶颈处交通拥挤的时空特征进行了研究，并分析了交通流"拥挤—同步—堵塞"三种状态的演变过程。Mahnke 等（2007）基于交通状态的概率分布随时间演化的假设，应用随机过程理论研究了交通拥堵形成和消散的机理，并解释了拥堵相变成核的现象。Wu 等（2008）提出了一种新的动态交通模型用以研究人们对车辆路径的选择行为，并通过大量实验发现交通流网络的拓扑结构和动力学特性能够对交通拥堵传播产生影响。李树彬等（2011）通过改进中观交通流模型，研究了网络拓扑结构对交通拥堵的影响，同时进一步利用该模型分析了复杂网络上的交通传播动力学特征及传播规律。在城市轨道交通拥堵传播领域，Xue 等（2014）在分析车站系统各构成要素之间的相互关系的基础上，运用系统动力学方法构建城市轨道交通车站客流的推演模型，并将仿真结果作为车站客流演变规律研究的依据。Luo 等（2014）基于网络拥挤度模型建立了超大客流拥堵网络疾病传播模型，通过参数反演将 SIR 模型❶的传播特性运用于城市轨道交通网络，研究了超大客流网络拥堵的传播与变化规律。

---

❶ 在 SIR 模型中，全体人口被划分成三类人群：尚未被传染的易感人群（Susceptible）、已经被感染并具有传播力的患者群体（Infective）和从感染中恢复并且取得免疫的康复人群（Recovered）。这三类人群的英文首字母，即为 SIR 模型名称的来源。

5) 多模式交通流管理与控制

对交通流管理与控制的前提是交通运行状态指标体系的构建,为此许多学者开展了相关研究。Kong 等(2009)提出了一种基于信息融合的城市交通状态估计方法,通过融合地下环路探测器和 GPS 探测车辆的在线数据,能更准确、完整地获取交通状态估计。Mekky(2004)基于传统的点段方法,提出了一种基于分布的交通拥堵评价模型,对多伦多地区的整体交通网络状态进行了评价,并分析了交通流随时间推移的模式变化规律。Hawas(2007)将模糊逻辑推理的方法引入交通运行状态评价,以避免传统算法中的阈值选取对评价结果产生影响,模糊隶属度函数有效提升了评价结果的准确性。Botzow(1974)基于现有公共交通管理系统,提出了一种针对所有公共交通模式服务水平的评估系统,该系统适用于所有公共交通系统和个体出行系统的评估。

在交通流运行状态指标体系构建的基础上,一些学者开展了交通流协同管理与控制策略的研究。Botham(1980)提出了交通流最佳路径诱导与交通控制协同的两种思路:一是控制系统与诱导系统进行数据共享的低水平协同,二是两系统进行相互影响与相互作用的高层次协同。Holtz-Eakin 等(1995)通过将动态交通分配模型预测得到的道路交通状态与信号控制策略进行匹配并完成路径规划,提出了一种以诱导方式为主的协同模式。Chen 等(2007)针对过饱和城市交通干线问题提出了一种启发式控制算法,采用相容控制策略和遗传算法解决城市交通干线协同控制问题。随着智能交通的发展,基于智能交通系统的交通流协同管控得到发展。Wang(2010)将复杂系统理论、智能控制、人工智能等技术融入智能交通中,提出了基于智能交通系统的并行控制和管理机制,通过分布式交通系统达到协同优化的目的。文孟飞(2013)基于车载无线网络节点和道路感应节点采集到的车流和路况信息,建立了描述交通路网连续车流和离散交通灯信号的智能交通模型,并针对城市智能交通系统的特点和应用背景给出了城市智能交通系统协同优化与诱导设计的方案。

1.3　城市多模式交通建模中的主要问题

从 20 世纪 50 年代起,经历数十年的发展,交通流理论已经形成较为完善的微观、中观和宏观等多层次的模型体系,国内外学者对交通流的实际现象与特征进行了深入挖掘与细致分析。然而,传统研究成果主要针对单一模式的交通流,无法刻画当前城市复杂交通环境下多模式交通流的基本特征。

不同于单一模式的交通系统,多模式交通系统存在不同交通模式之间的相互关联与匹配;特别是在不同交通模式衔接的节点处,客流在不同交通模式之间的迁移机制与规律,以及多模式交通网络上交通的演化规律、交通流模型构建与多模式交通管理与控制等,仍是困扰交通科学与交通工程相关科研人员的关键问题,也是进行多模式交通协同管理与控制的关键制约瓶颈。

近年来,交通研究人员在多模式交通领域进行了有益探索,但仍有大量基础核心问题缺乏关键性研究进展。具体可以总结为以下几个方面:

(1) 交通流状态动态感知及辨识。当前已经针对道路交通流、行人流等单一模式交通流的状态感知与辨识进行了较为深入的研究。然而,其研究方法的核心为传统的基于数学模型的方法,在交通流状态动态感知与辨识的精度与效率方面仍有较大提升空间。在当前大数据的环境下,如何构建数据驱动的模型方法,对城市多模式交通流进行动态感知与辨识,是需要深入研究的基础问题。

(2)城市多模式交通流耦合衔接机制。不同于单一模式交通流,多模式交通流研究中,不同交通模式在节点处的耦合衔接,是需要研究的重要问题。然而,当前研究多考虑乘客在不同交通模式之间的换乘选择行为,以及不同模式下的客流预测,还缺少对多模式交通流耦合衔接机制、能力匹配优化等问题的深入研究。

(3)复合交通网络多模式交通流动态演化。交通流的动态演化是网络交通流研究的难点,多模式交通则增加了研究的难度。现有对交通流动态演化特性、建模与规律的研究主要针对单一模式交通流,缺少对多模式复合交通网络环境下,充分考虑多模式交通耦合、迁移等因素的相关研究,也缺少交通拥堵在多模式交通网络中迁移演化规律的研究。

(4)城市多模式复合网络交通流协同管控。当前对交通流协同管理与控制的研究多集中在道路交通网络,以及不同交通模式之间的客流接驳优化等方面。随着"互联网+"和交通大数据的发展,多模式交通系统协同管控的概念已经被提出,硬件平台也在发展和建设中,但是目前对于多模式交通流协同管控的理论还比较少,值得深入研究。

基于以上分析,本书拟针对城市多模式交通系统动态、随机、复杂的特点,按照从微观到宏观的基本思路,层层展开,逐步深入,从多模式交通系统分析、建模与管控策略等方面进行阐述。本书将介绍城市多模式交通系统的构成与特征、交通流建模、多模式混合交通系统微观建模与分析方法、多模式网络交通流宏观建模与模拟以及车联网等新技术环境下多模式混合交通流建模与分析。

1.4 本章小结

道路交通(私家车)、公共交通(常规公交、城市轨道交通、出租车等)以及慢行交通(步行、自行车)构成了典型的城市多模式交通系统,为城市居民提供基本的出行保障,是当前城市交通研究的重要内容,也是本书撰写的出发点。

本章首先阐述了多模式城市交通系统的基本概念,分析了城市多模式交通系统的构成要素。进而,从多模式交通流大数据挖掘与应用、多模式交通流状态感知与辨识、多模式交通流耦合衔接机制、多模式交通流动态演化与建模、多模式交通流管理与控制等五个方面对城市多模式交通系统的研究现状进行综述。在此基础上,总结了城市多模式交通建模中的主要问题并引出了本书的主要研究思路。

本章参考文献

[1] ASAKURA Y, IRYO T. Analysis of tourist behavior based on the tracking data collected using a mobile communication instrument[J]. Transportation research part A: policy and practice,

2007,41(7):684-690.

[2] BALAKRISHNA R,KOUTSOPOULOS H N,BEN-AKIVA M,et al. Simulation-based evaluation of advanced traveler information systems[J]. Transportation research record,2005,1910(1):90-98.

[3] BERKOW M,MONSERE C M,KOONCE P,et al. Prototype for data fusion using stationary and mobile data:sources for improved arterial performance measurement[J]. Transportation research record:journal of the transportation research board,2009,2099(1):102-112.

[4] BIE J,LO H K. Stability and attraction domains of traffic equilibria in a day-to-day dynamical system formulation[J]. Transportation research part B:methodological,2010,44(1):90-107.

[5] BIHAM O,MIDDLETON A A,LEVINE D. Self-organization and a dynamical transition in traffic-flow models[J]. Physical review A,1992,46(10):R6124.

[6] BOS I. Changing seats:a behavioural analysis of P&R use[M]. Netherlands:Delft Universitg Press,2004.

[7] BOTHAM R W. The regional development effects of road investment[J]. Transport planning and technology. 1980,6(2):97-108.

[8] BOTHAM H. Level-of-service concept for evaluating public transport[J]. Transportation research record,1974,519:73-84.

[9] BOYCE D. Beckmann's transportation network equilibrium model:its history and relationship to the Kuhn-Tucker conditions[J]. Economics of transportation,2013,2(1):47-52.

[10] CHEN J,XU L H,YANG X G,et al. A hierarchy control algorithm and its application in urban arterial control problem[C]. 2007 IEEE Intelligent transportation systems conference, Seattle,USA,2007:373-378.

[11] CHEN J X,CHEN X W,WANG W,et al. The demand analysis of bike-and-ride in rail transit stations based on revealed and stated preference survey[J]. Procedia-social and behavioral sciences,2013,96:1260-1268.

[12] CHEU R L,SRINIVASAN D,LEE D H. Guest editorial:IEEE 5th international conference on intelligent transportation systems papers[J]. IEEE transactions on intelligent transportation systems,2003,4(2):57-58.

[13] CHEUNG S Y. Traffic surveillance by wireless sensor networks[D]. University of California, Berkeley,2006.

[14] FAN Y,DING Z. Day-to-day stationary link flow pattern[J]. Transportation research part B, 2009,43(1):119-126.

[15] CHOWDHURY D,SCHADSCHNEIDER A. Self-organization of traffic jams in cities:effects of stochastic dynamics and signal periods[J]. Physical review E,1999,59(2):1311-1314.

[16] CHOWDHURY D,SANTEN L,SCHADSCHNEIDER A. Statistical physics of vehicular traffic and some related systems[J]. Physics reports,2000,329(4-6):199-329.

[17] CODINA E,MARIN A,LÓPEZ F. A model for setting services on auxiliary bus lines under

congestion[J]. TOP,2013,21(1):48-83.

[18] CHEUNG C Y, LAN W H K. Pedestrian route choices between escalator and stairway in MTR stations[J]. Journal of transportation engineering,1998,124(3):277-285.

[19] HENSHER D A, KING J. Parking demand and responsiveness to supply, pricing and location in the Sydney central business district[J]. Transportation research part A:policy and practice,2001,35(3):177-196.

[20] DEGOND P, DELITALA M. Modelling and simulation of vehicular traffic jam formation[J]. Kinetic and related models,2008,1(2):279-293.

[21] DIJK M, MONTALVO C. Policy frames of park-and-ride in Europe[J]. Journal of transport geography,2011,19(6):1106-1119.

[22] FAOUZI N E E, LEUNG H, KURIAN A. Data fusion in intelligent transportation systems: progress and challenges—A survey[J]. Information fusion,2011,12(1):4-10.

[23] HERPEL T, HIELSEHER K S, KLEHMET U, et al. Stochastic and deterministic performance evaluation of automotive CAN communication[J]. Computer networks, 2009, 53(8): 1171-1185.

[24] GUO H, LIU H, WU C, et al. Logistic discrimination based on G-mean and F-meansure for imbalanced problem[J]. Journal of intelligent and fuzzy systems,2016,31(3):1155-1166.

[25] GUO R Y, YANG H, HUANG H J, et al. Link-based day-to-day network traffic dynamics and equilibria[J]. Transportation research part B:methodological,2015,71:248-260.

[26] HAWAS Y E. A fuzzy-based system for incident detection in urban street networks[J]. Transportation research part C:emerging technologies,2007,15(2):69-95.

[27] HE X, PEETA S. A marginal utility day-to-day traffic evolution model based on one-step strategic thinking[J]. Transportation research part B:methodological,2016,84:237-255.

[28] HELBING D. Traffic and related self-driven many-particle systems[J]. Reviews of modern physics,2001,73(4):1067-1141.

[29] HELBING D, MONLNAR P. Social force model for pedestrian dynamics[J]. Physical review E, 1995,51(5):4282-4286.

[30] HERRERA J C, WORK D B, HERRING R, et al. Evaluation of traffic data obtained via GPS-enabled mobile phones: the *mobile century* field experiment[J]. Transportation research part C:emerging technologies,2010,18(4):568-583.

[31] HERODOTOU H, LIM H, LUO G, et al. Starfish: a self-tuning system for big data analytics [J]. CIDR,2011(12):261-272.

[32] Transportation Research Board, National Research Council. Highway Capacity Manual (HCM) 2000[M]. Washington D. C. ,2000.

[33] HOLTZ-EAKIN D, SCHWARTZ A E. Infrastructure in a structural model of economic growth [J]. Regional science and urban economics,1995,25(2):131-151.

[34] HU J M, SONG J Y, ZHANG Y, et al. Modeling and analysis for self-organization of urban

traffic flow [C]. 8th IEEE International Conference on Intelligent Transportation Systems (ITSC 2005), Vienna, Austria, September 13-16, 2005: 409-495.

[35] JANG W. Travel time and transfer analysis using transit smart card data [J]. Transportation research record: journal of the transportation research board, 2010(2144): 142-149.

[36] JIA B, LI X G, JIANG R, et al. Multi-value cellular automata model for mixed bicycle flow [J]. European physics journal B, 2007, 56(3): 247-252.

[37] JIN J G, TANG L C, SUN L, et al. Enhancing metro network resilience via localized integration with bus services [J]. Transportation research part E: logistics and transportation review, 2014, 63: 17-30.

[38] JIN J G, TEO K M, ODONI A R. Optimizing bus bridging services in response to disruptions of urban transit rail networks [J]. Transportation science, 2015, 50(3): 790-804.

[39] NAGEL K, SCHRECKENBERG M. A cellular automaton model for freeway taffic [J]. Journal de physique I (France), 1992, 2(12): 2221-2229.

[40] KERNER B S. A theory of traffic congestion at heavy bottlenecks [J]. Journal of physics A: mathematical and theoretical, 2008, 41(21): 215101.

[41] KIRCHNER A, SCHADSCHNEIDER A. Simulation of evacuation processes using a bionics-inspired cellular automaton model for pedestrian dynamics [J]. Physica A: statistical mechanics and its application, 2002, 312(1-2): 260-276.

[42] KONG Q J, LI Z P, CHEN Y K, et al. An approach to urban traffic state estimation by fusing multisource information [J]. IEEE transactions on intelligent transportation systems, 2009, 10(3): 499-511.

[43] KUAH G K, PERL J. The feeder-bus network-design problem [J]. Journal of the operational research society, 1989, 40(8): 751-767.

[44] LAN L, LIN F Y, WANG Y P. Self-organization phenomenon and the edge of chaos in traffic flow dynamics [C]. Proceedings of the Eastern Asia Society for Transportation Studies, 2003, 4(1, 2): 574-582.

[45] LEE U, GERLA M. A survey of urban vehicular sensing platforms [J]. Computer networks, 2010, 54(4): 527-544.

[46] LEE W H, TSENG S S, SHIEH J L, et al. Discovering traffic bottlenecks in an urban network by spatiotemporal data mining on location-based services [J]. IEEE transactions on intelligent transportation systems, 2011, 12(4): 1047-1056.

[47] LI Z C, LAM W H K, WONG S C. Optimization of a bus and rail transit system with feeder bus services under different market regimes [C]. Transportation and Traffic Theory 2009: Golden Jubilee. Springer, Boston, MA. 2009, 495-516.

[48] LIN Y C, LI X M, LIU D P. Symbiotic model of urban transportation mode base on logistic equation and its evolution mechanism [J]. Journal of railway science and engineering, 2009, 6(6): 91-96.

[49] LUO C, LIU L, NIU L. Research on urban rail transit large passengers flow network congestion and spread[J]. Journal of Shijiazhuang Tiedao University: natural science, 2014, 27(2):83-86.

[50] MA X L. Smart card data mining and inference for transit system optimization and performance improvement[D]. Washington: University of Washington, 2013.

[51] MANHNKE R, KÜHNE R. Probabilistic description of traffic breakdown[M]. Traffic and Granular Flow'05. Springer Berlin Heidelberg, 2007.

[52] NAGATANI T. Effect of traffic accident on jamming transition in traffic-flow model[J]. Journal of physics A: mathematical and general, 1993, 26(19):1015-1020.

[53] MEKKY A. Measuring congestion in the Greater Toronto area[J]. Traffic enginering & control, 2004, 45(2), 57-61.

[54] BIHAM O, MIDDLETON A A, LEVINE D. Self-organization and a dynamical transition in traffic-flow models[J]. Physical review A, 1992, 46(10):R6124-R6127.

[55] SAYARSHAD H, TAVASSOLI S, ZHAO F. A multi-periodic optimization formulation for bike planning and bike utilization[J]. Applied mathematical modelling, 2012, 36(10): 4944-4951.

[56] SCHUESSLER N, AXHAUSEN K W. Processing raw data from global positioning systems without additional information[J]. Transportation research record, 2009, 2105:28-36.

[57] TANG C B. Research on structure evolution of comprehensive transportation system based on self-organization theory[D]. Nanjing: Southeast University, 2008.

[58] WANG D, FENG T, LIANG C. Research on bicycle conversion factors[J]. Transportation research part A: policy and practice, 2008, 42(8):1129-1139.

[59] WANG F Y. Parallel control and management for intelligent transportation systems: concepts, architectures, and applications[J]. IEEE transactions on intelligent transportation systems, 2010, 11(3):630-638.

[60] WANG G C, JIA N, MA S, et al. A rank-dependent bi-criterion equilibrium model for stochastic transportation environment[J]. European journal of operational research, 2014, 235(3):511-529.

[61] WANG H D, YUE Y, Li Q Q. How many probe vehicles are enough for identifying traffic congestion? —A study from a streaming data perspective[J]. Frontiers of earth science, 2013, 7(1):34-42.

[62] WATLING D, HAZELTON M L. The dynamics and equilibria of day-to-day assignment models[J]. Networks and spatial economics, 2003, 3(3):349-370.

[63] WU J J, SUN H J, GAO Z Y. Dynamic urban traffic flow behavior on scale-free networks [J]. Physica A, 2008, 387(2):653-660.

[64] XIONG J, HE Z, GUAN W, et al. Optimal timetable development for community shuttle network with metro stations[J]. Transportation research part C: emerging technologies, 2015,

60:540-565.

[65] XU H L. Urban transportation network equilibrium and congestion pricing with bounded rationality[D]. Nanjing: Nanjing University, 2011.

[66] XUE F, FANG W N, GUO B Y. Rail transit station passenger flow evolution algorithm based on system dynamics[J]. Journal of the China railway society, 2014, 36(2):1-10.

[67] YANG J F, JIN J G, WU J J, et al. Optimizing passenger flow control and bus-bridging service for commuting metro lines[J]. Computer-aided civil and infrastructure Engineering, 2017, 32(6):458-473.

[68] ZHAO J H, RAHBEE A, WILSON N H M. Estimating a rail passenger trip origin-destination matrix using automatic data collection system[J]. Computer-aided civel and infrastructure engineering, 2007, 22(5):376-387.

[69] 陈钊正, 吴聪. 多变量聚类分析的高速公路交通流状态实时评估[J]. 交通运输系统工程与信息, 2018, 18(3):225-233.

[70] 管娜娜, 王波. 基于公交 IC 卡数据的成都市地铁与常规道路公交换乘客流特征分析[J]. 城市轨道交通研究, 2018, 21(9):148-150.

[71] 李树彬, 吴建军, 高自友, 等. 基于复杂网络的交通拥堵与传播动力学分析[J]. 物理学报, 2011, 60(5):146-154.

[72] 刘帅, 陈小鸿. 自行车换乘轨道交通特征研究[J]. 交通与运输(学术版), 2013(2):115-118.

[73] 卢顺达, 徐正全. 城市综合交通运行管理辅助决策平台及应用研究[C]//第十三届中国智能交通年会学术委员会. 第十三届中国智能交通年会大会论文集. 北京:电子工业出版社, 2018:826-835.

[74] 司德鹏. 基于自组织理论的城市公共交通运输结构演化研究[D]. 北京:北京交通大学, 2012.

[75] 文孟飞. 城市智能交通系统交通流协同优化与诱导关键技术研究[D]. 长沙:中南大学, 2013.

[76] 景天然. 机动车与非机动车交通隔离设施合理设置的研究[J]. 同济大学学报(自然科学版), 1995, 23(1):97-101.

第 2 章 交通流基础知识

本章简要介绍交通流理论的基础知识,主要包括交通流基本参数、交通流基本图、行人流基本参数、行人流基本图,更详细的内容可以参照本章文献[1]和文献[15]。

2.1 交通流基本参数

在交通流理论中,通常采用流量、速度和密度等变量描述交通流的宏观特征。然而,考虑到实际交通中机动车、非机动车和行人在属性和性能上的差异,可根据每种交通方式的特征对交通流特征进行更加明确的定义。

交通流理论将路段上行驶的车辆视为连续的流体,交通流运行状态的定性和定量特征统称交通流特性,而用以描述交通流特性的物理量称为交通流参数,这些参数的变化规律反映了交通流的基本性质。交通流的基本参数有三个,分别是流量、速度和密度。另外,常用的参数还有车头时距和车头间距等。

1)流量

流量是指单位时间内通过道路某点、某断面或某条车道的交通实体数量(对机动车交通流而言则是车辆数)。

流量 q 可以通过定点测量法直接得到,其计算方法如下:

$$q = \frac{N}{T} \tag{2-1}$$

式中,T 为观测时间;N 为观测时间内通过观测点的车辆数。

2)速度

在交通流的研究中,速度通常分为两类,即地点速度(也称为瞬时速度)和平均速度。地点速度为车辆通过道路某点时的瞬时速度。而根据观测、研究方法的不同,平均速度通常存在两种不同的定义——时间平均速度和空间平均速度。在交通流理论的研究中,通常关注的是车辆的平均速度,下面详细介绍平均速度的两种定义形式。

时间平均速度(Time Mean Speed) $\bar{v}_t$ 是指观测时间内通过道路某一特定地点(断面)所有车辆地点速度的算术平均值。其计算公式为:

$$\bar{v}_t = \frac{1}{N}\sum_{i=1}^{N} v_i \tag{2-2}$$

式中,v_i 表示第 i 辆车的地点速度;N 表示观测的车辆数。

空间平均速度(Space Mean Speed) $\bar{v}_s$ 是指观测路段的长度与所有观测车辆在该区域的平均行驶时间的比值。其计算公式为:

$$\bar{v}_s = \frac{L}{\frac{1}{N}\sum_{i=1}^{N} t_i} \tag{2-3}$$

式中，L 为观测路段的长度；$t_i = L/v_i$，为车辆 i 行驶距离 L 所用的时间。

对式(2-3)进行变换整理,可得：

$$\bar{v}_s = \frac{1}{\frac{1}{N}\sum_{i=1}^{N}\frac{1}{v_i}} \tag{2-4}$$

式(2-4)表明，空间平均速度也可以定义为观测路段内所有车辆地点速度的调和平均数。

时间平均速度表示该观测路段的瞬时车速,而空间平均速度则反映了某观测路段的平均车流状态。在交通流分析时,宜采用空间平均速度,而时间平均速度更容易测量。

3）密度

密度是指某一时刻单位道路长度上存在的车辆数。密度 ρ 的表达式为：

$$\rho = \frac{N}{L} \tag{2-5}$$

式中，N 表示观测路段内的车辆数，单位为辆；L 表示路段长度，单位为 km。

在交通工程实践中,车辆密度是表现道路交通拥挤状况的最适当的指标。美国《道路通行能力手册》(Highway Capacity Manual)中就用车辆密度作为路段服务水平的描述指标(HCM,2000)。

车辆密度是刻画某个瞬时观测路段上交通流状态特征的物理量,其随时间和区间长度而变化,并且不能反映车辆长度的影响。特别地,当不同类型车辆混合行驶时,密度的大小并不能明确表示交通流的状态,同时密度的测量也比较困难。因此,在实际的交通测量和交通工程实践中,通常会引入车道占有率的概念。

车道占有率通常分为时间占有率和空间占有率。其中时间占有率 O_t 表示车辆通过观测断面所用时间的累计值与观测时间的比值,其表达式为：

$$O_t = \frac{1}{T}\sum_{i=1}^{N} t_i \tag{2-6}$$

式中，T 为观测时间；t_i 表示车辆 i 通过观测断面所用的时间；N 为观测时间内通过观测断面的车辆数。

空间占有率 O_s 则表示在观测路段区域内,所有车辆长度之和与路段长度的比值,其表达式为：

$$O_s = \frac{1}{L}\sum_{i=1}^{N} l_i \tag{2-7}$$

式中，N 为观测路段内的车辆数；l_i 为车辆 i 的长度。

2.2 交通流基本图

在交通流理论中,流量、密度和速度之间存在一个基本的关系式,即流量等于车流密度和空间平均速度的乘积：

$$q = \rho \bar{v}_s \tag{2-8}$$

这一关系式是在最普遍的条件下推导而来的，没有附加任何特定条件，因此它对现有的所有交通流理论都是严格成立的。此基本关系式将交通流的三大基本参数关联起来，使得只存在两个独立参数。因此，只要确定其中任意两个参数之间的关系（常用的有流量-密度关系或速度-密度关系），交通流的三个基本参数之间的关系就完全确定了，如此便可构成一个完整的流量-速度-密度关系体系。这个关系体系如果用坐标图的方式表现出来，就称为交通流的基本图示(Traffic Flow Fundamental Diagram)，简称基本图。

根据研究对象和分析方法的不同，基本图通常可以划分为经验基本图(Empirical Fundamental Diagram)和理论基本图(Theoretical Fundamental Diagram)。

经验基本图是在道路某个位置实际测量得到的流量与密度变化关系。在明确交通流基本关系的基础上，交通流实测及建模的最主要任务之一，就是探究符合实际情况的流量-密度关系或速度-密度关系，以期得到完整的流量-速度-密度关系体系。交通实测的结果表明，流量-密度关系与当时的道路条件和交通条件密切相关，测量的地点、时间都会对结果产生影响。因此，根据交通实测得到的流量-密度关系通常具有不同的形式。图 2-1 给出了通过对交通流进行实际观测得到的不同形式的经验基本图。

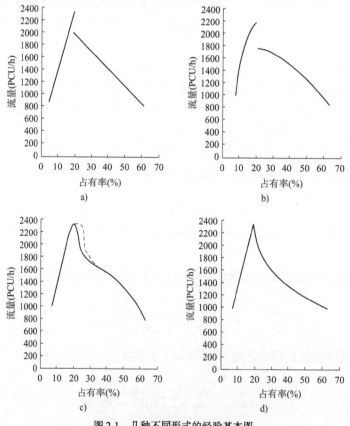

图 2-1　几种不同形式的经验基本图

注：密度很难实测，故实测数据多用"占有率"替代密度。

理论基本图是指对于任何给定的交通流密度,都存在一个均匀、稳定的交通流状态,从而可以在流量-密度平面上得到一条经过原点的理论基本图曲线。与经验基本图不同,理论基本图只是一种理论假设,而这正是交通流理论中基本图方法理论体系的基本假设。

大量交通实测结果表明,交通流量-速度-密度关系在一定程度上受到当时交通条件和交通流状态的影响,可从中发现一些本质的共同属性。

图 2-2 为交通实测得到的 5 min 平均数据在流量-密度平面上的分布。以图 2-2 为例,将交通流三个基本参数之间关系的性质归纳如下:

(1)在低密度时,车辆之间几乎没有相互作用,车辆基本都能以期望速度行驶,流量随密度线性增加,车流处于自由流状态。当密度大于某个临界值时,流量随着密度的增大而减小,车流处于拥堵流状态。当密度达到最大值时,速度和流量同时减小为零。在此过程中,流量在中间密度范围达到最大值,最大流量对应的临界密度将交通流分为两个相——低密度的自由流相和高密度的拥堵流相。

(2)实测的流量-密度关系是间断的,整体呈镜像的希腊字母"λ"的形状[图 2-1a)]。其两个分支分别对应自由流和拥堵流。在拥挤交通中,车辆平均速度显著小于自由流速度。实测的流量-密度关系在中间密度范围存在明显的间断,表明存在一个亚稳态的密度区域 $[\rho_{c1},\rho_{c2}]$。在此区域内,自由流和拥堵流两条分支同时存在(其中较高的一支为自由流分支,较低的一支为拥堵流分支)。也就是说,在亚稳态区域,对于每个给定的密度值,交通流可能是自由流或拥堵流。此时,如果存在一个大于临界扰动幅度的小扰动,扰动将逐渐被放大,最终形成交通堵塞。显然,从自由流相到拥堵流相的相变密度高于反方向的相变密度,从而导致了图 2-3 中交通迟滞现象的发生。

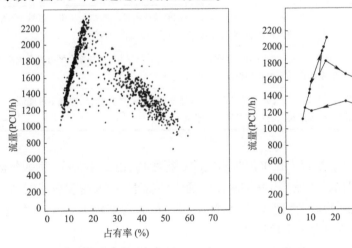

图 2-2 交通实测得到的 5min 平均数据在流量-密度平面上的分布

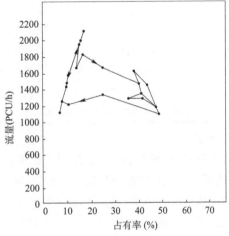

图 2-3 交通迟滞环

(3)拥堵交通数据在流量-密度平面上呈现二维散布的状态,如果增加数据统计的样本时间,这种散布效应会减弱。

对于上述的交通实测结果,众多学者给出了不同的解释。其中部分学者基于基本图理论的假设,辅以交通流动力学的不稳定性来解释;而以 Kerner 为代表的学者,则创建了三相交通流理论。然而，无论持何种观点，流量-密度关系在交通流理论研究中都具有不可替代的地位，任何理论体系都必须能够重现并解释上述事实。

2.3 行人流基本参数

本节主要对行人流的三个基本参数(密度、速度、流量/流率)，以及它们之间的相互关系进行详细的讨论。

1) 密度

行人密度(ρ,单位:人/m^2)是指单位面积内的行人数量，代表了场所内行人的聚集程度，也可由人员平均占有空间(单位:m^2/人)来表示。场所内的行人密度可以用于评价场所的服务水平等级。服务水平是评价疏散场所安全与否的重要指标，服务水平等级越低，行人密度越大，人员平均占有空间越小，越容易导致事故的发生。表2-1为定量化的行人服务水平等级分类。

行人服务水平等级　　　　　　　　　　　　　　　表2-1

服务水平等级	描述
A	人员平均占有空间>1.2 m^2/人；人员在不干扰队内其他人员的情况下，可以自由停留或者穿越排队区域
B	人员平均占有空间0.9~1.2 m^2/人(含0.9 m^2/人)；为避免干扰队内其他人员，停留或者穿越排队区域都受到一定程度的限制
C	人员平均占有空间0.6~0.9 m^2/人(含0.6 m^2/人)；停留或者穿越排队区域受到限制，并对队内其他人构成干扰，但行人密度还处在舒适范围以内
D	人员平均占有空间0.3~0.6 m^2/人(含0.3 m^2/人)；能够彼此不接触地站立在排队区域；但队内行人的通行受到严重限制，只能排队前进，长期处于该密度下将令人感到不舒服
E	人员平均占有空间0.2~0.3 m^2/人(含0.2 m^2/人)；停留在排队区域时，身体会不可避免地接触，队内不可能通行；只能在没有严重不舒适的情况下短时间维持
F	人员平均占有空间<0.2 m^2/人；队内停留的所有人都有直接的身体接触，队内也不可能通行；此密度下令人极度不舒服，在大规模人群中有可能产生恐慌

2) 速度

行人速度(v,单位:m/s)是指行人在单位时间内的走行距离，由个体特征(例如年龄、性别、体重等)和群体因素(例如行人密度)共同决定。通常情况下，行人密度较小时，行人有较多的自由运动的空间，此时的运动特性体现为个体特性；行人密度较大时，行人的运动受到周围人群的影响，运动特性表现为宏观特性。

行人的个体速度可分为期望速度和实际速度。期望速度是指行人在没有其他行人或障碍物干扰时，根据自身条件和外部环境等条件期望达到的速度；实际速度是指行人在受到周围行人和环境因素影响时的实际走行速度，实际速度一般小于期望速度。行人的个体速度会受到周围各种设施条件的限制，在平地、斜面和楼梯上的运动速度均有区别。例如，行人下楼的速度要大于上楼的速度，在平缓坡度的平面上的速度要大于在陡峭坡度的平面上的速度。正常情况下，行人的期望速度较小，并且会根据前方可走行的距离(周围人群的密度、速度)等因素进行不断调整；紧急情况时，行人的期望速度较大，因为处于紧急、恐慌状态的行人期望以最快的速度逃离危险区域。行人的实际速度是动态变化的，他们会对周围的信息进行估算和优化，选取最优（或较优）的方向走行，并且会调整自身速度以避免与他人相撞（Moussaid 等，2011）。

当行人密度逐渐增大时，行人的运动过程会受到周围人群的影响，通常会跟随其他行人前进，直至出现排队现象。此时，人群中行人的走行速度差异逐渐减小，人群的速度可以用时间平均速度和空间平均速度进行描述。随着密度的增大，平均速度会逐渐减小，速度的方差有下降的趋势。有数据表明，行人流的平均速度符合正态分布，平均速度为 1.34m/s 左右，方差为 0.37m/s 左右。

3）流量和流率

流量（f，单位：人/s）是指单位时间内通过某一点（某一横截面）的总人数，流率[f_s，单位：人/（m·s）]是指单位时间、单位宽度内所通行的总人数。学者们对交通瓶颈处的行人流进行了实验研究，并对流量、流率进行了实测与拟合，得到二者之间关系的表达式如下（Seyfried，2009）：

$$f = \rho \cdot v \cdot b = f_s \cdot b \tag{2-9}$$

对于瓶颈而言，最大流率 f_s 可以表示为瓶颈的通行系数。如果流入率大于通行系数，那么会出现排队和拥堵现象。通行系数可以测定通道（瓶颈）的通行能力，估算人群通过瓶颈（尤其是出口）的疏散时间，分析和识别瓶颈所在的位置。因此，通行系数（最大通行流率）是分析动态疏散过程的一个非常重要的参数。

2.4 行人流基本图

行人速度与密度的关系 $v = v(\rho)$，或者行人流量与密度的关系 $f = f(\rho)$ 被称为行人流参数的基本图模式。各国学者对此进行了研究，将速度-密度关系表达式拟合为线性函数和非线性函数（Smith，1995），部分数据如图 2-4 所示。

由图 2-4 可以看出，随着密度增大，速度有减小的趋势。Seyfried 等（2005）对 Weidmann（1993）的数据进行分析后，将基本图分为 4 个部分，每个部分都可以近似地认为速度和密度满足线性关系。由于观测条件、实验人群和统计方法不同，学者们得到的基本图形式和参数都有所不同。为了减小由观测手段和统计方法带来的误差，Zhang 等（2011）提出了一种基于 Voronoi 图的统计行人密度和速度的方法，该方法能够减少数据的波动性，得到更接近实际的速度-密度关系，对速度-密度函数的标准化研究具有重要的意义。

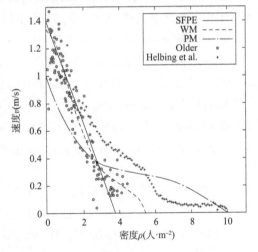

图 2-4 速度-密度关系图（Seyfried 等，2008）

注：其中 SFPE 来源于文献[9]，PM 来源于文献[10]，WM 来源于文献[12]，Helbing et al. 来源于文献[4]，Older 来源于文献[14]。

2.5 本章小结

交通流理论经历了几十年的发展，已经形成较为完善的理论和方法体系。然而，当前较为成熟的交通流理论都是基于国外交通实测数据的研究结果。我国正处在社会经济高速发展的时期，城市机动车保有量快速增长，而非机动车和步行出行在出行结构中仍占较大比例，因此，形成了独特的混合交通流特征；此外，伴随智能交通系统等先进技术的推广，智能驾驶车辆的应用为缓解交通拥堵提供了新的途径，因此有必要深入了解智能驾驶车辆对交通流的影响。交通流基本参数是交通流建模、评价与分析的基础，为此，本章分别针对道路机动车与行人交通流，概括了交通流基本参数的定义以及基本参数之间的关系与规律，为后续章节提供基本理论支撑。

本章参考文献

[1] GARTNER N, MESSER C J, RATHI A K. Revised monograph on traffic flow theory[R]. Transportation Research Board, 1997.

[2] HALL F L, ALLEN B L, GUNTER M A. Empirical analysis of freeway flow-density relationships[J]. Transportation research part A: general, 1986, 20(3): 197-210.

[3] Transportation Research Board, National Research Council. Highway Capacity Manual (HCM) 2000[M]. Washington D. C. , 2000.

[4] HELBING D, JOHANSSON A, AL-ABIDEEN H Z. The dynamic of crowd disasters: an empirical study[J]. Physical review E, 2007, 75(4): 046109.

[5] MOUSSAID M, HELBING D, THERAULAZ G. How simple rules determine pedestrian behavior and crowd disasters[J]. Proceedings of the national academy of sciences of the United States of America, 2011, 108(17): 6884-6888.

[6] SEYFRIED A, STEFFEN B, PASSON O, et al. New insights into pedestrian flow through bottlenecks[J]. Transportation science, 2009, 43(3): 395-406.

[7] SEYFRIED A, BOLTES M, KÄHLER J, et al. Enhanced empirical data for the fundamental diagram and the flow through bottlenecks[C]. Pedestrian and Evacuation Dynamics, 2008, 145-156.

[8] SEYFRIED A, STEFFEN B, KLINGSCH W, et al. The fundamental diagram of pedestrian movement revisited[J]. Journal of statistical mechanics: theory and experiment, 2005, P10002.

[9] NELSON H E, MCLENNAN H A. The SFPE handbook of fire protection engineering [M], 1996.

[10] PREDTECHENSKII V M, MILINSKII A I. Planning for foot traffic flow in buildings NBS [B]. New Dehli: Amerind Publishing Co. Ltd. , 1978.

[11] SMITH R A. Density, velocity and flow relationships for closely packed crowds[J]. Safety

science,1995,18(4):321-327.

[12] WEIDMANN U. Transporttechnik der Fubganger[R]. ETH Zurich: Schriftenreihe IVT-Beichte 90,1993.

[13] ZHANG J, KLINGSCH W, SCHADSCHNEIDER A, et al. Transitions in pedestrian fundamental diagrams of straight corridors and T-junctions[J]. Journal of statistical mechanics theory and experiment,2011(6):P06004.

[14] OLDER S J. Movement of pedestrians on footways in shopping streets[J]. Traffic engineering & controt,1968,10(4):160-163.

[15] 王殿海. 交通流理论[M]. 北京:人民交通出版社,2003.

第 3 章
路段多模式混合交通流建模与分析

本章主要介绍机动车与非机动车在路段上的相互影响作用与机制,进而采用基于元胞自动机的建模方法研究路段上多模式混合交通流的建模与模拟,并对模拟结果进行分析。在研究过程中,首先针对无机非隔离设施的路段系统,结合 NaSch 模型和多值元胞自动机模型,建立描述混合交通的耦合元胞自动机模型。该模型兼顾了机动车基于车道的运行特性和非机动车自由灵活的运行特性。同时,通过设置冲突处理规则和避免死锁规则,模型也能够很好地描述机动车和非机动车之间的相互干扰作用。模拟分析发现,机动车流存在一阶和二阶两种相变状态,分别对应非机动车密度较小和较大的情况。机动车的流量随着非机动车密度的增大而降低。非机动车的最大流量及其对应的临界密度随着机动车密度的增大先减小,之后保持不变。

3.1 概 述

为了更加清晰地介绍本章的建模与分析方法,本节首先简要介绍道路交通流理论模型的发展,以及元胞自动机模型方法在道路交通流中的典型应用。

3.1.1 交通流理论模型

交通流理论研究的目标是建立能够描述实际交通一般特性的交通流理论模型,加深人们对复杂多体系统平衡态和远离平衡态时演变规律的认识,指导交通系统的规划设计、管理和控制(黄海军,2004)。交通流理论模型的研究始于 20 世纪 30 年代,最初的研究基于概率论方法。Kinzer(1933)首次提出并论述了将 Poisson 分布应用于交通分析的可能性,Adams(1936)发表了有关的数值例题。Greenshields 等(1934)在研究美国公路交通流时首次通过实测数据揭示了至今仍被广泛使用的线性平衡速度-密度关系,并在其有关交叉口的交通分析中采用了 Poisson 分布(1946)。

20 世纪 50 年代以来,随着汽车工业的快速发展,道路交通流量骤增,交通流中车辆独立性越来越小,交通现象的随机性随之降低,概率论方法已经不能满足理论和工程的进一步需要。因此,各种新的理论模型纷纷涌现(Chowdhury 等,2000;Helbing,2001)。20 世纪 50—60 年代,出现了运动学模型和车辆跟驰模型;70—80 年代,流体力学模型崭露头角;而在 90 年代,随着计算机技术的快速发展,元胞自动机模型异军突起。时至今日,交通流理论模型已经进入全面发展时期。根据描述的方法不同,可以将现有的交通流模型分为三类:宏观模型、中观模型和微观模型。基于不同理论建立的模型各有特点,彼此之间存在一定的联系。

3.1.2 元胞自动机模型方法

元胞自动机(Cellular Automaton,CA)模型是伴随着计算机技术发展起来的一类微观交通流模型。元胞自动机模型是一种数学模型,其实质是定义在一个离散、有限状态元胞组成的元胞空间上,并按照一定的局部规则,在离散的时间维度上演化的动力学系统(Chopard 和 Droz,1998;贾斌等,2007)。在元胞自动机模型中,空间被一定形式的规则网络划分为许多离散的单元,其中的每个单元称为元胞,而元胞的状态只能在离散的有限状态集中选取。所有的元胞按照相同的局部规则进行状态更新,并通过大量的样本平均来揭示事物内在的本质规律。元胞自动机的思想源于著名科学家 Von Neumann,而最早应用于交通流的元胞自动机模型是在 1986 年由 Cremer 和 Ludwig 提出的。由于交通元素本质上是离散的,应用元胞自动机模型研究交通避免了离散—连续—离散的近似过程,因此其具有独特的优越性。进入 20 世纪 90 年代,元胞自动机模型蓬勃发展,当前,不仅在单车道交通,而且在双车道交通,甚至网络交通中,都出现了大量基于元胞自动机模型的研究成果。

1) 单车道元胞自动机模型

经典单车道元胞自动机模型关注封闭单车道路段上同方向车辆在相互作用下的运动规律,适用于模拟高速公路和城市快速路的交通流状态。

最简单的一维元胞自动机模型是由 Wolfram 命名的 184 模型(1983),它是简单完全非对称排他过程(Totally Asymmetric Simple Exclusion Process,TASEP)的一种特例。当 TASEP 采用周期性边界条件和并行更新规则时,与 184 模型相互等价。184 模型虽然简单,但能够反映车流自由运动相和局部堵塞相间的相变现象。当然,由于 184 模型没有考虑实际的驾驶行为,因此它不能模拟出复杂的真实交通状况。

鉴于 184 模型的不足,1992 年,德国学者 Nagel 和 Schreckenberg 提出了著名的 NaSch 模型。在 NaSch 模型中,引入了车辆的加速行为以及驾驶员在不同交通环境下的不同反应引起的车辆随机延迟行为,其演化规则分为四步:①车辆加速,②车辆减速,③随机慢化,④位置更新。NaSch 模型虽然形式简单,却可以模拟一些实际的交通现象,如"幽灵塞车"以及拥挤交通情况下的时走时停波等。但是,NaSch 模型也存在一些缺陷,如模拟得到的基本图中,最大流量及其对应的密度值均不符合交通实测的数据,并且不能模拟得到交通迟滞现象等。

NaSch 模型的提出引起了交通科学家和物理学家的广泛兴趣,他们进一步考虑了各种驾驶行为和影响因素,通过改进 NaSch 模型的四步演化规则,提出了各种扩展模型(贾斌等,2007)。首先,通过改进车辆加速规则,提出了 Fukui-Ishibashi(FI)模型。其次,通过改进车辆减速规则,提出了考虑前车速度效应的模型。再次,通过改进随机慢化规则,提出了巡航控制极限模型、TT(Takayasu-Takayasu)模型、BJH(Benjamin-Johnson-Hui)模型和 VDR(Velocity Dependent Randomization)模型则考虑了慢启动规则,另外还有密度相关的慢启动模型、停车时间相关的慢启动模型、拥堵长度相关的慢启动模型、速度相关的慢启动模型等;慢启动规则的引入可以产生亚稳态、回滞效应和高密度情况下的相分离现象,数值模拟结果与实测数据更加符合。最后,综合改进车辆加速、车辆减速和随机慢化规则,并对元胞进行细化,提出了舒适驾驶模型、改进舒适驾驶模型、考虑速度差效应的模型以及三相交通流模型。另外,还有考虑驾驶员过度反应与车辆减速限制的模型,考虑反应延迟的模型,考虑安全车头距的模型,以及与车辆跟驰模型相结合、引入优化速度函数的模型等。

2) 双(多)车道元胞自动机模型

实际交通系统中,大量的道路是双车道或多车道,因此,为了更合理、准确地描述实际交通,提高元胞自动机模型的实用性,必须将理想化的单车道元胞自动机模型扩展为多车道的情况,而模型扩展的核心是换道规则。通常,换道规则可以分为对称换道规则和非对称换道规则两类。对称换道规则不关注车道位置和车辆类型的影响,所有车辆在相邻两个车道之间的换道规则完全相同;非对称换道规则关注车道功能和位置的影响,车辆从快车道换道到慢车道的规则与从慢车道换道到快车道的规则不同。另外,对于不同类型车辆,也可以分别设置对称或非对称的换道规则。

Nagatani(1993,1994)首先采用确定性规则研究了车辆最大速度为1的双车道系统,在他的模型中,车辆在一个时间步内或者换道或者在当前车道更新。Rickert 等和 Chowdhury 等分别于 1996 年和 1997 年在 NaSch 模型的基础上引入对称换道规则,提出了扩展的双车道模型,模拟结果表明,慢车在混合交通中发挥决定性作用,即使路段车辆密度很小,所有快车和慢车也都以慢车的自由速度行驶。Chowdhury 等(1997)、Wagner 等(1997)、Nagel 等(1998)提出了非对称换道规则,并模拟出了德国高速公路上观测到的"密度倒置"现象。Knospe 等(1999)认为,上述模型过高地估计了慢车对交通的影响,在对称换道规则下,即使很少的慢车,也能导致较低密度下的车辆排队现象,不符合实际的交通现象。基于这一原因,他们引入了预期效应,提出了考虑刹车灯和期望速度效应的舒适驾驶模型(Knospe 等,2002)。与此同时,Jia 等(2004)提出了一个具有鸣笛效应的双车道模型。Meng 等(2007)提出了一个含有摩托车的混合交通流的摩托车换道规则。Li 等(2006)研究了对称换道规则下混合交通中的偏析现象。Kerner 和 Klenov(2004)、Jia 等(2005)则在双车道模型中考虑了不同的驾驶行为和车辆参数对交通流特性的影响。以上模型都是基于双车道的换道规则。Pedersen 等(2002)提出了一种多车道的换道机制;Daoudia 等(2003)和 Chen 等(2004)提出了三车道元胞自动机模型,并进行了数值模拟和分析。

总之,当前的双(多)车道元胞自动机模型,大都是车辆换道规则结合经典单车道模型的形式,这类模型能够模拟很多实际交通现象,得到了广泛认可。当前,元胞自动机模型已经成功应用于美国城市智能交通项目 TRANSIMS(Nagel 和 Rickert,2001)、德国杜伊斯堡的内城交通(Wahle 等,2001)、达拉斯/沃斯堡地区的交通规划(Rickert 和 Nagel,1997)以及北莱茵-威斯特伐利亚地区的交通公路网(Kaumann 等,1998)。

3) 多值元胞自动机模型

前面介绍的元胞自动机模型中,每个元胞仅存在两种状态:或者为空,或者被一辆车占据。然而,在多值元胞自动机模型中,规定每个元胞的容量为 M,即每个元胞最多可以容纳 M 辆车。此时,元胞状态(元胞上的车辆数)可以为 0 到 M 之间的任意整数。由于元胞的状态大于传统元胞自动机模型的元胞状态,因此这类模型也被称为多值元胞自动机模型。

Nishinari 和 Takahashi(1998)首先提出了多值元胞自动机模型,具体的演化方程如下:
$$U_j(t+1) = U_j(t) + \min(U_{j-1}(t), M - U_j(t)) - \min(U_j(t), M - U_{j+1}(t)) \quad (3-1)$$

式中,$U_j(t)$ 表示 t 时刻元胞 j 上的车辆数;M 为整数,表示每个元胞能够容纳的最大车辆数;元胞 $j-1$ 和 $j+1$ 分别表示元胞 j 的上游和下游元胞。如果 $M=1$,则多值元胞自动机模型与 184 模型等价。本质上,多值元胞自动机模型是由宏观流体动力学模型中的 Burger 方程经过离散化处理得到的,因此也称为 BCA(Burger Cellular Automaton)模型。

之后,一些学者对多值元胞自动机模型进行了扩展(Nishinari,2001)。Nishinari 和 Takahashi(1999,2000)将多值元胞自动机模型的最大速度设置为 2,提出了扩展的多值元胞自动机模型。Matsukidaira 和 Nishinari(2004)则考虑车辆的最大速度为任意值,并且可以预知前面任意元胞的状态,构建一种更加普适化的多值元胞自动机模型。

姜锐等(2004)认为,多值元胞自动机模型如果扩展为高速度的模型,形式比较复杂,因此不适合对机动车进行模拟。同时,他们进一步指出,多值元胞自动机模型适用于描述自行车的动力学特征,并用扩展的多值元胞自动机模型研究了自行车交通流的特性。之后,Jia 等(2007)进一步研究了不同速度自行车构成的混合自行车流的基本图与时空演化特性等。

4) 城市网络元胞自动机模型

城市道路交通系统是由路段和节点(如交叉口、立交桥等)相互连接而形成的交通网络,而一维交通流模型不能模拟网络结构上交通流的演化。因此,必须引入二维交通流模型来描述城市交通网络的特性。

在 NaSch 模型提出的同一年,Biham、Middleton 和 Levine(1992)将 184 模型推广到二维城市交通网络,提出了著名的 BML 模型。该模型定义在一个 $N \times N$ 的方形交通网络上,每一个格点具有三种状态:被一辆由南向北行驶的车辆占据,被一辆由西向东行驶的车辆占据,或者没有车辆。为了体现交叉口的信号控制,在奇数时间步,并行更新所有向东行驶的车辆;在偶数时间步,并行更新所有向北行驶的车辆。计算机模拟结果表明,在周期边界条件下,当车辆密度超过一个临界值时,系统会发生从自由流相到拥堵流相的一阶相变。

在 BML 模型的基础上,一些学者做了进一步拓展研究的工作。在模型改进方面,Nagatani(1993)研究了车辆非对称分布对网络交通流的影响,并考察了道路立体交叉的情况;Chung 等(1995)研究了交通信息灯失效的情况;Freund 和 Pöschel(1995)将 BML 模型中的单向交通扩展为双向交通;Török 和 Kertész(1996)提出了绿波控制模型;Gu 等(1995)研究了非均匀网络的情况;Cuesta(1993)和 Nagatani 等(1994,1995)则将车辆的转向规则引入 BML 模型,提出了扩展模型。Chowdhury(1999)提出了结合 BML 模型和 NaSch 模型的耦合模型,在这种模型中,车辆在路段上的更新采用 NaSch 模型,在交叉口处采用信号控制规则。之后,基于这种耦合模型,很多学者研究了交叉口信号优化控制问题(Brockfeld 等,2001;Huang 等,2003;Fouladvand 等,2004)。另外,还有学者对 BML 模型进行了平均场理论分析(Nagatani,1993;Wang 等,1996;Molera 等,1995)。

3.1.3 混合交通流模型

在城市道路交通系统中,混合交通普遍存在。概括起来,当前对混合交通流的研究主要分为两类:一类研究单一类型车辆(如小汽车)由性能差异导致的混合交通,另一类研究不同类型车辆(如小汽车和自行车)混合行驶的交通。

首先,对单一的机动车交通而言,不同类型的车辆(如公交车和小汽车)在同一路段上行驶特征不同,即使是相同类型的车辆,也会由使用年限等造成车辆性能的巨大差异。另外,随着智能交通技术的发展,装配智能交通设备的车辆与普通车辆的动力学特性也存在一定差异。因此研究不同类型车辆构成的混合交通流特性是必要的。

其次,在广大发展中国家,如中国、印度、巴基斯坦等,机动车保有量持续增长,非机动车在短距离出行中仍然占据很大比例,在没有隔离设施的路段和交叉口都存在机非混行的现象。随着这些国家经济的发展,交通问题日益突出,对非机动车流以及机非混合交通的研究也日益引起关注。

1)不同性能机动车混合的交通流模型

近年来,由不同性能车辆组成的混合交通流引起一些学者的关注。一些学者考虑不同类型车辆速度的差异,对 LWR 模型[由 Lighthill、Whitham(1955)和 Richards(1956)分别提出]进行了扩展,并深入分析了模型的性质和数值算法(Wong G C K 和 Wong C,2002;Zhang 等,2003;Zhang 等,2006;Zhang 等,2008);Hoogendoorn 和 Bovy(2000)提出了描述多车种的气体动理论模型,并推导了宏观连续模型;之后,他们在定义广义相空间密度的基础上,提出了广义气体动理论模型,其几乎能够描述所有影响交通状态的相关因素,并且涵盖机动车、自行车、行人以及各种交通实体混合的情况(Hoogendoorn 和 Bovy,2001);Logghe 和 Immers 等(2008)提出了基于交通波理论的多车种交通流模型;邝华等(2004)、吴可非等(2006)、肖瑞杰等(2007)则采用元胞自动机模型,分别研究了单车道和双车道条件下多车种混合的交通流特性。

2)不同交通模式混合的交通流模型

目前,关于混合交通流的模型主要有两类:一类模型首先将不同类型的车转化为相应数量的小汽车,然后将混合交通流作为同质流处理。但是,正如 Khan 和 Maini(1999)指出的,该类模型不能刻画这种混合交通流的特性。另一类模型则分别考虑了车辆的纵向运动和侧向运动。Faghri 和 Egyháziová(1999)提出了适用于机动车和自行车的跟驰模型;Oketch(2000)综合车辆跟驰规则和侧向运动,建立了适合混合交通流的微观模型;Cho 和 Wu(2004)提出了一个能够描述摩托车纵向和侧向运动的模型,并指出该模型可以作为自行车和行人建模的基础;Lan 和 Chang(2005)考虑小汽车和摩托车占用不同数量的元胞,建立了描述混合交通流的元胞自动机模型;Mallikarjuna 和 Rao(2010)同样提出了描述混合交通的扩展元胞自动机模型;Meng 等(2007)提出了小汽车和摩托车混合行驶的单车道元胞自动机模型,研究了这种条件下小汽车和摩托车的流量-密度关系特征;另外,Venkatesan 等(2008)提出了基于面向对象程序方法的混合交通流模型。但是,这些模型描述的纵向运动都是基于单车道的跟驰行为;侧向运动则是基于不同形式的换道规则,只针对体积较小的非机动车,对车道做了进一步划分。本质上,这些模型没有真正反映机动车和非机动车行为特征的差异。Zhao 等(2008,2009)结合描述机动车的 NaSch 模型和描述非机动车的多值元胞自动机模型,提出了一种新的描述混合交通流的模型方法,称为耦合元胞自动机模型,并研究了公交停靠站对交通流的影响。

交通流理论不仅关注基本路段交通流的建模和特性研究,也关注各种交通瓶颈(如交叉口、人行横道等)对交通流的影响。Su 等(2009)基于我国混合交通流的特点,提出了信号控制交叉口的车辆延误模型,并且其理论分析的结果与实测数据相符。Jiang 等(2002)基于全速度差模型,研究行人过街对交通流的干扰作用,分析了基本图的变化特征。Helbing 等(2001,2005)基于车辆跟驰模型,采用理论分析和数值模拟相结合的方法,研究了行人过街过程中,机动车和行人的时间延迟特性和交通流波动特性;Zhang 等(2007)基于描述车辆和行人的元胞自动机模型,研究了信号控制人行横道处行人违法行为对交通流的影响。

3.2 机非混合交通流耦合元胞自动机模型

大量的微观交通流模型主要关注单一的机动车或非机动车交通流。但是,不同于城际交通,机动车和非机动车(本节中主要指自行车)都是城市交通中重要的交通模式,混合交通的形式在城市交通系统中广泛存在。因此对混合交通流的研究引起广泛关注。如前文所述当前描述混合交通流的模型主要有两类:一类模型首先将不同类型的车转化为相应数量的小汽车,然后将混合交通流作为同质流处理。但是,该类模型不能刻画混合交通流中不同交通方式的相互影响机制。另一类模型则分别考虑刻画不同类型车辆的纵向运动和侧向运动。但是,这类模型描述的纵向运动均是基于单车道的跟驰行为;侧向运动则是基于不同形式的换道规则,只是针对体积较小的非机动车,对车道做了进一步划分,没有从本质上反映机动车和非机动车行为特征的差异。

基于以上分析,本节主要研究无机非隔离设施的路段上混合交通流的建模方法和交通流特性。基于多值元胞自动机的建模思想,假设一个元胞可以同时被一辆机动车和(或)多辆非机动车占据,同时结合 NaSch 模型和多值元胞自动机模型,并引入避免死锁规则和冲突处理规则,建立描述路段混合交通流的耦合元胞自动机模型。然后进一步模拟分析不同的机动车和非机动车混合比例下混合交通流的流量-密度关系、时空演化特性以及路段的输运量特征。

由于现有的元胞自动机模型基于单一的车辆类型(机动车或非机动车),不能同时描述机动车和非机动车的动力学特征,也不能描述两种类型车辆之间的相互干扰作用,因此,需要综合考虑机动车和非机动车的运行特征,建立符合实际的交通流模型。

通常,机动车的运行是基于车道的,其运行状态受到前方车辆的影响;与此不同,非机动车车体小,转向灵活,无固定行驶轨道。本节中,综合考虑机动车和非机动车的运行特征,结合描述机动车的 NaSch 模型和描述非机动车的多值元胞自动机模型,建立了描述路段混合交通流的耦合元胞自动机模型。在提出的模型中,时间、空间和速度都是离散的。路段被划分为 L 个元胞,见图 3-1,每个元胞可以被 M 辆非机动车或一辆机动车和 $M-M_c$ 辆非机动车占据(图 3-2 是每个元胞可能出现的交通状态示意图,其中 $M=5$ 为元胞的容量,$M_c=3$ 为机动车的体积;这里假定非机动车的体积为 1,因此一个元胞可以最多容纳 M 辆非机动车;同时考虑到机动车和非机动车属性的差异,它们的长度分别设置为 2 和 1),其中 M_c 为机动车占据的空间。具体的模型规则由四部分组成:①机动车更新规则;②非机动车更新规则;

③冲突处理规则；④避免死锁规则。其中，规则①和②分别描述机动车和非机动车的运行，规则③和④主要描述机动车和非机动车之间的相互干扰作用。

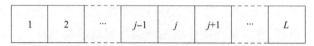

图 3-1　机动车和非机动车混合行驶的单车道路段示意图

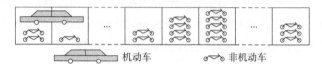

图 3-2　每个元胞可能出现的交通状态示意图

3.2.1　机动车更新规则

NaSch 模型是最简单的元胞自动机模型，它能够描述很多实际交通现象。在 NaSch 模型中，每个元胞或者为空，或者被一辆车占据，车辆的速度可以为 $0,1,2,\cdots,v_{\max}$，其中 $v_{\max}$ 为车辆的最大速度。基于 NaSch 模型（Nagel 和 Schreckenberg,1992），给出机动车的更新规则如下：

①加速：$v_j(t+1/3) \rightarrow \min(v_j(t)+1, v_{\max})$。
②减速：$v_j(t+2/3) \rightarrow \min(v_j(t+1/3), d_j)$。
③随机慢化：以概率 p_{ns}，$v_j(t+1) \rightarrow \max(v_j(t+2/3)-1, 0)$。
④位置更新：$x_j(t+1) \rightarrow x_j(t) + v_j(t+1)$。

式中，$x_j(t)$ 和 $v_j(t)$ 分别为车辆 j 在时间步 t 的位置和速度；d_j 为车辆 j 与前方最邻近的机动车（或非机动车数量大于 $M-M_c$ 的元胞）之间的距离。通常，非机动车的密度越大，其对机动车的干扰越严重。因此机动车的慢化概率 p_{ns} 应为其前方一定范围内非机动车密度的函数，具体定义如下：

$$p_{ns} = \min(0.1 + a_1 \cdot N_{nm}^a/(n_a M), 1) \qquad (3-2)$$

式中，a_1 为大于 0 的常数；n_a 表示机动车关注的前方元胞的数量，在下面的模拟中取 $2v_{\max}$；N_{nm}^a 表示车辆前方 n_a 个元胞中非机动车的数量。从式(3-2)可以看出，机动车的慢化概率 p_{ns} 随着 N_{nm}^a 的增大而增大，这与前面的分析是相符的。

3.2.2　非机动车更新规则

采用多值元胞自动机模型描述非机动车的运行能够避免复杂的换道规则，并且这与非机动车非基于车道的运行特性也是一致的。Nishinari 和 Takahashi(1998)首先提出了多值元胞自动机模型，其演化方程如下：

$$U_j(t+1) = U_j(t) + \min(U_{j-1}(t), M - U_j(t)) - \min(U_j(t), M - U_{j+1}(t)) \qquad (3-3)$$

式中，$U_j(t)$ 和 $U_{j+1}(t)$ 分别表示 t 时刻元胞 j 与其前方元胞 $j+1$ 中的车辆数；车辆的最大速度为 1。多值元胞自动机模型能够描述非机动车交通流，然而对于机动车和非机动车混合行驶的情况，由于一个元胞可以同时被机动车和非机动车占据，因此需要对非机动车的演化方程进行修正，修正后的模型方程如下：

$$U_j(t+1) = U_j(t) + \min(U_{j-1}(t), M - f_j M_c - U_j(t)) - $$
$$\min(U_j(t), M - f_{j+1} M_c - U_{j+1}(t)) \tag{3-4}$$

式中,f_j为符号函数,当元胞j被机动车占据时,其值为1,否则为0。为了更加合理地描述非机动车的动力学特征,进一步在修正模型中考虑非机动车的随机慢化因素;同时,为了便于理解和计算,将非机动车的更新过程划分为如下三个部分:

① 计算元胞j下一步可以移动的非机动车数:$D_j(t) = \min(U_j(t), M - f_{j+1}M_c - U_{j+1}(t))$。
② 随机慢化:以概率p_{bca},$D_j(t) = \max(D_j(t) - 1, 0)$。
③ 更新:$U_j(t+1) = U_j(t) + D_{j-1}(t) - D_j(t)$。

3.2.3 冲突处理规则

在以上的规则中,所有的机动车和非机动车同步更新,因此可能会出现冲突情况。例如,根据上面的规则,元胞$j+n-v_{\max}$中的机动车和元胞$j+n-1$中的非机动车可能在下一个时间步同时向元胞$j+n$移动,从而引起冲突,即$f_{j+n}M_c + U_{j+n} > M$。图3-3是元胞$j+2$中可能出现冲突情况的元胞状态示意图,此时,元胞j中的机动车和元胞$j+1$中的非机动车可以同时在下一个时间步驶入元胞$j+2$,从而造成冲突。为了避免冲突情况的发生,在每次更新之前,首先依次检测元胞j前面的元胞$j+n$[$n=1,2,\cdots,d$;其中$d = \min(d_j, v_{\max})$]。初始时取$n=1$,flag$=0$(flag表示符号变量)。

图3-3 元胞$j+2$中可能出现冲突情况的元胞状态示意图

如果$U_{j+n}(t) + D_{j+n-1}(t) - D_{j+n}(t) + M_c > M$,则以概率$1-p_{ct}$,$d_j = n-1$,flag$=1$;其中$p_{ct}$表示元胞$j$中的机动车在下一个时间步占据元胞$j+n$的概率;否则,$n \rightarrow n+1$,并且将非机动车更新规则的第一步修改为$D_{j+n-1} = \min(U_{j+n-1}, M - M_c - U_{j+n})$;重复以上过程直到flag$=1$或$n=d$。

实际上,随着与机动车之间距离的增大,非机动车受到机动车的干扰减少,因此非机动车占据目标元胞的概率也增大。也就是说,元胞j中的机动车占据元胞$j+n$的概率p_{ct}随着n的增大而减小。因此,定义p_{ct}为如下的函数形式:

$$p_{ct} = \min(a_2 \cdot (v_{\max} - n)/v_{\max}, 1) \tag{3-5}$$

式中,a_2为大于0的常数。

3.2.4 避免死锁规则

如果占据一个元胞的非机动车数量大于$M - M_c$,则该元胞上游的机动车就不能通过,从而形成机动车跟随非机动车的状态,并且这种状态可能持续很长时间。数值模拟的结果表明,即使机动车和非机动车密度很小,上面的模型规则也能产生这种情况,这与实际的交通现象是不符的。通常,非机动车后面的机动车会通过鸣笛来提示前面的非机动车让行,而非机动车也会尽量靠近道路两侧行驶以避免和机动车发生冲突。通过下面的规则来描述这种非机动车的让行行为:

如果 $M - U_{j+n}(t) < M_c (n = 1, 2, \cdots, n_g)$，其中 n_g 表示非机动车关注的前方元胞的数量，则非机动车更新规则的第一步修改为：

以概率 p_g，$D_{j+n}(t) = \min(U_{j+n}(t), M - M_c - U_{j+n+1}(t))$，且 $D_{j+n-1}(t) = \min(U_{j+n-1}(t), M - M_c - U_{j+n}(t))$。

事实上，随着非机动车密度的增大，车道上的非机动车流逐渐变得拥挤，元胞中为机动车让行的空间逐渐减小，非机动车让行的概率也会随之降低。因此，概率 p_g 随着非机动车密度的增大而减小，定义为如下的函数：

$$p_g = \max(1 - a_3 \cdot N_{nm}^g / (n_g M), 0) \tag{3-6}$$

式中，a_3 为大于 0 的常数；N_{nm}^g 表示机动车前方 n_g 个元胞的范围内非机动车的数量。

3.3 数值模拟和分析

本节的数值模拟采用周期边界条件。路段长度 $L = 1000$；机动车的长度为 2，最大速度 $v_{max} = 6$；非机动车的长度为 1，最大速度也为 1。模型参数的取值分别为：$M = 5, M_c = 3, a_1 = 1, a_2 = 0.8, a_3 = 3, n_a = n_g = 2v_{max} = 12$。每次模拟持续 50000 个时间步。为了避免暂态的影响，舍弃前 30000 个时间步的数据，模拟结果为 20000 个时间步的统计平均。为了描述的统一性，首先定义机动车和非机动车的密度分别为：

$$\rho_m = (N_m \cdot M_c)/(L \cdot M) \tag{3-7}$$

$$\rho_{nm} = N_{nm}/(L \cdot M) \tag{3-8}$$

式中，N_m 和 N_{nm} 分别为路段上机动车和非机动车的数量。根据式(3-7)和式(3-8)，进一步定义系统的总密度为：

$$\rho = \rho_m + \rho_{nm} = (N_m \cdot M_c + N_{nm})/(L \cdot M) \tag{3-9}$$

在下面的模拟中，假定系统总密度的最大值为 1，在机非混合交通的条件下，取机动车和非机动车的最大密度分别为 0.6 和 0.4。

3.3.1 流量特征分析

流量-密度关系是描述交通流特性的重要特征之一。图 3-4a)给出了机动车流量 q_m 与机动车密度 ρ_m 和非机动车密度 ρ_{nm} 之间的关系，图 3-4b)则给出了一些 ρ_{nm} 值下机动车流的流量-密度关系曲线。可以看出，流量-密度曲线可以分为两种类型，分别对应非机动车密度 ρ_{nm} 较小和较大的情况：

(1) 当 ρ_{nm} 较小时，首先机动车流量 q_m 随着密度 ρ_m 的增大线性增加，当机动车密度增大到临界密度 ρ_m^c 时，其流量 q_m 达到最大值，之后流量 q_m 逐渐减小。另外，根据式(3-2)，非机动车的密度 ρ_{nm} 越大，机动车受到的干扰就越严重。因此，机动车的最大流量以及相应的临界密度都随着 ρ_{nm} 的增大而减小。

(2) 当 ρ_{nm} 较大时，同样地，机动车流量 q_m 首先增大，之后减小。但是，由于非机动车的干扰作用，在所有的 ρ_m 下，机动车流量 q_m 总小于 ρ_{nm} 较小时的情况。值得注意的是，从自由流到拥堵流的相变也由 ρ_{nm} 较小时的一阶相变转变为二阶相变，因此不存在确切的临界密度值。

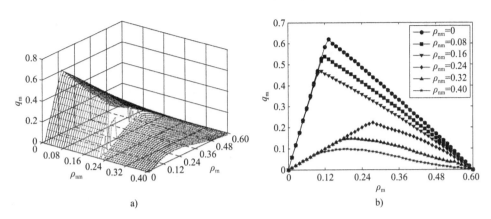

图 3-4　机动车流量 q_m 随机动车密度 ρ_m 和非机动车密度 ρ_{nm} 的变化关系

与机动车流相似，根据机动车密度 ρ_m 的取值，非机动车的流量曲线也可以分为两种类型（图 3-5）。

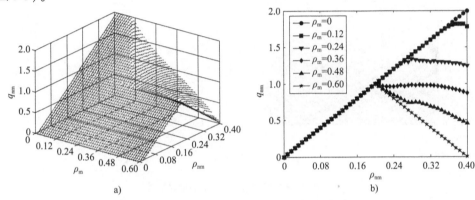

图 3-5　非机动车流量 q_{nm} 随机动车密度 ρ_m 和非机动车密度 ρ_{nm} 的变化关系

(1) 当 ρ_m 较小时，仅有少量的机动车在路段上行驶，其对非机动车的干扰很小，因此非机动车在路段上自由行驶，并且在整个密度范围 (0, 0.40) 内，非机动车流量 q_{nm} 线性增加。

(2) 当 ρ_m 大于某个临界值时，流量曲线上存在一个临界点 ρ_{nm}^c，将曲线分为自由流和拥堵流两个部分。在自由流区域，非机动车流量 q_{nm} 随着密度 ρ_{nm} 的增大线性增加；之后在临界密度值 ρ_{nm}^c 时，非机动车流量 q_{nm} 达到最大值；继续增大 ρ_{nm}，则会出现交通堵塞现象，非机动车流量 q_{nm} 保持不变或逐渐减小。有趣的是，非机动车的最大流量值及其对应的临界密度值 ρ_{nm}^c 首先随着机动车密度 ρ_m 的增大而减小，之后达到某个临界值时，保持不变。

为了更深入地理解混合交通下交通流的演化特征，进一步给出四个典型交通流模式下机动车和非机动车的时空图。

首先，图 3-6 给出了 $\rho_m = 0.06$ 和 $\rho_{nm} = 0.08$ 时的时空图。此时，两种车辆的密度都很小，机动车和非机动车都处于自由流状态，因此，流量 q_m 和 q_{nm} 都随着密度的增大线性增加。

其次，当机动车密度 ρ_m 较大而非机动车密度 ρ_{nm} 较小时，机动车流出现拥堵，而非机动车仍处在自由流状态（图 3-7）。此时，机动车流量 q_m 逐渐减小，而非机动车流量 q_{nm} 仍随着其密度的增大线性增加。

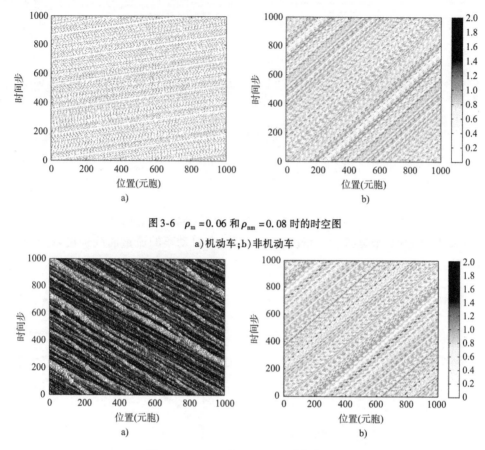

图 3-6　$\rho_m = 0.06$ 和 $\rho_{nm} = 0.08$ 时的时空图
a)机动车；b)非机动车

图 3-7　$\rho_m = 0.36$ 和 $\rho_{nm} = 0.08$ 时的时空图
a)机动车；b)非机动车

再次，图 3-8 给出了机动车密度 ρ_m 较小而非机动车密度 ρ_{nm} 较大时的时空图。可以看出，很多元胞都被两辆或更多非机动车占据，机动车的运行受到了严重阻碍，其速度远小于自由行驶时的速度（图 3-9）。因此，此时机动车的流量 q_m 远小于原始 NaSch 模型的值。这也恰好解释了图 3-4 中 ρ_{nm} 较大时，机动车流量呈大幅降低趋势的现象。

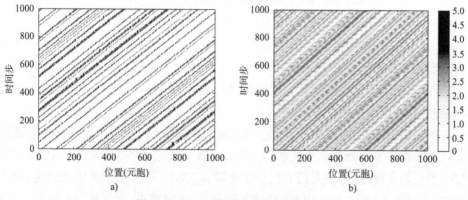

图 3-8　$\rho_m = 0.06$ 和 $\rho_{nm} = 0.32$ 时的时空图
a)机动车；b)非机动车

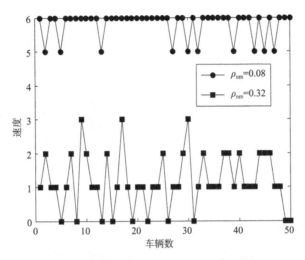

图 3-9　在时刻 30000-s 时机动车的速度分布图

最后,当机动车密度 ρ_m 和非机动车密度 ρ_{nm} 都很大时,机动车流和非机动车流出现严重的拥堵现象(图 3-10)。此时,所有车辆的速度都很小,而非机动车则有机会占据相邻机动车之间的大部分元胞空间。机动车和非机动车之间的相互干扰非常严重,因此机动车的流量随着 ρ_{nm} 的增大而降低,非机动车的流量则随着 ρ_m 的增大而降低。

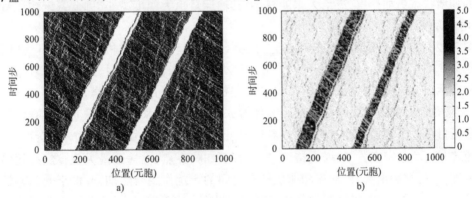

图 3-10　$\rho_m = 0.36$ 和 $\rho_{nm} = 0.32$ 时的时空图
a)机动车;b)非机动车

3.3.2　路段输运量特征分析

为了更清晰地认识混合交通系统的效率,本节研究路段系统的输运量随机动车和非机动车密度的变化特征。这里,输运量 q 的定义如下:

$$q = q_m \cdot T_m + q_{nm} \tag{3-10}$$

式中,T_m 表示机动车的承载量。在下面的模拟中,取 $T_m = M_c = 3$。

图 3-11 给出了系统输运量与机动车和非机动车密度之间的变化关系。可以发现,通过调整机动车和非机动车的比例,能够使系统输运量维持在最大值的区域,从而为混合交通流的控制方法提供新的途径。下面将分别详细分析 q 与 ρ_m、q 与 ρ_{nm} 之间的关系。

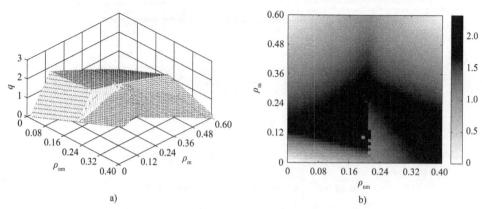

图3-11 系统输运量 q 随机动车密度 ρ_m 和非机动车密度 ρ_{nm} 的变化关系图(一)

为方便分析,首先研究输运量 q 与机动车密度 ρ_m 之间的关系[图3-12a)]。可以看出分别对应较小的 ρ_{nm} 值和较大的 ρ_{nm} 值,曲线可以分为两种类型:①当 ρ_{nm} 的值较小时,机动车和非机动车之间的干扰很小,系统的输运量 q 主要由机动车承担,因此 q 的变化趋势与机动车流量 q_m 相似,并且随着 ρ_{nm} 的增大,输运量逐渐增加,最大输运量也逐渐增大。②当 ρ_{nm} 的值较大时,随着 ρ_{nm} 的增大,非机动车的输运量逐渐增加,因此在 ρ_m 取值较小的区域,系统输运量逐渐增加,最大输运量也逐渐增大;但是在 ρ_m 取值较大的区域,由于非机动车的干扰,机动车的拥堵状态更加严重,流量大幅度减小,其输运量也大幅度减小,因此系统输运量随着 ρ_{nm} 的增大逐渐降低。

图3-12b)给出了不同机动车密度 ρ_m 下,系统的输运量 q 与非机动车密度 ρ_{nm} 之间的关系。根据 ρ_m 的取值,输运量曲线可以分为三种类型:①当 ρ_m 较小时,系统输运量 q 主要由非机动车承担,在整个密度区间(0,0.40)内,非机动车处在自由流状态,因此输运量 q 随着非机动车密度 ρ_{nm} 的增大而线性增加。②随着 ρ_m 的增大,机动车的流量 q_m 逐渐增加,其提供的输运量也逐渐增加。此时,存在临界点 $\rho_{nm}^{c_0}$,将输运量曲线划分为两个分支:首先,输运量 q 随着非机动车密度 ρ_{nm} 的增大持续增加,直至临界点 $\rho_{nm}^{c_0}$ 达到最大值;之后,随着非机动车密度 ρ_{nm} 的继续增大,机动车和非机动车之间的干扰作用突然加剧,由于受到非机动车的阻碍以及拥堵的影响,机动车的平均速度和流量都大幅下降,因此系统总输运量 q 在达到最大值后突然大幅度减小,之后逐渐增加。③当机动车密度 ρ_m 较大时,机动车流的拥堵更加严重,机动车在非机动车的干扰下缓慢行驶,其流量很小并且随着 ρ_m 的增大而减小,此时系统的输运量主要由非机动车的流量决定,输运量曲线的变化趋势与非机动车流量曲线类似,并随着 ρ_m 的增大而降低。

为分析机非隔离设施对道路输运量的影响,图3-13给出了设置机非隔离设施情况下道路输运量随机动车密度和非机动车密度的变化关系。对比图3-11和图3-13,可以看出在非机动车密度 ρ_{nm} 较小或机动车密度 ρ_m 较大的情况下,设置机非隔离设施对系统的影响很小;在非机动车密度较大的情况下,设置机非隔离设施能够消除机动车和非机动车之间的相互干扰作用,在很大程度上提高系统的通行效率;而在其他密度范围内,即使不能提高系统的通行效率,设置机非隔离设施也能在一定程度上增强系统的稳定性和安全性。从图3-14和图3-15的对比图中,可以更清晰、直观地得出以上结论。

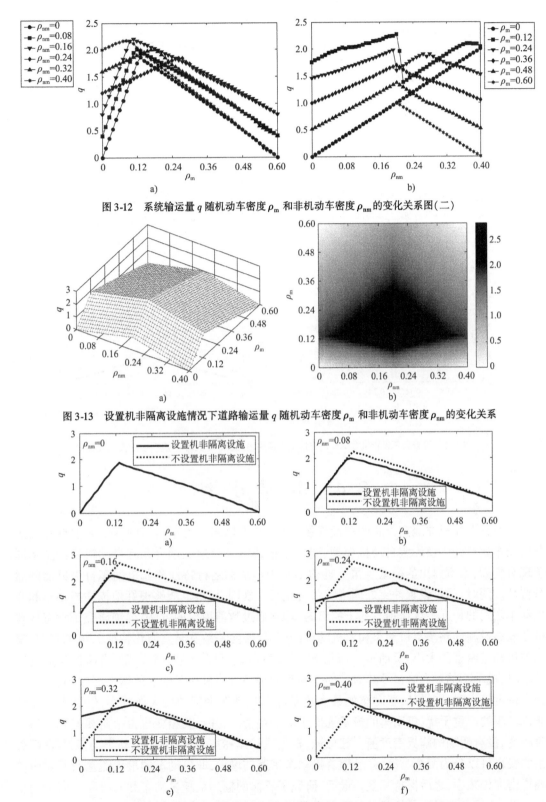

图 3-12 系统输运量 q 随机动车密度 ρ_m 和非机动车密度 ρ_{nm} 的变化关系图（二）

图 3-13 设置机非隔离设施情况下道路输运量 q 随机动车密度 ρ_m 和非机动车密度 ρ_{nm} 的变化关系

图 3-14 设置和不设置机非隔离设施情况下道路输运量 q 随非机动车密度 ρ_{nm} 的变化关系

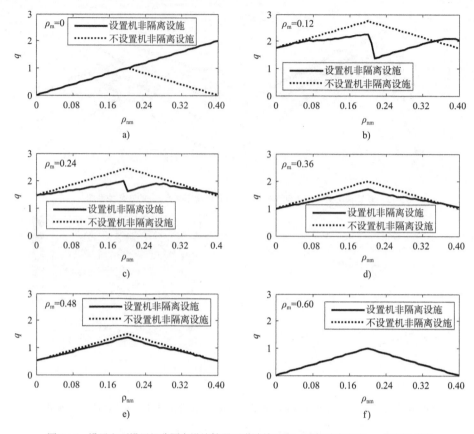

图 3-15　设置和不设置机非隔离设施情况下道路输运量 q 随机动车密度 ρ_m 的变化关系

3.4　本章小结

本章针对无机非隔离设施的路段系统,综合考虑描述机动车运行的 NaSch 模型和描述非机动车运行的多值元胞自动机模型,建立了描述混合交通的耦合元胞自动机模型。不同于现有模型,本章提出的模型兼顾了机动车基于车道的运行特性和非机动车自由灵活的运行特性。同时,通过设置冲突处理规则和避免死锁规则,模型也能够很好地描述机动车和非机动车之间的相互干扰作用。基于提出的模型,通过数值模拟的方法,详细研究了没有设置机非隔离设施的路段上机动车和非机动车的流量-密度关系及时空演化特征。结果表明,根据非机动车密度的大小,机动车的流量-密度关系曲线可以分为两个类型:当非机动车密度较小时,机动车的最大流量及其对应的临界密度都随着非机动车密度的增大而减小;当非机动车密度较大时,同样地,机动车的最大流量随非机动车密度的增大而减小,但是由于受到非机动车的严重干扰,机动车的流量远低于前一种情况,并且其相变也由一阶相变转变为二阶相变,没有明确的临界密度值。相似地,根据机动车密度的大小,非机动车的流量-密度关系曲线也可以分为两个类型,并且随着机动车密度的增大,非机动车的最大流量及其对应的临界密度先减小,之后保持不变。最后,研究了路段的输运量随机动车和非机动车密度的变化关系,并进一步对比分析了设置和不设置机非隔离设施两种情况下路段的载运能力特征。

结果表明,在非机动车密度很大的情况下,设置机非隔离设施能够在一定程度上提高路段系统的通行效率。

本章参考文献

[1] ADAMS W F. Road traffic considered as a random series[J]. Journal institution of civil engineers,1936,4(1):121-130.

[2] ASAKURA Y,IRYO T. Analysis of tourist behavior based on the tracking data collected using a mobile communication instrument[J]. Transportation research part A:policy and practice,2007,41(7):684-690.

[3] BALAKRISHNA R,KOUTSOPOULOS H N,BEN-AKIVA M,et al. Simulation-based evaluation of advanced traveler information systems[J]. Transportation research record:journal of the transportation research board,2005,1910(1):90-98.

[4] CHEN W Y,HUANG D W,HUANG W N,et al. Traffic flow on a 3-lane highway[J]. International journal of modern physics B,2004,18(31-32):4161-4171.

[5] CHO H J,WU Y T. Modeling and simulation of motorcycle traffic flow[C]. IEEE International Conference on Systems,Man and Cybernetics,2004,7:6262-6267.

[6] CHOPARD B,DROZ M. Cellular automata modeling of physical systems[M]. Cambridge:Cambridge University Press,1998.

[7] CHOWDHURY D,SANTEN L,SCHADSCHNEIDER A. Statistical physics of vehicular traffic and some related systems[J]. Physics reports,2000,329(4-6):199-329.

[8] CHOWDHURY D,WOLF D E,SCHRECKENBERG M. Particle hopping models for two-lane traffic with two kinds of vehicles:effects of lane-changing rules[J]. Physica A:statistical mechanics and its applications,1997,235(3):417-439.

[9] CREMER M,LUDWIG J. A fast simulation model for traffic flow on the basis of boolean operations[J]. Mathematics and computers in simulation,1986,28(4):297-303.

[10] DAOUDIA A K,MOUSSA N. Numerical simulations of a three-lane traffic model using cellular automata[J]. Chinese journal of physics,2003,41(6):671-681.

[11] FAGHRI A,EGYHÁZIOAÁ E. Development of a computer simulation model of mixed motor vehicle and bicycle traffic on an urban road network[J]. Transportation research record,1999,1674(1):86-93.

[12] GODD E F. Cellular automata[M]. New York:Academic Press,1986.

[13] GREENSHIELDS B D,BIBBINS J R,CHANNING W S,et al. A study of traffic capacity[J]. Highway research board proceedings,1934,14(1):448-477.

[14] GREENSHIELDS B D,SCHAPIRO D,ERICKSEN E L. Traffic performance at urban street intersection[R]. Technical Report No. 1,Yale Bureau of Highway Traffic,New Haven,Corn,1946.

[15] HELBING D. Traffic and related self-driven many particle systems[J]. Reviews of modern physics,2001,73(4):1067-1141.

[16] HELBING D,JIANG R,TREIBER M. Analytical investigation of oscillations in intersecting flows of pedestrian and vehicle traffic[J]. Physical review E,2005,72(4):046130.

[17] HOOGENDOORN S P,BOVY P H L. Continuum modeling of multiclass traffic flow[J]. Transportation research part B:methodological,2000,34(2):123-146.

[18] HOOGENDOORN S P,BOVY P H L. Generic gas-kinetic traffic systems modeling with applications to vehicular traffic flow[J]. Transportation research part B:methodological, 2001,35(4):317-336.

[19] JIA B,LI X G,JIANG R,et al. Multi-value cellular automata model for mixed bicycle flow [J]. The European physical journal B,2007,56(3):247-252.

[20] JIA B,JIANG R,GAO Z Y,et al. The effect of mixed vehicles on traffic flow in two lane cellular automata model[J]. International journal of modern physics C,2005,16(10):1617-1627.

[21] JIA B,JIANG R,WU Q S. A realistic two-lane cellular automaton model for traffic flow[J]. International journal of modern physics C,2004,15(3):381-392.

[22] JIANG R,HELBING D,SHUKLA P K,et al. Inefficient emergent oscillations in intersecting driven many-particle flows[J]. Physica A:statistical mechanics and its applications,2006, 368(2):567-574.

[23] JIANG R,WU Q S,LI X B. Capacity drop due to the traverse of pedestrians[J]. Physical review E,2002,65(3):036120.

[24] JIANG R,JIA B,WU Q S. Stochastic multi-value cellular automata models for bicycle flow [J]. Journal of physics A:mathematical and general,2004,37(6):2063-2072.

[25] KAUMANN O,FROESE K,CHROBOK R,et al. On-line simulation of the freeway network of North Rhine-Westphatia[C]. Traffic and Granular Flow 99,Berlin:Springer,1998,483-503.

[26] KERNER B S,KLENOV S L. Spatial-temporal patterns in heterogeneous traffic flow with a variety of driver behavioural characteristics and vehicle parameters[J]. Journal of physics A:mathematical and general,2004,37(37):8753-8788.

[27] KHAN S I,MAINI P. Modeling heterogeneous traffic flow[J]. Transportation research record,1999,1678(1):234-241.

[28] KINZER J P. Application of the theory of probability to problem of highway traffic[D]. Ph. D. Dissertation,Politeeh. Inst. Brooklyn,1933.

[29] KNOSPE W,SANTEN L,SCHADSCHNEIDER A,et al. Disorder effects in cellular automata for two-lane traffic[J]. Physica A:statistical mechanics and its applications,1999,265(3-4): 614-633.

[30] KNOSPE W,SANTEN L,SCHADSCHNEIDER A,et al. A realistic two-lane traffic model for highway traffic [J]. Journal of physics A: mathematical and general, 2002, 35 (15): 3369-3388.

[31] LAN L W, CHANG C W. Inhomogeneous cellular automata modeling for mixed traffic with cars and motorcycles[J]. Journal of advanced transportation, 2005, 39(3):323-349.

[32] LI X G, GAO Z Y, JIA B, et al. Segregation effect in symmetric cellular automata model for two-lane mixed traffic[J]. The European physics journal B, 2006, 54(3):385-391.

[33] LOGGHE S, IMMERS L H. Multi-class kinematic wave theory of traffic flow[J]. Transportation research part B: methodological, 2008, 42(6):523-541.

[34] LIGHTHILL M J, WHITHAM G B. On kinematic waves II. A theory of traffic flow on long crowded roads[J]. Proceedings of the royal society of London, series A: mathematical & physical sciences, 1955, 229(1178): 317-345.

[35] MALLIKARJUNA C, RAO K R. Cellular automata model for heterogeneous traffic[J]. Journal of advanced transportation, 2010, 43(3):321-345.

[36] MATSUKIDAIRA J, NISHINARJ K. Euler-Lagrange correspondence of generalized Burgers cellular automaton[J]. International journal of modern physics C, 2004, 15(4):507-515.

[37] MENG J P, DAI S Q, DONG L Y, et al. Cellular automaton model for mixed traffic flow with motorcycles[J]. Physica A: statistical mechanics and its applications, 2007, 380(1): 470-480.

[38] NANGATANI T. Self-organization and phase transition in traffic-flow model of a two-lane roadway[J]. Journal of physics A: mathematical and general, 1993, 26(17):L781-L787.

[39] NAGATANI T. Dynamical jamming transition induced by a car accident in traffic-flow model of a two-lane roadway[J]. Physica A: statistical mechanics and its applications, 1994, 202 (3-4):449-458.

[40] NAGEL K, SCHRECKENBRG M. A cellular automaton model for freeway traffic[J]. Journal de physique I, 1992, 2(12):2221-2229.

[41] NAGEL K, RICKERT M. Parallel implementation of the TRANSIMS micro-simulation[J]. Parallel computing, 2001, 27(12):1611-1639.

[42] NAGEL K, WOLF D E, WAGNER P, et al. Two-lane traffic rules for cellular automata: a systematic approach[J]. Physical review E, 1998, 58(2):1425-1437.

[43] NISHINARI K, TAKAHASHI D. Analytical properties of ultradiscrete Burgers equation and rule-184 cellular automaton[J]. Journal of physics A: mathematical and general, 1998, 31 (24):5439-5450.

[44] NISHINARI K. A Lagrange representation of cellular automaton traffic-flow models[J]. Journal of physics A: mathematical and general, 2001, 34(48):10727-10736.

[45] NISHINARI K, TAKAHASHI D. A new deterministic CA model for traffic flow with multiple states[J]. Journal of physics A: mathematical and general, 1999, 32(1):93-104.

[46] NISHINARI K, TAKAHASHI D. Multi-value cellular automaton models and metastable states in a congested phase[J]. Journal of physics A: mathematical and general, 2000, 33(43): 7709-7720.

[47] OKETCH T G. New modeling approach for mixed-traffic streams with nonmotorized vehicles [J]. Transportation research record,2000,1705(1):61-69.

[48] RICHARDS P I. Shock waves on the highway[J]. Operations research,1956,4(1):42-51.

[49] PEDERSEN M M,RUHOFF P T. Entry ramps in the Nagel-Schreckenberg model[J]. Physical review E,2002,65(2):056705.

[50] RICKERT M,NAGEL K,SCHRECKENBERG M,et al. Two lane traffic simulations using cellular automata[J]. Physica A:statistical mechanics and its applications,1996,231(4):534-550.

[51] RICKERT M,NAGEL K. Experiences with a simplified microsimulation for the Dallas/Fort-Worth area[J]. International journal of modern physics C,1997,8(3):483-503.

[52] SU Y L,WEI Z,CHENG S H,et al. Delay estimates of mixed traffic flow at signalized intersections in China[J]. Tsinghua science and technology,2009,14(2):157-160.

[53] VENKATESAN K,GOWRI A,SIVANANDAN R. Development of microscopic simulation model for heterogeneous traffic using object oriented approach [J]. Transportmetrica,2008,4(3):227-247.

[54] WAHLE J,NEUBERT L,ESSER J,et al. A cellular automaton traffic flow model for online simulation of traffic[J]. Parallel computing,2001,27(5):719-735.

[55] WAGNER P,NAGEL K,WOLF D E. Realistic multi-lane traffic rules for cellular automata [J]. Physica A:statistical methanics and its applications,1997,234(3-4):687-698.

[56] WOLFRAM S. Statistical mechanics of cellular automata[J]. Reviews of modern physics,1983,55(3):601-644.

[57] WONG G C K,WONG S C. A multi-class traffic flow model—an extension of LWR model with heterogeneous drivers[J]. Transportation research part A:policy and practice,2002,36(9):827-841.

[58] ZHANG Y,DUAN H L,ZHANG Y. Modeling mixed traffic flow at crosswalks in micro-simulations using cellular automata [J]. Tsinghua science and technology, 2007, 12 (2): 214-222.

[59] ZHANG P,WONG S C,XU Z L. A hybrid scheme for solving a multi-class traffic flow model with complex wave breaking[J]. Computer methods in applied mechanics and engineering,2008,197(45-48):3816-3827.

[60] ZHANG M P,SHU C W,WONG G C K,et al. A weighted essentially non-oscillatory numerical scheme for a multi-class Lighthill-Whitham-Richards traffic flow model[J]. Journal of computational physics,2003,191(2):639-659.

[61] ZHANG M P,WONG S C,SHU C W. A weighted essentially non-oscillatory numerical scheme for a multi-class traffic flow model on an inhomogeneous highway[J]. Journal of computational physics,2006,212(2):739-756.

[62] ZHAO X M,JIA B,GAO Z Y,et al. Traffic interactions between motorized vehicles and non-

motorized vehicles near a bus stop[J]. Journal of transportation engineering, 2009, 135(11):894-906.

[63] ZHAO X M, JIA B, Gao Z Y, et al. Congestions and spatiotemporal patterns in a cellular automaton model for mixed traffic flow[C]. Fourth International Conference on Natural Computation, 2008, 7, 425-429.

[64] 陈钊正, 吴聪. 多变量聚类分析的高速公路交通流状态实时评估[J]. 交通运输系统工程与信息, 2018, 18(3):225-233.

[65] 管娜娜, 王波. 基于公交 IC 卡数据的成都市地铁与常规道路公交换乘客流特征分析[J]. 城市轨道交通研究, 2018, 21(9):148-150.

[66] 黄海军. 道路交通流与网络交通流的研究现状与发展趋势[C]. 北京:国家杰出青年科学基金实施十周年学术报告会, 2004.

[67] 贾斌, 高自友, 李克平, 等. 基于元胞自动机的交通系统建模与模拟[M]. 北京:科学出版社, 2007.

[68] 邝华, 孔令江, 刘慕仁. 多速混合车辆单车道元胞自动机交通流模型的研究[J]. 物理学报, 2004, 53(9):2894-2898.

[69] 吴可非, 孔令江, 刘慕仁. 双车道元胞自动机 NS 和 WWH 交通流混合模型的研究[J]. 物理学报, 2006, 55(12):6275-6280.

[70] 肖瑞杰, 孔令江, 刘慕仁. 车辆的长度和速度对单车道混合交通流的影响[J]. 物理学报, 2007, 56(2):740-746.

第4章 平面交叉口混合交通系统建模与分析

4.1 概 述

交叉口是交通网络中各方向交通流的汇集点和发散点。因此,交叉口,特别是无信号交叉口是交通干扰和冲突最为严重的地方。机动车和机动车之间、机动车和非机动车之间、非机动车和非机动车之间的相互干扰作用严重影响了交叉口的最大流量和效率。基于此,本章在挖掘各种交通模式行为特征的基础上,采用元胞自动机、车辆跟驰等微观交通流建模方法对交叉口处混合交通流进行建模,并进行详细的模拟分析。

4.2 人行横道人车混合交通流建模

4.2.1 普通信号人行横道混合交通流建模

人行横道是道路上规定行人穿越机动车道的步行范围,是城市道路交通系统的重要组成部分,也是一类典型的交通瓶颈。显然,在无信号控制人行横道处,机动车和行人之间存在严重的相互干扰;即使在有信号控制人行横道处,由于人们安全意识不强,存在大量违法穿行的行人,机动车的运行也会受到过街行人的干扰。

当前,已有一些文献研究了人行横道对道路交通的影响。总结起来,这些文献主要分为两类。一类文献主要关注行人过街对机动车交通流的影响(Jiang 等,2002;Helbing 等,2005;Jiang 等,2006;Zhang 等,2007);另一类文献则主要关注人行横道处过街行人的行为特征和行人流特性(Yang 等,2006;Lee 等,2005;Lee 等,2008)。然而在实际交通中,机动车和行人之间的干扰作用是相互的,机动车会影响行人横穿道路的行为,而横穿道路的行人也会影响机动车的运行,造成交通拥堵。基于此,本节将详细分析人行横道附近机动车的动力学特征和行人的行为特征,探讨机动车和行人之间相互干扰的机理,建立描述带有信号控制人行横道路段的耦合元胞自动机模型。通过数值模拟的方法,进一步研究机动车进车概率、行人平均到达率、不同类型行人比例、信号周期以及机动车和行人之间相互干扰的程度对机动车流和行人流的影响。

人行横道是城市交通系统中典型的交通瓶颈之一。在人行横道处,机动车和行人相互干扰,从而加剧了交通拥堵程度,也为道路交通系统的安全运行埋下隐患。图 4-1 给出了带有信号控制人行横道的道路系统。该条道路仅有一条机动车道,为分析方便,将道路划分为四个部分,即路段 A、B、C 和 D,其长度分别为 L_A、L_B、L_C 和 L_D。其中,路段 A 是道路的初始部分,机动车从路段 A 的入口处进入路段;路段 B 是与人行横道相邻的上游路段,在这个区域,由于受到过街行人的干扰,机动车的动力学特性会发生相应的变化;路段 C 是人行横道;路段 D 是人行横道的下游部分。

原则上,由于信号控制的存在,机动车和行人是相互独立的。然而,交通资源具有稀缺性,违法穿行的冒险行人以及路边等待的行人都会对机动车的运行产生重要影响,同时机动车的运行也会反过来影响行人的过街行为。可以认为图 4-1 所示的道路系统是机动车和行人相互干扰下的耦合系统。因此,建立的模型由两个相互关联的子模型构成,分别描述机动车的运行和行人过街。需要说明的是,与现有的模型不同,这里提出的模型同时关注机动车的动力学特征和行人的过街行为。

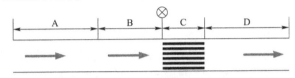

图 4-1 带有信号控制人行横道的单车道路段示意图

1)描述机动车运行的子模型

对 NaSch 模型进行扩展,用以描述机动车的运行。在 NaSch 模型中,时间、空间和速度都是离散的。道路被划分为 L 个元胞,每个元胞可以被一辆机动车占据或者为空。车辆的最大速度为 $v_{\max}$,在行驶过程中,车辆的速度可以是 $0,1,\cdots,v_{\max}$。在每个时间步 $t\rightarrow t+1$,道路系统按照如下的规则进行更新:

①加速:$v_j(t+1/3)\rightarrow\min(v_j(t)+1,v_{\max})$。
②减速:$v_j(t+2/3)\rightarrow\min(v_j(t+1/3),d_j)$。
③随机慢化:以概率 p_{ns},$v_j(t+1)\rightarrow\max(v_j(t+2/3)-1,0)$。
④位置更新:$x_j(t+1)\rightarrow x_j(t)+v_j(t+1)$。

式中,$x_j(t)$ 和 $v_j(t)$ 分别为车辆 j 在时间步 t 的位置和速度;$d_j=x_{j+1}-x_j-l$ 为车辆 j 与前车 $j+1$ 之间的距离,l 表示车辆长度。如果车辆 j 的前方为红色信号灯,或者人行横道被过街行人占据,则 $d_j=x_s-x_j-l$,其中 x_s 为信号灯的位置。由于人行横道的影响,在道路的不同部分,车辆的动力学行为不同,这里主要通过慢化概率的设置来体现。在路段 A 和 D,车辆的慢化概率为常数 $p_{\mathrm{ns}}=p_0$;然而,在路段 B 和 C,由于受到过街行人的干扰,机动车的慢化概率会发生变化,这里主要考虑两个因素的影响,即等待过街的行人数量 N_l 和机动车与信号灯之间的距离 d_l,设置机动车的慢化概率为 N_l 和 d_l 的函数,具体如下:

$$p_{\mathrm{ns}}=\min\left(p_0+\eta\frac{N_l}{d_l+L_C},p_{\max}\right) \quad (4-1)$$

式中,η 为常数,表示等待过街的行人对机动车的干扰程度;$p_{\max}$ 表示慢化概率的最大值,本章的模拟中取 0.9。从式(4-1)中可以看出,随着 N_l 的增大,行人对机动车的干扰越来越严重,因此机动车的慢化概率逐渐增大;相似地,随着 d_l 的减小,机动车与信号灯的距离不断减小,为了保证行驶的安全,通常驾驶员会采取更加谨慎的驾驶策略,因此慢化概率也会逐渐增大。

2) 描述行人过街的子模型

为了更合理地刻画过街行人的动力学行为，本章基于地面场(Floor Field,FF)模型，同时考虑不同类型行人的行为特征，建立描述行人过街的扩展 FF 模型。在 FF 模型中,空间被划分为二维的方形元胞,元胞的大小为 40 cm × 40 cm,每个元胞可以为空或者被一个行人占据。在每个时间步,行人可以向前方、左边和右边移动一个元胞或者保持静止;在通过人行横道的过程中,禁止行人向后运动。图 4-2 给出了每个时间步中行人可行的转移方向和转移概率。与 Kirchner 和 Schadschneider(2013)的文献相似,一个行人选择邻近元胞(i,j)的概率由局部的动态地面场和静态地面场共同决定,具体如下：

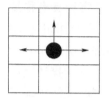

图 4-2 行人可行的转移方向和转移概率

$$p_{i,j} = N\exp(k_S S_{i,j})\exp(k_D D_{i,j})(1-\mu_{i,j})\xi_{i,j} \quad (4-2)$$

式中,N 为归一化参数,以保证 $\sum_{(i,j)} p_{i,j} = 1$;$S_{i,j}$ 为元胞 (i,j) 的静态地面场,表示目的地对行人的吸引作用,其值在模型运行之前确定,且不随时间变化,在本章的系统中,其值为 $S_{i,j} = W - j$,其中 W 为路段宽度;$D_{i,j}$ 为动态地面场,表示前面行人的吸引作用,当行人离开元胞 (i,j) 时,该元胞的动态地面场值增加 1,同时,在每个时间步,动态地面场会以概率 $\delta(0 \leq \delta \leq 1)$ 衰减,而没有衰减的部分以概率 $\alpha(0 \leq \alpha \leq 1)$ 转移到相邻的元胞;k_S 和 k_D 分别为标度 S 和 D 的灵敏度参数,在本章的模拟中,取 $k_S = 3$ 和 $k_D = 0$;$\mu_{i,j}$ 表示元胞 (i,j) 是否被其他行人占据,如果被占据,其值为 1,否则为 0;$\xi_{i,j}$ 表示元胞是否被障碍物占据,如果元胞被障碍物占据,其值为 0,否则为 1。

随着各种政策的实施和交通法规的推广,人们的法制意识和安全意识不断提高。然而,仍有一些冒险的行人不遵守交通规则,他们不关注信号灯,只要车辆间距大于安全间距,他们就会穿越机动车道。根据行人的过街行为,可以将他们分为三种不同的类型:类型Ⅰ是遵守交通规则的谨慎行人;类型Ⅱ是不遵守交通规则的冒险行人;类型Ⅲ是普通行人,当他们的等待时间小于临界时间 T_C 时,他们遵守交通规则,否则他们不遵守交通规则,这时可以将他们视为冒险行人。

当行人信号灯为红色时,谨慎行人在路边等待,而冒险行人则根据自己的判断,选择适当的时机横穿道路,即当下面的条件

$$d_n \geq \sigma t_{\text{cross}} v_n - s_0 \quad (4-3)$$

满足时,冒险行人会选择违法过街。其中,d_n 表示信号灯上游最邻近车辆 n 与信号灯的距离;v_n 表示车辆 n 的速度;t_{cross} 表示行人横穿道路所需的时间;σ 表示安全系数;s_0 表示车辆和行人之间的安全间距。

需要说明的是,即使行人信号灯为绿色,在绿色信号灯将要熄灭的时刻到达的谨慎行人和普通行人也会判断通过人行横道的安全性,如果完成横穿道路所需的时间大于绿色信号灯持续的时间,他们将停下并等待,以在下一个信号周期内穿行。

4.2.2 数值模拟和分析

本节通过数值模拟研究机动车进车概率、行人平均到达率、行人构成和比例等因素对交

通运行状态的影响。在模拟中,道路的总长度为 $L=500$,各部分路段的长度分别为 $L_A=290$, $L_B=10$, $L_C=1$ 和 $L_D=199$。每个元胞的长度为 3.75 m,每辆机动车占据两个元胞。时间步长为 0.3 s,对应行人的步行速度为 1.33 m/s。车道的宽度为 3.2 m,假定人行横道占据元胞 L_C 的一部分,其宽度也为 3.2 m,元胞 L_C 中剩余的 0.55 m 为停车线到人行横道的距离。进而可以将人行横道区域划分为 8×8 的子元胞,以进行行人过街的模拟。信号灯的信号周期 $T=120$ s,其中机动车的绿灯时间 $T_G=0.75T$,红灯时间 $T_R=0.25T$。其他模型参数取值分别为:$v_{max}=2$, $p_0=0.3$, $\eta=0.05$, $T_C=60$ s, $\sigma=0.8$, $s_0=2$。每次模拟持续 50000 个时间步。为了避免暂态的影响,舍弃前 30000 个时间步的数据,模拟结果为后 20000 个时间步的统计平均。

模拟采用开放边界条件,当最后一辆车的位置满足 $x_{last}>v_{max}$ 时,一辆新的机动车以概率 p_e^{veh} 进入道路,其车头初始位置为 $\min(v_{max}, x_{last}-v_{max})$,初始速度为 v_{max};当头车的位置满足 $x_{lead}>L$ 时,将头车移出系统,它的跟随车成为新的头车。在每个时间步,行人的到达服从均值为 λ 的泊松分布(为方便叙述,本章定义 λ 为行人平均到达率)。同时考虑路边设施等具体条件的限制,不失一般性,假定路边能够容纳等待过街的最大行人数量 $N_{max}=100$。根据前面的描述,行人主要分为三种类型,其中谨慎行人、普通行人和冒险行人所占的比例分别为 p_{care}、p_{nor} 和 p_{ris}。为便于分析不同类型行人对交通系统的影响,下面的模拟中只研究有两类行人的情况,具体分为:过街行人由谨慎行人和普通行人组成,过街行人由谨慎行人和冒险行人组成。在数值模拟中,如果路边等待的行人有多种类型,则假定冒险行人首先通过。

1)情况 I:谨慎行人与普通行人混合的情况

本节主要通过数值模拟的方法研究道路系统的流量和相图特征,并进一步分析普通行人的比例、信号周期 T 和模型参数 η 对机动车流和行人流的影响。

图 4-3 给出了机动车流量 q_{veh} 随机动车进车概率 p_e^{veh} 和行人平均到达率 λ 的变化关系。可以看出,对于每条流量曲线,都存在一个临界值 $p_{e,c}^{veh}$,将曲线分为自由流和拥堵流两部分。随着机动车进车概率 p_e^{veh} 的增大,机动车流量 q_{veh} 首先线性增加,之后当 $p_e^{veh}>p_{e,c}^{veh}$ 时,机动车流量达到饱和流量值,并保持不变。另外,随着 λ 的增大,机动车的饱和流量及其相应的临界进车概率 $p_{e,c}^{veh}$ 逐渐变小,但减小的幅度逐渐减小,直到 $\lambda>1.8$ 后,保持不变。

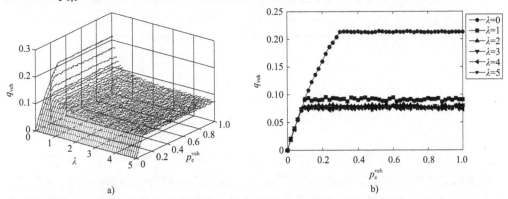

图 4-3 机动车流量 q_{veh} 随机动车进车概率 p_e^{veh} 和行人平均到达率 λ 的变化关系($T=120$ s, $p_{nor}=0.7$)
a)机动车流量 q_{veh} 随 p_e^{veh} 和 λ 的变化关系;b)在一些 λ 值下,机动车流量 q_{veh} 与 p_e^{veh} 之间的变化关系

图 4-4 给出了行人流量 q_{ped} 随 p_e^{veh} 和 λ 的变化关系。可以发现，不同于机动车交通流，每条行人流量曲线上存在两个临界点 λ_{c1} 和 λ_{c2}，分别对应行人红灯时间路边等待人数达到最大值的临界 λ 值和绿灯时间人行横道始终处于饱和流量状态的临界 λ 值。当 $\lambda < \lambda_{c1}$ 时，行人流量 q_{ped} 线性增加；当 $\lambda = \lambda_{c1}$ 时，在行人红灯时间等待的人数达到最大值；当 $\lambda_{c1} < \lambda < \lambda_{c2}$ 时，行人流量 q_{ped} 继续增加，但是增加的速度明显变缓；当 $\lambda = \lambda_{c2}$ 时，整个行人绿灯时间内人行横道始终处于饱和流量状态，行人流量 q_{ped} 达到最大值；之后继续增加 λ 的值，行人流量 q_{ped} 保持不变。另外，随着机动车进车概率 p_e^{veh} 的增大，λ_{c1} 和 λ_{c2} 首先减小，之后保持不变。

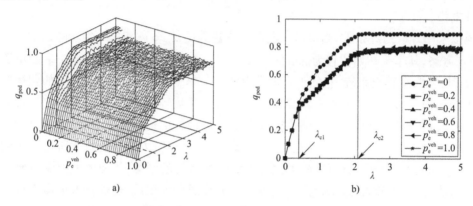

图 4-4 行人流量 q_{ped} 随 p_e^{veh} 和 λ 的变化关系（$T = 120\ s, p_{nor} = 0.7$）

a) 行人流量 q_{ped} 随 p_e^{veh} 和 λ 的变化关系；b) 在不同 p_e^{veh} 值下，行人流量 q_{ped} 与 λ 之间的变化关系

机动车和行人都存在从自由流到拥堵流的相变。根据临界值 $p_{e,c}^{veh}$、λ_{c1} 和 λ_{c2}，可以画出空间 (p_e^{veh}, λ) 上的相图，如图 4-5 所示。其中，相图空间被划分为六个区域。为了更加深入地理解不同区域内机动车和行人的状态特征，图 4-6 ~ 图 4-11 分别给出了各个区域内机动车的时空图和道路系统中行人数量随时间的变化关系图。

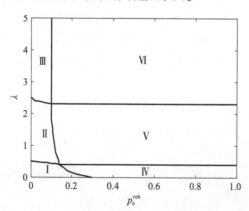

图 4-5 空间 (p_e^{veh}, λ) 上的相图（$T = 120\ s, p_{nor} = 0.7$）

在区域 Ⅰ，机动车和行人都处于自由流状态。机动车受到行人的影响很小，在机动车的红灯时间，信号灯上游的机动车形成了很短的排队，而当信号灯变为绿色后，排队迅速消失 [图 4-6a]。对于行人，在一个信号周期内，当行人的等待时间小于 T_c 时，没有冒险行人，

人行横道不会被行人占据；而当行人的等待时间大于或等于 T_c 时，一部分普通行人转变为冒险行人，他们会选择适当的时机横穿道路[图4-6b)]。从图4-6b)中还可以看出，在每个信号周期内，等待过街的行人数量都会减小到零，表明在一个信号周期内到达的行人都可以在行人绿色信号灯的时间内穿过人行横道。

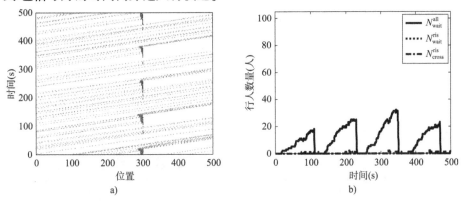

图4-6 时空图和道路系统中行人数量随时间的变化关系图（$p_e^{veh}=0.05$ 和 $\lambda=0.1$ 时）
a) 45000 s 时刻之后 500 s 内机动车的时空图；b) 道路系统中的行人数量

注：其中实线表示所有类型的行人数量，虚线表示冒险行人的数量，点画线表示行人红灯时间正在穿越人行横道的行人。

在区域 Ⅱ，机动车处于自由流状态，行人在行人信号灯转化为绿色的前期为拥堵流状态，后期为自由流状态。在此区域，违法过街的行人数量有所增加[图4-7b)]，但由于机动车进车概率很小，车辆之间的间距较大，因此机动车受到行人的干扰仍很小，车流处在自由流状态[图4-7a)]。对于行人，由于行人平均到达率 λ 较大，在行人信号灯为红色时到达的行人数量大于路边能够容纳的最大数量，因此在行人信号灯转变为绿色的前期，行人流处于拥堵的状态；之后，当等待的行人全部通过人行横道后，行人流转化为自由流状态。在此区域，在一个信号周期内到达的行人都能全部通过人行横道[图4-7b)中等待行人的数量在每个信号周期内都能达到零值]，流量线性增加，但增加的速度有所减小。这是因为在行人红灯时间内，当等待的行人数量达到最大值后，系统不能接收继续到达的行人，所以行人平均到达率的实际增幅有所减小。

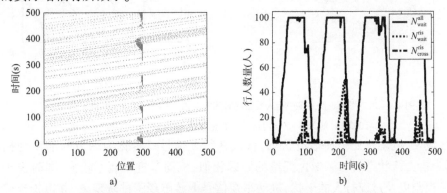

图4-7 时空图和道路系统中行人数量随时间的变化关系图（$p_e^{veh}=0.05$ 和 $\lambda=1.0$ 时）
a) 45000 s 时刻之后 500 s 内机动车的时空图；b) 道路系统中的行人数量

在区域Ⅲ,机动车处于自由流状态,行人在行人绿色信号灯时间都处于拥堵流状态。与区域Ⅰ和Ⅱ相似,机动车的进车概率很小,虽然受到等待行人和违法过街行人的干扰,但机动车仍处在自由流状态[图4-8a]。在此区域,行人的到达数量很大,人行横道不能满足所有过街行人的需要,因此在整个信号周期,等待过街的行人数量都很大[图4-8b],行人流处在拥堵状态,其流量为饱和流量并保持不变。

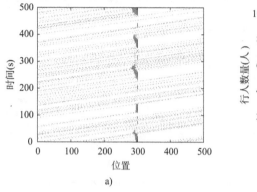
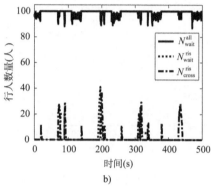

图4-8 时空图和道路系统中行人数量随时间的变化关系图($p_e^{veh}=0.05$ 和 $\lambda=4.0$ 时)
a) 45000 s 时刻之后 500 s 内机动车的时空图; b) 道路系统中的行人数量

在区域Ⅳ,机动车处于拥堵流状态,行人处于自由流状态。由于机动车进车概率较大,同时还有人行横道处信号控制、冒险过街行人和等待行人的影响,机动车在交叉口上游出现了排队现象并一直延伸到入口处[图4-9a]。与此相对,行人到达的数量较少,在行人红色信号灯时间内到达的行人数量少于路边能够容纳的最大行人数量,违法过街的冒险行人数量较少[图4-9b],在一个信号周期内到达的行人都能顺利穿过人行横道[图4-9b]中等待行人的数量在每个信号周期内都能达到零值]。

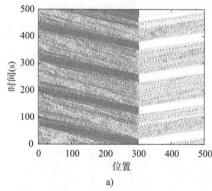
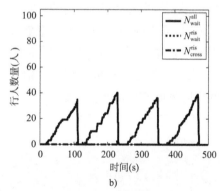

图4-9 时空图和道路系统中行人数量随时间的变化关系图($p_e^{veh}=0.6$ 和 $\lambda=0.1$ 时)
a) 45000 s 时刻之后 500 s 内机动车的时空图; b) 道路系统中的行人数量

在区域Ⅴ,机动车处于拥堵流状态,行人在行人信号灯转化为绿色的前期为拥堵流状态,后期为自由流状态。与区域Ⅳ拥堵的原因相似,机动车进车概率较大,同时由于人行横道处信号控制以及过街行人的干扰,机动车在信号上游出现了排队现象,并以走走停停波的形式向上游传播[图4-10a]。另外,由于违法过街的行人数量有所增加[图4-10b],其对机动车的干扰加剧,因此机动车的拥堵程度较区域Ⅳ有所加重。从图4-10b)中可以看出,与区域Ⅱ相似,对每个信号周期,等待行人的数量呈周期性变化的特点。另外,对比图4-10b)和图4-7b),可以发现,等待过街的冒险行人数量有所增加,而违法过街的冒险行人数量有所减少。这是因为在区域Ⅴ,机动车的进车概率有所增加,车间距有所减小,因此根据式(4-3),冒险行人违法过街的难度增大,从而导致出现等待过街的冒险行人数量增加,而违法过街的行人数量减少的现象。

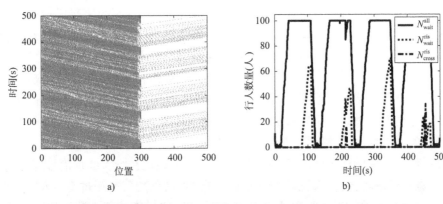

图4-10 时空图和道路系统中行人数量变化随时间的关系图($p_e^{veh}=0.6$ 和 $\lambda=1.0$ 时)
a)45000 s 时刻之后 500 s 内机动车的时空图;b)道路系统中的行人数量

在区域Ⅵ,机动车处在拥堵流状态,过街行人也处在拥堵流状态。在此区域,机动车进车概率较大,并且冒险行人的违法过街行为更加频繁。因此,在交通瓶颈(信号控制人行横道)处形成更加严重的交通拥堵[图4-11a)]。从图4-11b)中可以看出,由于行人到达的数量很大,人行横道不能满足过街行人的需要,因此等待过街的人的数量始终维持在较大的范围(>80人),行人流在行人绿灯时间内一直处在拥堵流状态。

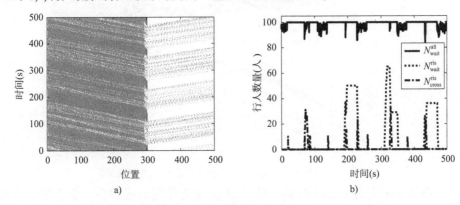

图4-11 时空图和道路系统中行人数量随时间的变化关系图($p_e^{veh}=0.6$ 和 $\lambda=4.0$ 时)
a)45000 s 时刻之后 500 s 内机动车的时空图;b)道路系统中的行人数量

由于普通行人在等待时间大于或等于临界时间 T_C 时转化为冒险行人,因此普通行人比例 p_{nor} 会对交通流产生重要影响。图4-12给出了普通行人比例分别为0.1、0.3和0.7时,空间(p_e^{veh},λ)上的相图。可以看出,普通行人的比例对机动车流的状态影响很小,机动车的自由流区域和拥堵流区域基本没有变化。然而,随着普通行人比例 p_{nor} 的增大,在行人红色信

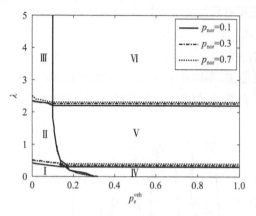

图4-12 $T=120$ s时,空间(p_e^{veh},λ)上的相图

号灯时间内穿过人行横道的行人数量有所增加,临界值λ_{c1}有所增大,因此,区域Ⅰ和Ⅳ逐渐增大。另外,由于普通行人比例p_{nor}增大,在行人红灯时间转化为冒险行人的数量及违法过街的人数都有所增加,因此相应的临界值λ_{c2}有所增大。综上所述,随着普通行人比例的增大,行人的自由流区域逐渐增大,而拥堵流区域逐渐减小,但是由于违法过街的行人所占比例较小,因此各区域变化的幅度很小。

为研究普通行人比例对道路饱和流量的影响,图4-13给出了机动车和行人的饱和流量随普通行人比例p_{nor}的变化关系。可以看出,随着p_{nor}的增大,机动车(行人)的饱和流量逐渐减小(增大),但是减小(增大)的幅度逐渐变缓。容易理解,随着p_{nor}的增大,普通行人由于等待时间大于或等于T_C而转化为冒险行人的数量相应增加,因此在行人红色信号灯时间内违法过街的行人数量逐渐增多,行人流量逐渐增加。同时考虑到随着违法过街行人数量的增多,满足行人违法过街条件的车间距数量逐渐减少,因此违法过街的行人数量的增长幅度逐渐减小,行人饱和流量增加的幅度随着p_{nor}的增大逐渐减小。相反,随着p_{nor}的增大,行人对机动车的干扰程度逐渐加重,因此机动车的饱和流量逐渐减小,并且与行人饱和流量的变化趋势相似,机动车饱和流量增加的幅度随p_{nor}的增大逐渐减小。

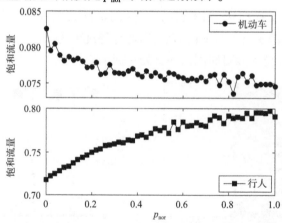

图4-13 $T=120$ s时,机动车和行人饱和流量随p_{nor}的变化关系

信号周期是影响交通状态的重要因素,合理设置信号周期能够在一定程度上提高交通流量,缓解交通拥堵。图4-14给出了不同信号周期下空间(p_e^{veh},λ)上的相图。可以发现,信号周期对机动车流的状态影响很小,随着信号周期的增大,机动车的自由流区域和拥堵流区域只有很微小的变化,表明机动车的状态主要取决于机动车的进车概率和信号的绿信比,而与信号周期的长短无关。

此外,从图4-14中可以发现,行人受到信号周期的影响较为突出。随着信号周期的增大,在一个信号周期内,行人红灯时间逐渐变长,因此行人数量达到路边能够容纳的最大行人数量所需的临界值 λ_{c1} 也有所减小;同样,随着信号周期的增大,在一个信号周期内行人的绿灯时间逐渐变长,行人流在整个绿灯时间都处于饱和流量状态所需的临界值 λ_{c2} 有所增大。

综上分析,随着信号周期的增大,区域 I、III、IV 和 VI 有所减小,而区域 II 和区域 V 有所增大。

根据图 4-14 的结论,随着信号周期的减小,区域 II 和 V 逐渐减小。进而考虑当信号周期小于某个临界值时,在行人红色信号灯时间到达的行人数量能够使整个行人绿色信号灯时间内人行横道都处在饱和流量状态,此时临界点 λ_{c1} 和 λ_{c2} 相等,相图上区域 II 和区域 V 完全消失(如图 4-15 所示,信号周期 $T=60\text{ s}$ 的情况)。图 4-16 进一步给出了 $T=60\text{ s}$ 时机动车和行人流量随 p_e^{veh} 和 λ 的变化关系。可以看出,机动车的流量曲线与图 4-3 相似。对于每条流量曲线,都存在一个临界点将机动车流划分为自由流和拥堵流两部分,并且随着 λ 的增大,临界点值首先减小,之后保持不变。与图 4-4 不同,行人的流量曲线上仅有一个临界点 λ_c;当 $\lambda<\lambda_c$ 时,流量线性增加;当 $\lambda>\lambda_c$ 时,流量保持不变。

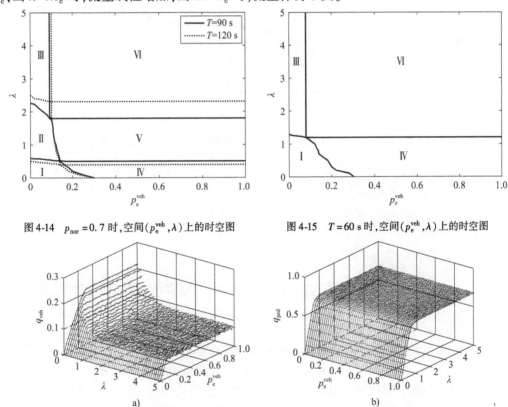

图 4-14　$p_{\text{nor}}=0.7$ 时,空间 $(p_e^{\text{veh}},\lambda)$ 上的时空图　　图 4-15　$T=60\text{ s}$ 时,空间 $(p_e^{\text{veh}},\lambda)$ 上的时空图

图 4-16　$T=60\text{ s}$ 时,机动车和行人流量随 p_e^{veh} 和 λ 的变化关系

a)机动车；b)行人

图 4-17 给出了 $p_{\text{nor}}=0.7$ 时机动车和行人的饱和流量随信号周期 T 的变化关系。可以发现,当 $T<T_{c1}$ 时,随着信号周期 T 的增大,机动车和行人的饱和流量逐渐增加。这是因为随着 T 的增大,机动车流由于人行横道处信号控制而造成停车排队的频率逐渐减小[对比

图4-18a)和图4-11a)],因此,饱和流量逐渐增加;同样,对于行人,随着信号周期 T 的增大,在每个绿色信号灯结束前由于谨慎行人和普通行人的安全判断而损失的总时间有所减少;另外,违法过街的行人数量也有所增加[对比图4-18b)和图4-11b)];综合以上原因,行人的饱和流量随信号周期 T 的增大而增加。当 $T_{c1}<T<T_{c2}$ 时,机动车饱和流量缓慢减小,而行人饱和流量逐渐增加。此时由于信号周期较大,在行人红色信号灯时间内,违法过街现象逐渐加剧,受此影响,机动车的饱和流量有所减小,而行人的饱和流量有所增加。另外,随着 T 的增大,机动车和行人饱和流量变化的幅度逐渐减小,直至当 $T>T_{c2}$ 时,信号周期变化频率和行人违法过街对机动车和行人的影响达到相对的平衡状态,机动车和行人的饱和流量基本不变。

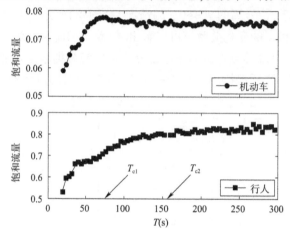

图4-17　$p_{nor}=0.7$ 时,机动车和行人饱和流量随信号周期 T 的变化关系

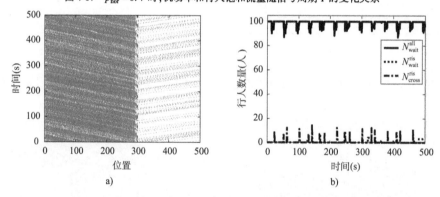

图4-18　时空图和道路系统中的行人数量随时间的变化关系图($T=40$ s, $p_e^{veh}=0.6$, $\lambda=4.0$)
a)时刻45000 s之后500 s内机动车的时空图;b)道路系统中的行人数量

最后,分析参数 η 对机动车流和行人流的影响。根据式(4-1)的描述,参数 η 表示机动车对路边等待过街行人敏感度的系数,能在一定程度上反映行人对机动车的干扰程度。图4-19给出了不同 η 值下空间(p_e^{veh}, λ)上的相图。一方面,随着 η 的增大,机动车受到等待过街行人的干扰强度逐渐增强,因此自由流区域(区域Ⅰ、Ⅱ和Ⅲ)有所减小,拥堵流区域(区域Ⅳ、Ⅴ和Ⅵ)有所增大。另一方面,行人流量主要取决于信号周期时长和行人绿灯信号时长;同时,由于违法过街的行人数量相对较少,其对行人流量的影响很小。因此,行人的饱和流量值对应的临界值 λ_{c1} 和 λ_{c2} 变化很小,行人的各种状态在相图上对应的区域也基本不变。

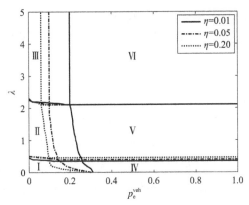

图4-19　$T=120$ s 和 $p_{nor}=0.7$ 时,空间 (p_e^{veh},λ) 上的时空图

2)情况Ⅱ:谨慎行人与冒险行人混合的情况

冒险行人在行人信号灯为红色时仍会选择适当的时机穿越人行横道,从而影响机动车的运行状态。为更深刻地认识冒险行人对机动车流和行人流的影响,分析机动车和行人之间的相互作用机理,本节通过数值模拟的方法研究冒险行人对机动车和行人流量及相图等特性的影响。

图4-20给出了冒险行人比例 $p_{ris}=0.7$ 时机动车的流量 q_{veh} 与 p_e^{veh} 和 λ 之间的变化关系。与图4-3相似,对于每条流量曲线,都存在一个临界点,将机动车流划分为自由流和拥堵流两种状态。并且随着 λ 的增大,饱和流量及相应的临界进车概率首先减小,之后保持不变。总之,路边等待的行人和冒险过街的行人在一定程度上干扰了机动车的运行状态,从而在一定程度上造成了更加严重的交通拥堵,减小了机动车的自由流区域,降低了道路的饱和流量。

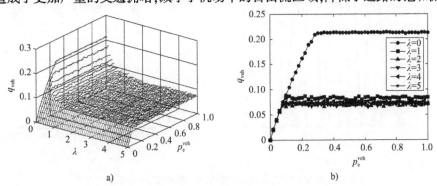

图4-20　机动车流量变化图($T=120$ s, $p_{ris}=0.7$)

a)机动车流量 q_{veh} 随 p_e^{veh} 和 λ 的变化关系; b)在一些 λ 值下,机动车流量 q_{veh} 与 p_e^{veh} 之间的变化关系

图4-21给出了冒险行人比例 $p_{ris}=0.7$ 时行人流量 q_{ped} 随 p_e^{veh} 和 λ 的变化关系。与图4-4相似,对于每条流量曲线,都存在两个临界点 λ_{c1} 和 λ_{c2},分别对应行人红灯时间路边等待人数达到最大值的临界 λ 值和绿灯时间人行横道始终处于饱和流量状态的临界 λ 值,并且随着机动车进车概率的增大,临界值 λ_{c1} 和 λ_{c2} 首先减小,之后保持不变。不同的是,对于每条流量曲线,随着 λ 的增大,流量首先增大到最大值,之后逐渐减小,在临界点 λ_{c2} 处达到饱和流量值并保持不变。为说明产生这一现象的原因,图4-22分别给出了 $\lambda=2.0$ 和 $\lambda=4.0$ 时(其中 $p_e^{veh}=0.05$),道路系统中行人数量随时间的变化关系,分别对应流量达到最大

饱和值时的情况。可以看出,当 $\lambda=2.0$ 时[图4-22a)],在每个信号周期内到达的行人都能顺利通过人行横道,因此等待行人的数量在0~100范围内周期性波动,其中等待过街的冒险行人数量有相似的变化趋势;而当 $\lambda=4.0$ 时[图4-22b)],由于每个时间步到达行人的数量较大,因此等待过街行人的数量始终维持在较大的范围(>80人)。同时考虑到,由于模拟中假设冒险行人优先通过交叉口,绿灯时间内到达的冒险行人占用了更多的道路资源,因此随着时间的变化,等待过街的谨慎行人比例逐渐增大,而冒险行人的比例逐渐减小。进而,对比图4-22a)和b),可以发现 $\lambda=2.0$ 时每个信号周期内等待过街的冒险行人数量明显大于 $\lambda=4.0$ 时的情况,$\lambda=2.0$ 时违法过街的行人数量也较大。因此,在 $\lambda_{c1}<\lambda<\lambda_{c2}$ 的区间内,行人的流量首先达到最大值,之后逐渐减小,在 $\lambda=\lambda_{c2}$ 时达到饱和流量值并保持不变。

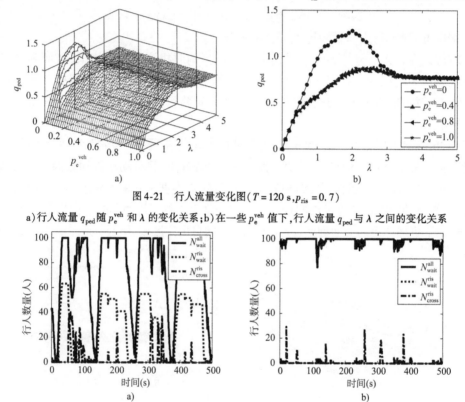

图4-21 行人流量变化图($T=120\text{ s}, p_{ris}=0.7$)

a)行人流量 q_{ped} 随 p_e^{veh} 和 λ 的变化关系;b)在一些 p_e^{veh} 值下,行人流量 q_{ped} 与 λ 之间的变化关系

图4-22 $p_{ris}=0.7$ 时,道路系统中的行人数量随时间的变化关系图

a) $p_e^{veh}=0.05$ 和 $\lambda=2.0$;b) $p_e^{veh}=0.05$ 和 $\lambda=4.0$

根据机动车和行人流量曲线上的临界值,图4-23给出了 $p_{ris}=0.7$ 时,空间(p_e^{veh},λ)上的相图。与图4-5相似,相空间被划分为六个区域。其中区域Ⅰ、Ⅱ和Ⅲ为机动车的自由流区域,区域Ⅳ、Ⅴ和Ⅵ为机动车的拥堵流区域。区域Ⅰ和Ⅳ为行人的自由流区域;在区域Ⅱ和Ⅴ中,行人绿色信号灯的初始时段为拥堵流状态,之后为自由流状态;在区域Ⅲ和Ⅵ中,行人始终处于拥堵流状态。进一步,对比普通行人比例 $p_{nor}=0.7$ 的情况,可以发现,$p_{ris}=0.7$ 的情况下,机动车的自由流区域有所减小,拥堵流区域有所增大,说明冒险行人对机动车流的干扰更加严重。另外,在 $p_{ris}=0.7$ 的情况下,在行人红色信号灯的任意时刻,都可能存在冒险行人过街的

情况,冒险过街行人的数量有所增加,因此行人的自由流区域(区域Ⅰ和Ⅳ)有所增大;基于同样的原因,与 $p_{nor}=0.7$ 的情况相比,$p_{ris}=0.7$ 的情况下,冒险行人的流量达到饱和值需要更大的 λ 值,因此区域Ⅱ和Ⅴ有所增大,而区域Ⅲ和Ⅵ有所减小。

3) 行人违法过街发生频率分析

冒险行人的违法过街行为不仅会影响机动车的运行状态,造成交通拥堵,还会为交通安全带来隐患。基于此,有必要研究不同交通流状态下违法过街现象发生的频率,从而为交通管理和控制提供理论依据。

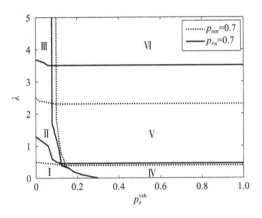

图4-23　$T=120$ s 时,空间 (p_e^{veh},λ) 上的时空图

图4-24给出了一个信号周期内每个时间步行人违法过街发生的频率,其中图4-24a)~f)分别对应相图中的区域Ⅰ~Ⅵ。下面首先以 $p_{nor}=0.7$ 的情况(情况Ⅰ)为例,分析不同机动车流状态和行人流状态下行人违法过街发生频率的变化特点。

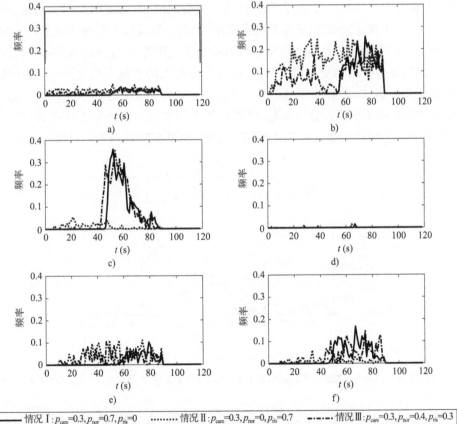

图4-24　一个信号周期内每个时间步行人违法过街发生的频率

a) $p_e^{veh}=0.05$ 和 $\lambda=0.1$;b) $p_e^{veh}=0.05$ 和 $\lambda=1.0$;c) $p_e^{veh}=0.05$ 和 $\lambda=4.0$;d) $p_e^{veh}=0.6$ 和 $\lambda=0.1$;e) $p_e^{veh}=0.6$ 和 $\lambda=1.0$;f) $p_e^{veh}=0.6$ 和 $\lambda=4.0$

首先，在图4-24a)和d)中，由于过街的行人数量很少，因此违法过街发生的频率很小；之后，随着行人平均到达率的增加，违法过街发生的频率大幅提高[图4-24b)和e)]；最后，当行人流量达到饱和值后，违法过街发生的频率达到最大值[图4-24c)和f)]。

其次，从图4-24a)、b)、d)和e)中可以发现，随着冒险行人比例增加，违法过街发生频率的变化曲线逐渐升高。然而，在图4-24c)和f)中，情况Ⅱ($p_{care}=0.3, p_{nor}=0, p_{ris}=0.7$)的违法过街发生频率始终维持在一个很小的范围；而在另外两种情况下，违法过街发生的频率在初始时段很小，而当达到某个临界点后迅速增加，之后逐渐减小。产生这一现象的原因是模拟条件中假设冒险行人优先通过人行横道，在行人流量饱和的状态下(区域Ⅲ和区域Ⅵ)，随着时间的推进，等待过街的行人中冒险行人的比例逐渐减小，而谨慎行人和普通行人的比例逐渐增大。因此，当交通流状态稳定后(模拟中30000个时间步之后20000个时间步的平均值)，情况Ⅱ的违法过街发生频率很小，而另外两种情况下，由于普通行人等待时间大于或等于临界等待时间T_c后，其转化为冒险行人，因此行人违法过街发生的频率呈先增大后减小的趋势。

最后，从图4-24b)和e)中可以发现，情况Ⅲ($p_{care}=0.3, p_{nor}=0.4, p_{ris}=0.3$)的违法过街发生的频率存在两个峰值。首先，在行人红色信号灯时间内，随着等待行人数量的增大，机动车受到行人的干扰逐渐加剧，其速度逐渐减小，从而为冒险行人的违法过街行为提供了更多机会，因此出现了第一个违法过街发生频率的峰值。其次，当普通行人的等待时间大于临界等待时间后，普通行人转变为冒险行人，因此冒险行人的数量大幅增加，从而导致了另一个违法过街发生频率峰值的出现。这一现象与实际观测的结果在定性上是一致的(图4-25)，然而，由于模型参数的设置、模拟条件等与实际交通环境存在差异，因此模拟结果中违法过街发生频率的峰值及其出现的时间与实测数据存在偏差。对模型的检验和标定需要进一步研究。

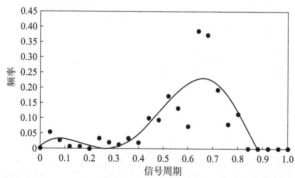

图4-25 一个信号周期内每个时间步行人违法过街发生的频率
注：数据为北京某人行横道处观测得到，其中实心圆点为实测数据，曲线为六阶多项式插值的结果。

4.3 无信号交叉口混合交通流建模

本节在Nakayama等(2005, 2008)提出的二维优化速度(Two-dimensional Optimal Velocity, TDOV)模型的基础上，通过引入速度差项建立新的二维车辆跟驰模型，并通过数值模拟和分析,研究无信号交叉口各个方向车流的流量特征,以及拥堵产生和演化的过程,从而为机动车和非机动车之间相互干扰机理的研究,以及交叉口的设计、管理和控制提供理论依据。

4.3.1 二维车辆跟驰模型

无信号交叉口是交通系统中典型的交通瓶颈。图4-26是一个典型无信号十字交叉口示意图,两条道路在交叉口处相交,每条路段都包含一条机动车道和一条非机动车道。为描述车辆的位置信息,定义交叉口的中心为坐标原点,由西向东方向为 x 轴的正方向,由南向北方向为 y 轴的正方向。在交叉口处,各种车辆在二维的平面上行驶,车辆的运行取决于驾驶员对周围状态的判断和反应。根据交叉口附近各车的行驶状态,驾驶员需要作出合理的决策,从而以尽可能快的速度通过交叉口,同时避免碰撞。显然,传统的一维车辆跟驰模型已经不能描述这种交通状态。因此,有必要建立二维的微观交通流模型来描述交叉口处混合交通流的动力学特征。

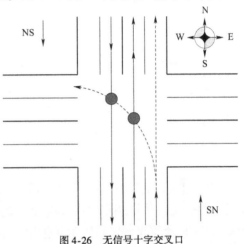

图4-26 无信号十字交叉口

注:向上的方向定义为SN方向,相反的方向定义为NS方向;带有箭头的实线表示机动车流,带有箭头的虚线表示非机动车流;实心圆表示机动车和非机动车可能发生冲突的区域。

Bando等(1995)提出了经典的优化速度(Optimal Velocity,OV)模型。这个模型数学表达简单,有利于进行数值模拟和分析,并且能够描述实际交通中一些复杂的非线性现象,如走走停停交通、局部集簇和交通波的生成和传播等,因此受到广泛关注。之后,Nakayama等(2005)对经典OV模型进行扩展,提出了二维优化速度(TDOV)模型,用以研究行人流特性。同时,通过解析分析和数值模拟的方法,他们研究了模型的线性稳定性条件,以及行人交通中的一些自组织现象。由于TDOV模型是对描述机动车的OV模型的扩展,因此可以认为TDOV模型同样适合描述机动车的运行。另外,当前描述非机动车运行的模型很少,采用二维车辆跟驰模型描述非机动车的运行也是有益的尝试。基于以上分析,本节采用二维车辆跟驰模型描述由机动车和非机动车构成的混合交通流。

为更加合理地描述实际交通状态,一些学者通过引入更多影响车辆运行的因素,对原始OV模型进行扩展。其中,一些学者提出了考虑速度差因素的扩展模型,并进行了理论分析和数值模拟(Helbing和Tilch,1998;姜锐,2002;王涛等,2006;Yu和Shi,2008)。研究结果表明,扩展模型能够克服原始OV模型的一些缺陷,更好地描述实际交通流状况。因此,速度差因素被认为是影响交通行为的重要因素之一。另外,考虑到机动车和非机动车的速度远大于行人的速度,因此速度差因素对车辆的动力学行为可能产生重要影响。综合以上分析,考虑速度差因素,对描述行人流的TDOV模型进行扩展,提出描述混合交通的二维车辆跟驰模型,其数学描述如下:

$$\frac{\mathrm{d}^2}{\mathrm{d}t^2}\boldsymbol{x}_j(t) = a\big[\{\boldsymbol{V}_0(\boldsymbol{x}_j(t)) + \boldsymbol{F}_\mathrm{m} + \boldsymbol{F}_\mathrm{nm} + \boldsymbol{F}_\mathrm{b}\} - \boldsymbol{v}_j(t)\big] + (\boldsymbol{G}_\mathrm{m} + \boldsymbol{G}_\mathrm{nm} + \boldsymbol{G}_\mathrm{b}) \quad (4\text{-}4)$$

式中,黑体字母表示二维向量。$\boldsymbol{x}_j(t) = (x_j, y_j)$ 表示粒子 j 的位置;$\boldsymbol{v}_j(t) = \mathrm{d}\boldsymbol{x}_j(t)/\mathrm{d}t$ 表示粒子 j 的速度;参数 a 为敏感系数,表示每个驾驶员对刺激因素的反应强度;$\boldsymbol{V}_0(\boldsymbol{x}_j(t)) = (V_0\cos\varphi, V_0\sin\varphi)$ 表示期望速度的向量,其中 V_0 是常数,φ 是期望速度和 x 轴正方向的夹角。需要说明,车辆 j 的移动方向主要由期望速度 $\boldsymbol{V}_0(\boldsymbol{x}_j(t))$ 的方向决定。例如,对于由南向西的左转非机动车 j,在交叉口之前,其期望速度为 $\boldsymbol{V}_0(\boldsymbol{x}_j(t)) = (0, V_0)$,运行方向为向北;在交叉口内,期望速度 $\boldsymbol{V}_0(\boldsymbol{x}_j(t))$ 的方向指向目标车道;当车辆通过交叉口之后,其期望速度为 $\boldsymbol{V}_0(\boldsymbol{x}_j(t)) = (-V_0, 0)$,运行方向为向西。函数 $\boldsymbol{F}_\mathrm{m}$、$\boldsymbol{F}_\mathrm{nm}$ 和 $\boldsymbol{F}_\mathrm{b}$ 分别表示车辆 j 与其他机动车、其他非机动车和边界之间相互作用的总和。进一步,车辆之间的相互作用被划分为两种类型,即存在冲突和不存在冲突,因此这些函数采用如下形式:

$$\boldsymbol{F}_\mathrm{m} = \sum_{k1} \boldsymbol{F}_\mathrm{m}^{\mathrm{wc}}(\boldsymbol{x}_{k1} - \boldsymbol{x}_j) + \sum_{k2} \boldsymbol{F}_\mathrm{m}^{\mathrm{woc}}(\boldsymbol{x}_{k2} - \boldsymbol{x}_j) \quad (4\text{-}5)$$

$$\boldsymbol{F}_\mathrm{nm} = \sum_{k1} \boldsymbol{F}_\mathrm{nm}^{\mathrm{wc}}(\boldsymbol{x}_{k1} - \boldsymbol{x}_j) + \sum_{k2} \boldsymbol{F}_\mathrm{nm}^{\mathrm{woc}}(\boldsymbol{x}_{k2} - \boldsymbol{x}_j) \quad (4\text{-}6)$$

$$\boldsymbol{F}_\mathrm{b} = \sum_{kb} \boldsymbol{F}_\mathrm{b}^{\mathrm{sum}}(\boldsymbol{x}_{kb} - \boldsymbol{x}_j) \quad (4\text{-}7)$$

式中,上标"wc"和"woc"分别表示"存在冲突"和"不存在冲突";$\boldsymbol{x}_{kb}$ 表示边界上距车辆最近点的位置。另外,相同类型车辆之间的相互作用(如机动车和机动车、非机动车和非机动车)和不同类型车辆之间的相互作用(如机动车和非机动车)虽然本质上存在不同,但为了便于描述和分析,函数 $\boldsymbol{F}_\mathrm{m}^{\mathrm{wc}}$、$\boldsymbol{F}_\mathrm{m}^{\mathrm{woc}}$、$\boldsymbol{F}_\mathrm{nm}^{\mathrm{wc}}$、$\boldsymbol{F}_\mathrm{nm}^{\mathrm{woc}}$ 和 $\boldsymbol{F}_\mathrm{b}^{\mathrm{sum}}$ 的形式采用 Nakayama 等(2005)提出的表达式 $\boldsymbol{F}$,并通过设置不同的参数加以区分。图 4-27a)给出了函数 $\boldsymbol{F}$ 描述的车辆间相互作用的示意图,其中函数 $\boldsymbol{F}$ 的数学表达式如下:

$$\boldsymbol{F}(\boldsymbol{x}_k - \boldsymbol{x}_j) = f(r_{kj}^0)(1 + \cos\varphi_{kj})\boldsymbol{n}_{kj} \quad (4\text{-}8)$$

$$f(r_{kj}^0) = \alpha[\tanh\beta(r_{kj}^0 - b) + c] \quad (4\text{-}9)$$

式中,$r_{kj} = |\boldsymbol{x}_k - \boldsymbol{x}_j|$,$\boldsymbol{n}_{kj} = (\boldsymbol{x}_k - \boldsymbol{x}_j)/r_{kj}$,$r_{kj}^0 = |\boldsymbol{x}_k - \boldsymbol{x}_j - (\boldsymbol{s}_k + \boldsymbol{s}_j)/2|$,$\boldsymbol{s}_k = (s_{kx}, s_{ky})$、$\boldsymbol{s}_j = (s_{jx}, s_{jy})$ 分别是车辆 k 和 j 的尺寸;φ_{kj} 是向量 $\boldsymbol{x}_k - \boldsymbol{x}_j$ 和 $\boldsymbol{V}_0$ 之间的夹角,当车辆的期望速度 $\boldsymbol{V}_0$ 的方向为 x 轴的正方向时,$\cos\varphi_{kj} = (x_k - x_j)/r_{kj}$;$\alpha$ 和 β 是反映函数 $f(\cdot)$ 中相互作用强度的参数,车辆之间相互作用的强度随着 $\alpha(\beta)$ 的增大而增强(减弱);b 为常数,表示车辆之间的安全间距。由于函数 $\boldsymbol{F}$ 中 $(1 + \cos\varphi_{kj})$ 的作用,车辆对前面的车辆比对后面的车辆更为敏感。根据 Nakayama 等(2005)的研究,c 取 -1,这样,总能得到 $f < 0$,也就是说,车辆之间的作用总是相互排斥的。

类似地,函数 $\boldsymbol{G}_\mathrm{m}$、$\boldsymbol{G}_\mathrm{nm}$ 和 $\boldsymbol{G}_\mathrm{b}$ 分别表示速度差因素对车辆运行特性的影响,其具体形式如下:

$$\boldsymbol{G}_\mathrm{m} = \sum_{k1} \boldsymbol{G}_\mathrm{m}^{\mathrm{wc}}(\boldsymbol{v}_{k1} - \boldsymbol{v}_j) + \sum_{k2} \boldsymbol{G}_\mathrm{m}^{\mathrm{woc}}(\boldsymbol{v}_{k2} - \boldsymbol{v}_j) \quad (4\text{-}10)$$

$$\boldsymbol{G}_\mathrm{nm} = \sum_{k1} \boldsymbol{G}_\mathrm{nm}^{\mathrm{wc}}(\boldsymbol{v}_{k1} - \boldsymbol{v}_j) + \sum_{k2} \boldsymbol{G}_\mathrm{nm}^{\mathrm{woc}}(\boldsymbol{v}_{k2} - \boldsymbol{v}_j) \quad (4\text{-}11)$$

$$\boldsymbol{G}_\mathrm{b} = \sum_{kb} \boldsymbol{G}_\mathrm{b}^{\mathrm{sum}}(-\boldsymbol{v}_j) \quad (4\text{-}12)$$

为了处理方便,函数 $\boldsymbol{G}_\mathrm{m}^{\mathrm{wc}}$、$\boldsymbol{G}_\mathrm{m}^{\mathrm{woc}}$、$\boldsymbol{G}_\mathrm{nm}^{\mathrm{wc}}$、$\boldsymbol{G}_\mathrm{nm}^{\mathrm{woc}}$ 和 $\boldsymbol{G}_\mathrm{b}^{\mathrm{sum}}$ 采用相同的形式 $\boldsymbol{G}$,它们之间的差异同样通过不同的参数设置来反映。$\boldsymbol{G}$ 的具体表达式如下:

$$G(v_k - v_j) = \lambda_{kj} |(v_k - v_j)\cos\theta_{kj}|(1 + \cos\varphi_{kj})n_{kj} \tag{4-13}$$

式中,λ_{kj} 是描述速度差对车辆运行特性影响度的系数,可以为常数或函数,这里,取 $\lambda_{kj} = \lambda_0/r_{kj}$,其中 λ_0 为常数;θ_{kj} 是速度差的方向和期望速度方向之间的夹角[图4-27b)]。G 的方向 n_{kj} 与 F 的方向相同。

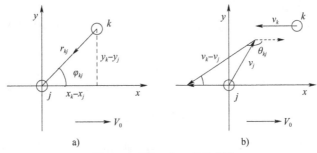

图4-27 函数 F 和 G 的示意图

a)车辆之间的相互作用由函数 F 来描述;b)由速度差因素产生的相互作用由函数 G 来描述

4.3.2 线性稳定性分析

为考察引入速度差因素后模型特性的变化,本节采用与 Nakayama 等(2005)相似的方法,分析提出二维车辆跟驰模型的稳定性条件,并与 TDOV 模型的稳定性进行对比。

为分析模型的稳定性,首先假定所有的车辆为相同的车辆,同时将所有车辆都视为质点(不考虑车辆的大小)。在周期边界条件下,考虑车辆周围对称分布的六辆车,如图4-28所示。与文献[8](Nakayama 等,2005)相似,设置车辆的期望速度方向为 x 轴正方向,之后对模型进行线性化处理,并分别考虑三种情况下的稳定性条件:①扰动沿 x 轴传播;②扰动沿 y 轴传播;③扰动沿其他方向传播。得到扰动沿各个方向传播的稳定性条件如下。

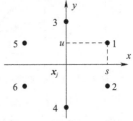

图4-28 车辆周围六辆车的位置示意图

1)扰动沿 x 轴传播的情况

模型纵波模式的稳定性条件为:

$$a > \frac{3[3f' + 2(f/r)]^2}{12(\lambda_0/r)[3f' + 2(f/r)] + 2[3f' + (f/r)]} \tag{4-14}$$

模型横波模式的稳定性条件为:

$$a > \frac{3[f' + 2(f/r)]^2}{12(\lambda_0/r)[f' + 2(f/r)] + 2[f' + 3(f/r)]} \tag{4-15}$$

其中,$r = r_{kj}$,$f = f(r_{kj})$,f' 为函数 f 的一阶导数。

2)扰动沿 y 轴传播的情况

模型纵波模式的稳定性条件为:

$$\frac{1}{2}f' + \frac{3}{2} \cdot \frac{f}{r} > 0 \tag{4-16}$$

模型横波模式的稳定性条件为:

$$\frac{3}{2}f' + \frac{1}{2} \cdot \frac{f}{r} > 0, \quad -\frac{r}{f}\left(f' + 2\frac{f}{r}\right)\left(f' + 4\frac{f}{r}\right) > 0 \qquad (4\text{-}17)$$

3）扰动沿其他方向传播的情况

当扰动沿其他方向传播时，情况较为复杂，这里只研究扰动传播方向与 x 轴的夹角 $\psi = \pi/3$ 和 $\psi = \pi/6$ 两种情况。

$\psi = \pi/3$ 时纵波模式的稳定性条件及 $\psi = \pi/6$ 时横波模式的稳定性条件为：

$$3f' + \frac{f}{r} > 0 \qquad (4\text{-}18)$$

$\psi = \pi/3$ 时横波模式的稳定性条件及 $\psi = \pi/6$ 时纵波模式的稳定性条件为：

$$f' + 3 \cdot \frac{f}{r} > 0 \qquad (4\text{-}19)$$

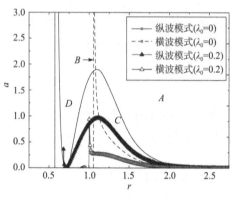

图 4-29　根据线性稳定性分析得到的相图

与 Nakayama 等(2005)选取相同的模型参数，即 $\alpha = 0.25, \beta = 2.5, b = 1.0, c = -1.0$。根据式(4-14)和式(4-15)，可得到扰动沿 x 轴传播时，敏感系数-车头距空间上的相图（图4-29）。从相图中可以看出，纵波模式和横波模式的稳定条件曲线把相图空间分为四个区域：在区域 A 中，所有模式都是稳定的；在区域 B 中，纵波模式稳定而横波模式不稳定；在区域 C 中，横波模式稳定而纵波模式不稳定；在区域 D 中，横波模式和纵波模式都不稳定。另外，从相图中还可以看出，与 TDOV 模型($\lambda_0 = 0$ 的情况)相比，由于考虑了速度差因素，本节提出模型的稳定区域有所增加，而各种模式的不稳定区域有所减小。

4.3.3　数值模拟和分析

为了充分认识混合交通流的特性，首先基于提出的模型研究无信号交叉口处机动车流和非机动车流在相互干扰下的流量和时空演化等特性。如图 4-26 所示，四个方向的路段在交叉口处相交，其中每个方向都包含一条机动车道和一条非机动车道。当考虑所有方向的车流时，车流之间的相互干扰和冲突非常复杂，不利于对交通流特性的分析。因此，本节研究含有四个方向车流的情况，即南进口左转和直行的非机动车流、北进口直行的机动车流（简称 NS 方向的机动车流）和南进口直行的机动车流（简称 SN 方向的机动车流）。在这种简化条件下，该研究也可认为是针对无信号的 T 形交叉口的研究，只是没有考虑机动车左转的情况。另外，需要说明，通常我国城市的混合交通都是机动车、非机动车和行人三种交通模式的混合，这里为了分析方便，同样没有考虑行人的因素。这些都是以后需要进一步研究的内容。

显然，NS 方向和 SN 方向的机动车流都被限制在各自的车道内，并且直行通过交叉口，因此它们之间的相互作用非常微弱，可以忽略不计。相反，机动车会受到左转非机动车的严重干扰,而它们也会干扰左转非机动车穿过交叉口的过程。下面将通过数值模拟的方法研究机动车和非机动车之间的相互作用,以验证提出模型的有效性和适用性。

在数值模拟中,机动车和非机动车分别在各自的车道上行驶,并且不能穿越各自的车道。其中,道路和车辆的属性参数选择如下:机动车道和非机动车道的宽度均为 3 m,汇聚于交叉口的四条路段的长度均为 1000 m,机动车的长度和宽度分别为 4 m 和 2 m,非机动车的长度和宽度分别为 2 m 和 1 m。模型的参数可以分为两类,即存在冲突的类型(表4-1)和不存在冲突的类型(表4-2)。每个类型又可以分为六种不同的情况:机动车对机动车、机动车对非机动车、机动车对边界、非机动车对机动车、非机动车对非机动车、非机动车对边界。

存在冲突时的模型参数　　　　　　　　　　　　　　　　　　　　　表 4-1

类型	V_0(m/s)	a	b	c	α	β	λ_0
机动车对机动车	8.3	2.0	4.0	−1	$0.5V_0$	0.2	0.2
机动车对非机动车	8.3	2.0	4.0	−1	$0.5V_0$	0.3	0.2
机动车对边界	8.3	2.0	2.0	−1	$0.2V_0$	1.0	0.2
非机动车对机动车	4	2.5	6.0	−1	$0.5V_0$	0.3	0.5
非机动车对非机动车	4	2.5	2.0	−1	$0.5V_0$	0.5	0.5
非机动车对边界	4	2.5	0.5	−1	$0.2V_0$	2.0	0.5

不存在冲突时的模型参数　　　　　　　　　　　　　　　　　　　　表 4-2

类型	V_0(m/s)	a	b	c	α	β	λ_0
机动车对机动车	8.3	2.0	4.0	−1	$0.2V_0$	1.0	0.2
机动车对非机动车	8.3	2.0	4.0	−1	$0.2V_0$	1.0	0.2
机动车对边界	8.3	2.0	2.0	−1	$0.2V_0$	1.0	0.2
非机动车对机动车	4	2.5	4.0	−1	$0.2V_0$	1.0	0.5
非机动车对非机动车	4	2.5	2.0	−1	$0.2V_0$	1.0	0.5
非机动车对边界	4	2.5	0.5	−1	$0.2V_0$	2.0	0.5

在表4-1 和表4-2 中,根据机动车和非机动车属性的不同,机动车的期望速度约为非机动车的 2 倍。在混合交通条件下,通常非机动车会与机动车保持较大的距离,因此与非机动车对非机动车的情况相比,非机动车对机动车情况下的参数 b 取值应该更大。为了描述存在冲突和不存在冲突情况下驾驶员反应的差异,前者 α 的取值更大,且 β 的取值更小。在所有情况下,c 均取 −1,也就是说,车辆之间以及车辆和边界之间的相互作用都是排斥的。

模拟采用开放边界条件。初始时,系统中没有车辆。对于研究方向的车流,当最后一辆机动车(非机动车)与入口的距离 $|d_{in0}| = |(0, d_{in0})| = d_{in0}$ $[|d_{in1}| = |(0, d_{in1})| = d_{in1}]$ 大于 15 m(4 m)时,一辆机动车(非机动车)以速度 $V_0 + F(d_{in0})[V_0 + F(d_{in1})]$ 进入系统。其中,机动车和非机动车在交叉口处的转向在其进入系统时以相应的概率给定。采用模型[式(3-1)]的 Euler 格式进行数值模拟。模拟时间持续 4000 s,每个时间步的时间为 0.1 s。

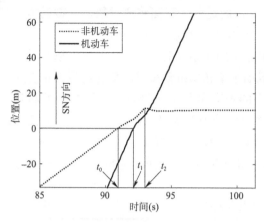

图 4-30 交叉口处机动车和非机动车的轨迹图
注:非机动车和机动车的期望速度分别为 20 km/h 和 60 km/h。在 t_2 时刻之前,非机动车由南进口进入并向北行驶,之后,在交叉口处左转后向西行驶。

为了避免暂态的影响,舍弃前 2000 s 的运算数据,并对后 2000 s 的数据进行平均统计。

在研究混合交通流的特性之前,首先通过模拟的方法研究一辆机动车和一辆非机动车在相互干扰下通过交叉口的运行状态,以验证模型的有效性和参数设置的合理性。初始时,系统中没有车辆,一辆左转非机动车和一辆机动车依次进入系统。图 4-30 分别给出了机动车和非机动车的运行轨迹。在 t_0 时刻之前,机动车和非机动车都在南北方向的道路上自由行驶。在 t_0 时刻,非机动车首先到达交叉口,之后逐渐减速,并左转以穿过交叉口。大约 1 s 之后(t_1 时刻),机动车到达交叉口。由于受到左转非机动车的干扰,机动车在交叉口附近减速以避免碰撞。在 t_2 时刻,非机动车完全通过交叉口区域。之后,机动车逐渐加速到期望速度值,并直行通过交叉口。以上模拟仅描述了机动车和非机动车之间一种常见的冲突形式。但是它仍然能够说明在所选参数的条件下,本节提出的扩展模型能够很好地描述机动车和非机动车之间的相互作用,进而也证实了提出的模型能够同时用来描述机动车和非机动车的运行状态,并且模拟中采用的参数是合理的。

1) 左转非机动车的比例对交通流特性的影响

图 4-31a) 给出了机动车流量 q_m 和非机动车左转概率 p_1 之间的关系。可以看出,NS 方向的机动车流量曲线上存在一个临界点 p_{c1},将机动车流划分为自由流和拥堵流。当 $p_1 < p_{c1}$ 时,流量保持不变;而当 $p_1 > p_{c1}$ 时,流量逐渐减小。与 NS 方向相比,SN 方向的机动车流量较小,并且流量曲线上没有临界点。图 4-31b) 为非机动车流量 q_{nm} 与非机动车左转概率 p_1 之间的关系图。可以看出,随着非机动车左转概率 p_1 的增大,左转非机动车的流量不断增大,但增大的幅度逐渐变小。相反,直行非机动车的流量迅速减小,全部非机动车流量(左转流量与直行流量之和)也不断减小。值得注意的是,三条流量曲线上都没有出现临界相变点。

为了深入理解流量变化的原因,分别给出不同条件下各方向车流的时空演化图。图 4-32 为 $p_1 = 0.1$ 时各方向车流的时空图,对应 $p_1 < p_{c1}$ 的情况。从图 4-32b) 和 c) 中,可以看到一些非机动车会在交叉口处停留一段时间,表明一些左转非机动车在交叉口处减速,并且等待时机以穿过交叉口。另外,由于 SN 方向的机动车流紧邻该方向的非机动车道,所以 SN 方向的机动车流同时受到在交叉口处等待穿行和正在穿行的非机动车干扰。因此在交叉口上游行驶的机动车会在交叉口处减速甚至停止,交叉口上游出现了排队现象。但是由于非机动车的左转概率 p_1 很小,因此排队的长度也很短。综上分析,即使 p_1 很小,SN 方向的机动车也会受到左转非机动车的影响,因此流量随着 p_1 的增大不断减小,不存在临界相变现

象。图4-32a)为NS方向机动车的时空图。该方向的车流主要受到正在穿过交叉口的非机动车影响,同时考虑到左转非机动车的流量很小(p_1很小),因此机动车流受到的干扰也很小,没有出现交通拥堵和排队的现象。

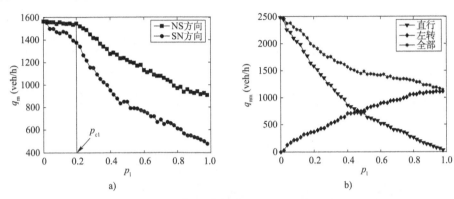

图4-31　机动车、非机动车流量与非机动车左转概率 p_1 之间的关系图
a)机动车;b)非机动车

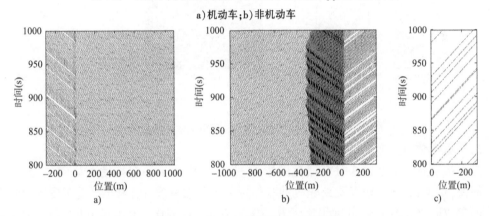

图4-32　$p_1 = 0.1$ 时各方向车流的时空图
a)NS方向的机动车流;b)SN方向的机动车流;c)通过交叉口的左转非机动车流,其运行方向与NS方向垂直
注:交叉口的位置为0,负值表示交叉口以南或以西的位置(即SN方向车流的上游或NS方向车流的下游,参考图4-1),正值表示交叉口以北或以东的位置(即SN方向车流的下游或NS方向车流的上游)。

图4-33 为 $p_1 = 0.5$ 时各方向车流的时空图,对应 $p_1 > p_{c1}$ 的情况。从图4-33a)和b)中可以看出,两个方向的机动车流都受到了非机动车的严重干扰,并导致交叉口上游出现排队现象。在交叉口处产生了交通拥堵,并以走走停停波的形式向上游传播。对比图4-33a)和b),可以发现SN方向机动车流的拥堵更为严重,排队一直延伸到路段的入口处,而NS方向机动车流的拥堵则是轻微的,排队仅仅向上游延伸了大约300 m。这是因为在 $p_1 = 0.5$ 的情况下,左转非机动车的数量很大,它们不可能完全通过交叉口。通常,左转非机动车穿过交叉口的过程可以分为两个部分:首先,非机动车在 SN 方向机动车道的右侧等待并寻找适当的时机穿过该车道;其次,已经穿过一条机动车道的非机动车在两条车道之间等待并寻找适当的时机穿过 NS 方向的机动车道。除了受到正在穿行的非机动车干扰,SN 方向的机动车还同时受到在车道右侧等待的非机动车和在两条车道之间等待的非机动车的干扰,而 NS 方向的机动车仅受到在两条机动车道之间等待的非机动车的干扰。因此,SN 方向机动车流的拥堵更

加严重,并且该方向的车流量相对较小。

在图4-33中,还可以发现一个有趣的现象。首先,一簇非机动车连续通过交叉口,而机动车则被迫在交叉口上游停止并等待;之后,一簇机动车连续通过交叉口,而左转非机动车则停止并等待;这两种模式随时间的变化交替进行。这一现象是实际交通中可能出现的典型自组织振荡模式,表明模型模拟结果与实际交通现象是符合的。在此情况下,左转非机动车在交叉口处停止并等待,随着等待非机动车数量的增加,机动车流受到的干扰越来越严重,其速度逐渐减小并最终停止,此时,等待的非机动车则加速穿过交叉口。之后,随着非机动车的干扰作用逐渐减弱,停止的机动车重新加速通过交叉口,而左转非机动车则停止并等待。

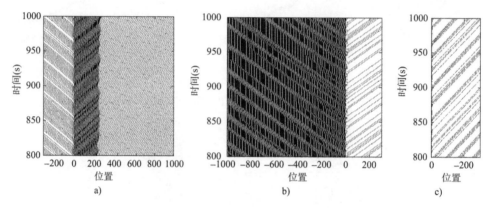

图4-33 $p_1=0.5$ 时各方向车流的时空图(其他说明同图4-32)

2) 模型参数对交通流的影响

进一步研究模型参数 β 对交通流的影响,并分析机动车和非机动车之间的相互作用。为了简便,定义 β_0 为机动车受到非机动车作用下的参数取值,β_1 为非机动车受到机动车作用下的参数取值。图4-34分别给出了 $\beta_1=0.3$ 和 $\beta_0=0.2$、0.3、0.5、1.0 时,各方向车流的流量与非机动车左转概率 p_1 之间的变化关系。

图4-34a)对应NS方向的机动车流。可以看出临界点的值随着 β_0 的增大而增大。随着 β_0 的减小,机动车受到非机动车的干扰作用逐渐减弱,机动车容易获得更多道路资源,从而更顺利地通过交叉口。与之相反,随着 β_0 的增大,非机动车受到机动车的干扰作用逐渐增强,等待时间逐渐增加,流量逐渐减小[对应图4-34c)的情况]。图4-34b)给出了SN方向机动车的流量曲线。可以看出,当 p_1 足够大时(大约当 $p_1>0.4$ 时),机动车流量随着 β_0 的增大而增大;但是当 p_1 较小时,β_0 对流量的影响很小。相应地,从图4-34c)中可以看出,当 p_1 较小时,左转非机动车受到的影响相对较小,流量在不同 β_0 值下的变化较小;而当 p_1 较大时,左转非机动车受到的影响较为严重,流量随 β_0 的增大而迅速减小。

3) 进车间距对交通流的影响

最后,研究机动车的进车间距 d_{in0} 和非机动车左转概率 p_1 对机动车流量 q_m 和非机动车流量 q_{nm} 的影响。图4-35给出了机动车和非机动车流量随 d_{in0} 和 p_1 的变化关系。图4-35a)对应NS方向的机动车流,可以看出随着 d_{in0} 的变化,流量曲线可以分为三种类型。首先,当 d_{in0} 很小时,机动车流量随着 p_1 的增大不断减小,曲线上没有临界相变点;之后,当 d_{in0} 达到某个临界值时,流量曲线上出现临界相变点 p_c^m(p_c^m 是流量曲线上非机动车的临界左转概率值。当 $p_1 < p_c^m$ 时,机动车流量保持不变;当 $p_1 > p_c^m$ 时,机动车流量随着 p_1 的增大而不断减小),并且 p_c^m 随着 d_{in0} 的增大而增大;最后,当 d_{in0} 达到一个新的临界值,即 $p_c^m = 1$ 时,机动车流量保持恒定,不随 p_1 的变化而变化。

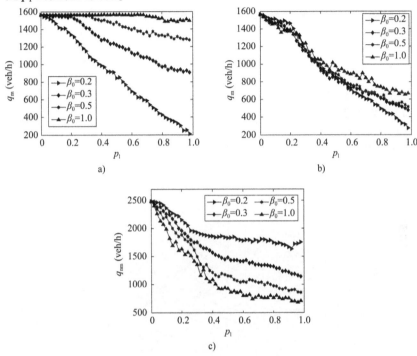

图 4-34 不同 β_0 值下的流量曲线
a) NS 方向的机动车流;b) SN 方向的机动车流;c) SN 方向的非机动车流

下面简要分析产生图 4-35 所示现象的原因。首先,当 d_{in0} 较小时,车流的平均车头距很小,车流密度很大。在这种情况下,即使很少的左转非机动车也会对机动车流产生干扰,因此,机动车的流量 q_m 随着 p_1 的增大持续减小。当 d_{in0} 增大到某个临界值后,机动车之间的平均间距也达到足够大的程度,能够满足非机动车顺利通过的条件,而不会影响机动车的正常运行。此时,当 p_1 较小时,少量的非机动车能够顺利通过交叉口,而其对机动车的影响可以忽略;只有当 p_1 较大时,机动车流才会受到严重的干扰。因此,在这种条件下出现了临界相变点,将机动车流划分为自由流和拥堵流两种状态。随着 d_{in0} 的进一步增大,机动车之间的间距能够使更多的非机动车通过,并且不会干扰机动车的运行。因此临界值 p_c^m 逐渐增大,直到 $p_c^m = 1$ 时,d_{in0} 达到一个新的临界值,此时机动车的流量保持不变。

图 4-35b)为 SN 方向的机动车流量变化关系。可以发现图 4-35b)与图 4-35a)的结果相似。不同的是,图 4-35b)中流量曲线上临界点对应的非机动车左转概率更小,并且对应相同的 d_{in0} 值,其流量下降的速度更快。

图 4-35c)为 SN 方向的非机动车的总流量变化关系。这里非机动车的总流量为直行和左转非机动车的流量之和。从图中可以发现,当 d_{in0} 较小时,非机动车总流量随着 p_1 增大不

断减小,流量曲线上没有临界相变点。当 d_{in0} 足够大时,曲线上出现了临界相变点 p_c^{nm},该相变点将曲线划分为两个部分:当 $p_1 < p_c^{nm}$ 时,非机动车总流量保持不变;而当 $p_1 > p_c^{nm}$ 时,非机动车总流量随着 p_1 增大不断减小。另外可以发现,随着 d_{in0} 的增大,临界值 p_c^{nm} 逐渐增大。这是因为随着 d_{in0} 的增大,机动车的密度逐渐减小,而车辆之间的间距逐渐增大,所以非机动车更容易穿过机动车流,而两种车辆之间的相互干扰作用逐渐减弱。

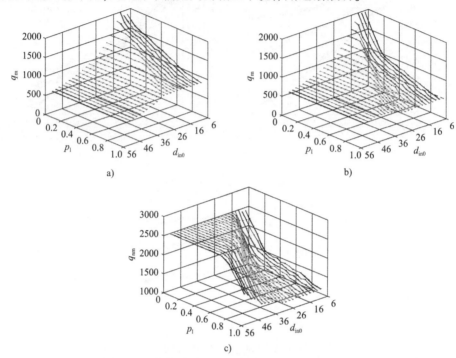

图 4-35 机动车和非机动车流量随 d_{in0} 和 p_1 的变化关系图
a) NS 方向的机动车流;b) SN 方向的机动车流;c) SN 方向的非机动车流

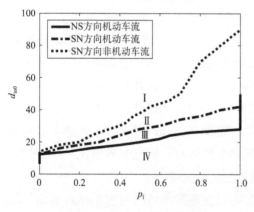

图 4-36 空间 (p_1, d_{in0}) 上的相图

相图和时空图是研究交通流状态及其演化过程的重要途径和方法。图 4-36 给出了空间 (p_1, d_{in0}) 上的相图。可以看出,相图被划分为四个区域。为了更深入理解各个区域中交通流的演化特征,图 4-37 至图 4-40 分别给出了各区域对应的时空图。

在区域 I,机动车流和非机动车流都是自由流(图 4-37)。机动车之间的间距足以使所有左转非机动车顺利通过,机动车和非机动车之间的相互作用很小。

在区域 II,NS 方向和 SN 方向的机动车流都是自由流,非机动车流是拥堵流(图 4-38)。在这个区域,相邻机动车之间的间距较小,左转的非机动车在交叉口处停止,并等待时机以穿过交叉口。停止并等待的非机动车阻碍了上游非机动车的运行,因此在交叉口处产生了轻微的拥堵[图 4-38c)]。但是,由于左转的非机动车数量很少,机动车受到非机动车的干扰很小,因此两个方向的机动车都处在自由流状态。

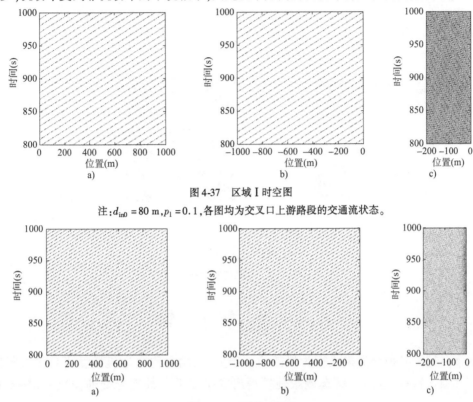

图 4-37　区域 Ⅰ 时空图

注:$d_{in0}=80$ m,$p_1=0.1$,各图均为交叉口上游路段的交通流状态。

图 4-38　区域 Ⅱ 时空图

注:$d_{in0}=40$ m,$p_1=0.7$,其他说明同图 4-37。

在区域 Ⅲ,NS 方向的机动车流是自由流,SN 方向的机动车流和非机动车流都是拥堵流(图 4-39)。与区域 Ⅱ 相似,相邻机动车之间的间距较小,左转的非机动车在交叉口处停止,并等待穿行。它们阻碍了上游非机动车的运行,同时干扰了邻近车道 SN 方向机动车的运行,因此 SN 方向的机动车流和非机动车流都出现了交通拥堵[图 4-39b)和 c)]。但是,NS 方向的机动车流主要受到穿行的非机动车影响,干扰作用很小,因此该方向的机动车仍处在自由流状态[图 4-39c)]。

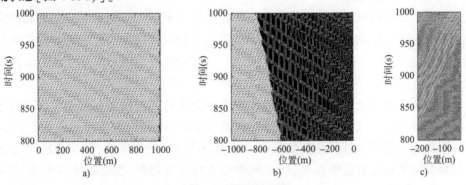

图 4-39　区域 Ⅲ 时空图

注:$d_{in0}=20$ m,$p_1=0.4$,其他说明同图 4-37。

在区域Ⅳ,所有的机动车流和非机动车流都是拥堵流(图4-40)。此时,相邻机动车之间的间距很小,左转的非机动车很难在没有相互干扰的条件下穿过机动车流。两个方向的机动车流及非机动车流都受到左转非机动车的严重干扰,因此所有车流出现了严重的交通拥堵,并向上游传播。

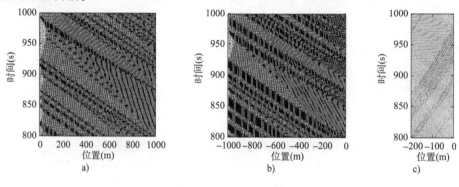

图4-40 区域Ⅳ时空图

注:$d_{in0}=10\text{ m}$,$p_1=0.6$,其他说明同图4-37。

4.4 本章小结

本章在挖掘各种交通模式行为特征的基础上,采用元胞自动机模型研究了人行横道处混合交通流特征,采用二维车辆跟驰模型研究了交叉口处混合交通流特性,简要总结如下。

首先,本章在详细分析人行横道附近机动车和行人行为特征的基础上,探讨机动车和行人之间相互干扰的机理,并建立描述带有信号控制人行横道路段的耦合元胞自动机模型。通过数值模拟的方法,进一步研究谨慎行人和普通行人混合(情况Ⅰ),以及谨慎行人和冒险行人混合(情况Ⅱ)两种情况下机动车和行人的交通流特征。

当行人由谨慎行人和普通行人构成(情况Ⅰ)时,重点关注机动车进车概率、行人平均到达率、普通行人比例、信号周期以及机动车和行人之间相互干扰的强度等因素对机动车流和行人流的影响。研究结果表明:

(1)每条机动车的流量曲线上都存在一个临界点,将机动车流划分为自由流和拥堵流两种状态;而每条行人流量曲线上则存在两个临界点,分别对应行人红灯时间路边等待人数达到最大值的临界行人平均到达率和绿灯时间人行横道始终处于饱和流量状态的临界行人平均到达率;进而,根据机动车和行人流量曲线的临界点,可以将相图划分为六个区域。

(2)随着普通行人比例的增大,机动车的自由流区域和拥堵流区域基本不发生变化;然而,行人的自由流区域逐渐增大,拥堵流区域逐渐减小;但是由于违法过街行人所占比例较小,因此相图的各区域变化幅度很小。进一步的研究结果表明,随着普通行人比例的增大,机动车的饱和流量逐渐减小,行人的饱和流量逐渐增加,但是减小或增加的幅度逐渐变缓。

(3)信号周期是影响交通状态的重要因素,合理设置信号周期能够在一定程度上提高交通流量,缓解交通拥堵。研究发现,随着信号周期的减小,机动车的自由流区域和拥堵流区域只有很微小的变化,而行人的自由流区域和拥堵流区域都有所增大,中间区域(行人绿灯时间的初始时段为拥堵流状态,之后为自由流状态)有所减小,并且当信号周期小于某个临界值后,中间区域完全消失,此时相图被划分为四个区域。另外,随着信号周期的增加,机动车和行人的饱和流量都是先增加,之后保持不变。

当行人由谨慎行人和冒险行人构成(情况Ⅱ)时,机动车的流量特征与普通行人的情况相似,每条流量曲线上都存在一个临界点,将机动车划分为自由流和拥堵流两种状态;同样,行人的流量曲线上存在两个临界点,但与普通行人的情况不同,在两个临界点之间,流量首先增加,达到最大值后逐渐减小。

此外,还对一个信号周期内行人违法过街发生频率的变化特征进行了分析。结果表明,当行人流量未达到饱和流量值时,行人违法过街发生的频率随着冒险行人比例的增加而增加;而当行人流量达到饱和流量值时,违法过街发生的频率始终很小,并且与冒险行人的比例无关。另外,当到达行人由三种类型行人构成时,违法过街发生的频率存在两个峰值,这与实际观测的结果在定性上是一致的。

其次,本章基于二维优化速度(TDOV)模型,进一步考虑速度差因素,提出一个新的二维车辆跟驰模型,用以描述典型无信号交叉口处机动车和非机动车的运行。通过数值模拟,分别研究了非机动车左转概率、模型参数以及机动车进车间距对混合交通流特性的影响。研究的主要结果如下:

(1)与非机动车相邻车道上的机动车流受到非机动车的干扰更加严重,流量也相对较小。这是因为该车道上的机动车同时受到其右侧等待的左转非机动车以及两条机动车道之间等待的非机动车的干扰。

(2)模型能够描述一个典型的自组织现象,即机动车和左转非机动车以集簇的形式连续交替通过交叉口。

(3)随着机动车对于非机动车敏感度的增强(即参数β_0的减小),机动车流量逐渐减小,而非机动车流量逐渐增大。

(4)机动车流(非机动车流)流量曲线的特征随着机动车进车间距d_{in0}的变化而变化。当d_{in0}较小时,机动车(非机动车)流量随非机动车左转概率p_1的增大单调递减;当d_{in0}足够大时,流量曲线上出现临界点$p_c^m(p_c^{nm})$,将机动车流(非机动车流)划分为自由流和拥堵流两种状态,同时临界点值$p_c^m(p_c^{nm})$随着d_{in0}的增大而增大;最后,当d_{in0}很大时,机动车流量始终保持恒定。

以上的研究结论表明,本章提出的二维车辆跟驰模型能够较好地描述混合交通条件下车辆的运行。然而,为了分析方便,本章只研究了直行机动车流和左转非机动车流之间的干扰。在实际交通中,无信号交叉口处存在各个方向机动车、非机动车和行人的相互干扰和冲突。因此,有必要继续深入研究存在三种交通模式和多种冲突状态下混合交通流的特性。另外,可以发现本章提出的模型含有较多的模型参数,很难通过实测数据进行模型参数的标定和检验,因此,进一步深入研究混合交通流的建模方法,提出更加简洁、实用的模型,也是今后需要开展的工作。

本章参考文献

[1] BANDO M,HASEBE K,NAKAYAMA A,et al. Dynamical model of traffic congestion and numerical simulation[J]. Physical review E,1995,51(2):1035-1042.

[2] HELBING D,TILCH B. Generalized force model of traffic dynamics[J]. Physical review E,1998,58(1):133-138.

[3] JIANG R,WU Q S,LI X B. Capacity drop due to the traverse of pedestrians[J]. Physical review E,2002,65(3):036120.

[4] HELBING D,JIANG R,TREIBER M. Analytical investigation of oscillations in intersecting flows of pedestrian and vehicle traffic[J]. Physical review E,2005,72(4):046130.

[5] JIANG R,HELBING D,SHUKLA P K,et al. Inefficient emergent oscillations in intersecting driven many-particle flows[J]. Physica A:statistical mechanics and its applications,2006,368(2):567-574.

[6] LEE J Y S,GOH P K,LAM W H K. New level-of-service standard for signalized crosswalks with bi-directional pedestrian flows[J]. Journal of transportation engineering,2005,131(12):957-960.

[7] LEE J Y S,LAM W H K. Simulating pedestrian movements at signalized crosswalks in Hong Kong[J]. Transportation research part A:policy and practice,2008,42(10):1314-1325.

[8] NAKAYAMA A,HASEBE K,SUGIYAMA Y. Instability of pedestrian flow and phase structure in a two-dimensional optimal velocity model[J]. Physical review E,2005,71(3):036121.

[9] NAKAYAMA A,HAEBE K,SUGIYAMA Y. Effect of attractive interaction on instability of pedestrian flow in a two-dimensional optimal velocity model[J]. Physical review E,2008,77(1):016105.

[10] ZHANG Y,DUAN H L,ZHANG Y. Modeling mixed traffic flow at crosswalks in micro-simulations using cellular automata[J]. Tsinghua science and technology,2007,12(2):214-222.

[11] YANG J G,DENG W,WANG J M,et al. Modeling pedestrians' road crossing behavior in traffic system micro-simulation in China[J]. Transportation research part A:policy and practice,2006,40(3):280-290.

[12] YU L,SHI Z K. Nonlinear analysis of an extended traffic flow model in ITS environment[J]. Chaos,solitons & fractals,2008,36(3):550-558.

[13] 姜锐. 交通流复杂动态特性的微观和宏观模式研究[D]. 合肥:中国科学技术大学,2002.

[14] 王涛,高自友,赵小梅. 多速度差模型及稳定性分析[J]. 物理学报,2006,55(2):634-640.

第5章 考虑公交线路影响的多模式交通系统建模与分析

5.1 概述

地面公交是一种节能环保且高效的城市交通系统。与私家车相比,公交车占用道路资源少,运输能力强,环境污染小;与轻轨、地铁等轨道交通相比,公交投资少,见效快,线路调整更灵活;与其他机动交通模式相比,公交单车运量大,运输效率高,人均消耗能源和人均污染排放均较少。目前,世界上许多国家和地区在经历了由私人小汽车无限自由膨胀发展而带来的大量社会、环境和经济问题之后,最终选择了优先发展公共交通的战略。

然而,公交车站作为城市道路上的一类典型瓶颈,经常造成相应区域交通混乱,不仅导致公交系统的运行效率降低,也会降低整个道路系统交通流的效率。对公交车站附近交通流特性进行研究和模拟分析,有助于深入理解公交车站附近拥堵产生的机理,从而为公交车站处交通流的合理组织提供决策依据。

目前,一些学者对公交车站的影响进行了初步的模拟分析。Nagatani(2000)采用车辆跟驰模型,对公交线路系统中的相变和集簇现象进行了模拟和线性稳定分析。Huijberts(2002)也采用车辆跟驰模型研究了公交车行驶中的局部稳定性,并描述了同步运动的分叉现象。Nagatani(2001,2001)还提出了时间车头距模型,对公交线路系统进行了详细的模拟分析。Loan等(1998)和Chowdhury等(2000)分别提出了模拟公交线路系统的元胞自动机模型。之后,Jiang等(2003)运用元胞自动机模型进一步深入研究了公交线路系统,考虑了公交车的承载能力,结果显示,随着密度的增加,公交线路系统存在四种不同的交通相,依据交通相的特征可以确定最优公交车数目。然而上述研究都是将公交线路作为独立的系统进行研究,只适合描述公交专用线路系统,实际情况下大多数公交车是与其他社会车辆混合行驶的。基于此,很多学者也开展了对小汽车与公交车混合车流的模拟研究。在公交车和小汽车混合行驶的系统中,由于公交车行驶速度慢并且需要停站,其对小汽车将造成严重的影响。Zhao等(2007,2008)研究了公交车站与信号交叉口组合影响下的交通系统通行能力,分别考虑了公交车站在交叉口的上游、下游,公交车站与交叉口的距离和增设公交停车道对道路通行能力的影响;钱勇生等(2008)运用元胞自动机模型研究了单车道上港湾式车站对混合车流的影响,通过分析随机慢化概率、混合车流密度、公交车平均停靠时间和公交车站间距等因素研究了混合车流的特性;李庆定等(2009)采用元胞自动机模型研究了开放边界条件下,当公交车站处路段中间时,港湾式停靠站和非港湾式停靠站这两种停靠方式对混合交通流的影响;贾斌等(2009)也采用元胞自动机模型对非港湾式车站和港湾式车站两种设置方式下的交通流特性进行了研究,发现港湾式车站具有显著的优越性。然而,这些研究只考虑了单个公交车站的影响,不能体现公交线路系统对交通流的影响。Yuan 等(2007)首次将公交线路模型和双车道模型结合起来,研究了具有公交线路系统的双车道混合交通流。但是,该研究只对具有非港湾式停靠站的公交系统进行了建模,没有研究更加普遍的具有港湾式停靠站的公交系统。

本章在现有的公交线路交通流模型的基础上,考虑停靠站在公交线路和道路交通中的影响,针对具有公交线路的双车道混合交通系统构建元胞自动机模型,并通过模拟仿真分析非港湾式车站和港湾式车站对道路交通流的影响,进而模拟分析停靠站客流量不均衡因素对混合交通流的影响。

5.2 含有公交线路的双车道元胞自动机模型

本节采用元胞自动机模型对含有公交线路的双车道混合交通系统进行建模和模拟分析。

公交车站有两种设置方式,即非港湾式和港湾式。应用元胞自动机模型将具有公交车站的路段描述成图5-1所示的系统。路段有两个车道——左车道和右车道,路段长度为 L 个元胞。在路段上,车辆可以自由换道。在公交车站上游区域 A 内,公交车需要提前换到右车道以完成停站,公交车在此区域内具有特殊换道行为,该区域长度为 L_h 个元胞。公交车站的长度为 L_s。港湾式公交车站的上游和下游分别设置车辆进站区和出站区,这两个区域都恰好能够容纳一辆公交车。系统中考虑小汽车和公交车这两种类型的车辆,小汽车占据 1 个元胞,公交车占据 2 个元胞。车辆类型用 s 表示,$s=1$ 表示小汽车(占据 1 个元胞长度),$s=2$ 表示公交车(占据 2 个元胞长度)。下面分别介绍车辆的向前运动规则和换道规则。

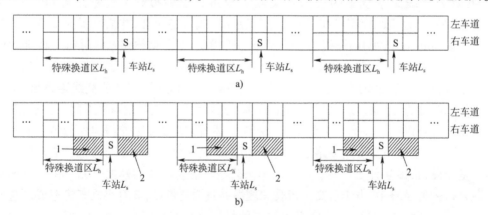

图 5-1 道路系统示意图
a)非港湾式停靠系统;b)港湾式停靠系统
1-进站区 L_i;2-出站区 L_o

5.2.1 车辆向前运动规则

小汽车和不在停靠站的公交车都按 NaSch 模型中的更新规则向前行驶,演化规则为:

① 加速：$v_n(t+1) \to \min[v_n(t)+1, v_{\max}]$。
② 减速：$v_n(t+1) \to \min[v_n(t+1), d_n(t)]$。
③ 随机慢化：以概率 p，$v_n(t+1) \to \max[v_n(t+1)-1, 0]$。
④ 位置更新：$x_n(t+1) \to x_n(t) + v_n(t+1)$。

式中，$x_n(t)$、$v_n(t)$ 分别表示车辆 n 在第 t 个时间步的位置和速度；$d_n(t) = x_{n+1}(t) - x_n(t) - 1$ 表示车辆 n 与其前车 $n+1$ 之间的空元胞数；p 是随机慢化概率；$v_{\max}$ 是车辆的最大速度，小汽车的最大速度为 $v_{\max}^c = 5$，公交车的最大速度为 $v_{\max}^b = 3$。

接下来介绍乘客到达、上下车以及公交车的停站规则。假设系统中存在 N_s 个公交车站和 N 辆公交车，每辆公交车最多承载 M 个乘客。每一个时间步，所有车站都以概率 λ 增加一个乘客，即车站上的乘客数目为 $N_{ps}(j,t+1) = N_{ps}(j,t)+1$，$N_{ps}(j,t)$ 表示在 t 时刻第 j 个公交车站上等待的乘客数。当公交车到达某一车站时，下车人数为 $N_{getoff} = P_{getoff} \times N_{pb}(i,t)$，上车人数为 $N_{geton} = \min\{N_{ps}(j,t+1), M-[N_{pb}(i,t)-N_{getoff}]\}$，$P_{getoff}$ 表示每个乘客的下车概率，$N_{pb}(i,t)$ 表示 t 时刻第 i 辆公交车上的人数。这里假设在公交车停靠在车站的时间内到达车站的乘客不上车，因此停站后公交车上的人数为 $N_{pb}(i,t+1) = N_{pb}(i,t) - N_{getoff} + N_{geton}$，停留在公交车站的人数为 $N_{ps}(i,t+1) = N_{ps}(i,t) - N_{geton}$。公交车在车站的停留时间为 $T = \mathrm{int}[\max(\gamma N_{geton}, \delta N_{getoff})]+1$，这里 γ 为上车时间系数，表示平均每个乘客的上车时间，δ 为下车时间系数，表示平均每个乘客的下车时间，因为现实中一般上车时间要比下车时间长，所以在取值时有 $\gamma > \delta$。此外，假定即使在某一个车站上没有乘客上下车，公交车也要在该车站停留一个时间步。所以当 $T>0$ 时，公交车继续在车站停留的时间 $T = T-1$；当 $T=0$，$d_n=0$ 时，公交车继续在车站停留的时间 $T=0$；当 $T=0$，$d_n>0$ 时，公交车向前行驶。

5.2.2 车辆换道规则

在双车道上，车辆受到前车阻挡时可以自由换道。而对于公交车，其为了停站而进行的换道是主动换道。在特殊换道区域，公交车由左车道换到右车道是主动换道。在非港湾式停靠系统中，当小汽车被停站公交车阻挡时，其需要换至左车道上才能继续向前行驶，这里认为此种换道也是主动换道。在港湾式停靠系统中，公交车由右车道换到港湾车道，以及停站结束后由港湾车道换到右车道都是主动换道。

车辆行驶过程中在双车道上的自由换道采用对称换道规则：

$$d_n < \min(v_n+1, v_{\max}) \text{ 且 } d_{n,\mathrm{other}} > d_n \text{ 且 } d_{n,\mathrm{back}} > d_{\mathrm{safe}}$$

式中，$d_{n,\mathrm{other}}$，$d_{n,\mathrm{back}}$ 分别表示当前车辆与目标车道的前车和后车之间的空元胞数。在计算车辆间距时，以下情况不能依据前车的位置计算。对于公交车，如果车辆与停靠站之间没有车辆，那么 d_n 的取值为停靠站位置与车辆当前位置之差。当公交车处于港湾车道出站区时，如果公交车与出站区的右边界之间没有车，那么 d_n 的取值为出站区右边界位置与当前车辆位置之差。换道规则中 $d_n < \min(v_n+1, v_{\max})$ 且 $d_{n,\mathrm{other}} > d_n$ 为换道动机，表示车辆在当前车道上不能按期望的最大速度行驶，而目标车道上的行驶条件比当前车道好。$d_{n,\mathrm{back}} > d_{\mathrm{safe}}$ 为安全性条件，保证换道后不与目标车道上后车发生碰撞。这里 d_{safe} 取值为目标车道上后车的速度。

当车辆处于特殊换道区域时,由于靠近公交停靠站,为了减少停靠站对车流的影响,规定小汽车不允许向右换道,公交车不允许向左换道。当目标车道相应位置上无车时,车辆的主动换道行为采用下述换道规则:

$$d_{n,\text{back}} \geq d_{\text{safe}}$$

车辆进行主动换道的情况如下:①在右车道行驶的小汽车受到停站公交车阻挡;②将要停站的公交车由左车道换至右车道;③港湾式停靠系统中,将要停站的公交车由右车道换至港湾车道;④港湾式停靠系统中,停完站的公交车由港湾车道换至右车道。

为了使得公交车尽快进入停靠站,当对应停靠站车道中下一个位置是车站时,如果目标车道对应位置无车,则公交车强行换至目标车道上。在港湾式停靠系统中,公交车行驶到出站区右边界仍无法换到右车道时,如果右车道上相应位置无车,则强行换至右车道上。

5.3 公交线路对双车道车流的影响分析

5.3.1 周期边界条件下的模拟分析

周期边界即在每个时间步更新之后,检查头车的位置 x_{lead},如果 $x_{\text{lead}} > L$,则该车从道路的另一端进入道路系统,变成系统中的尾车,该车位置为 $x_{\text{last}} = x_{\text{lead}} - L$,速度为 $v_{\text{last}} = v_{\text{lead}}$,这里 x_{lead}、v_{lead} 分别表示头车的位置和速度,x_{last}、v_{last} 分别表示尾车的位置和速度,L 表示道路的长度。

在仿真中,设置道路长度 $L = 2000$ m,每个元胞长 7.5 m,车站长度 $L_s = 1$ m,特殊换道区域 $L_h = 5$ m,港湾车道上的进站区 L_i 和出站区 L_o 长度都为 2 m,随机慢化概率 p 取 0.3。取停靠站数目 $N_s = 30$,公交车容量 $M = 80$,公交车上乘客下车比例 $P_{\text{getoff}} = 0.2$,乘客上车时间系数 $\gamma = 0.5$,乘客下车时间系数 $\delta = 0.3$。港湾式停靠系统在统计流量时将港湾车道上的车辆计入右车道车辆。初始状态为:两个车道上车辆数目相同,车辆随机分布在车道上,公交车和车站上均没有乘客。

图 5-2 为双车道系统的平均速度-密度图和流量-密度图。取公交车数目 $N = 50$,乘客到达率 $\lambda = 0.5$。依据平均速度和流量的演化规律,可以将具有公交线路的双车道系统划分为四个密度区域。在采用非港湾式停靠系统中,分界点为 ρ_1、ρ_2、ρ_3。在采用港湾式停靠系统中,分界点为 ρ_1'、ρ_2'、ρ_3'。在这四个密度区域中,小汽车和公交车的行驶状况,以及左右车道的车流状态是不同的。图 5-3 显示了各密度区域的典型时空图,可以清楚地看出公交车在右车道上停靠所产生的交通堵塞,并能够看出各密度区域车流状态的差异。

当 $\rho \leq \rho_1(\rho_1')$ 时,随着密度的增大,左车道上车辆平均速度保持在自由流速度,右车道的平均速度和系统平均速度变大,左右车道以及系统的流量都是增加的。因为系统中公交车的数目是一定的,当密度很小时,系统中大部分都为公交车,随着密度的增加,小汽车增多,系统的流量和速度也随之变大。从图 5-3a)可以看出,系统的左车道都呈现自由流状态,虽然当公交车在左车道上行驶时,会引起车流轻微的拥堵,但很快堵塞就会消散,车辆又呈现自由流状态,所以基本上左车道上的车辆行驶是自由的;右车道上大部分为公交车,并呈现集簇现象。

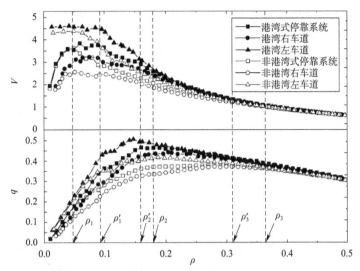

图 5-2　非港湾式与港湾式停靠系统平均速度-密度及流量-密度图（$N=50, \lambda=0.5$）

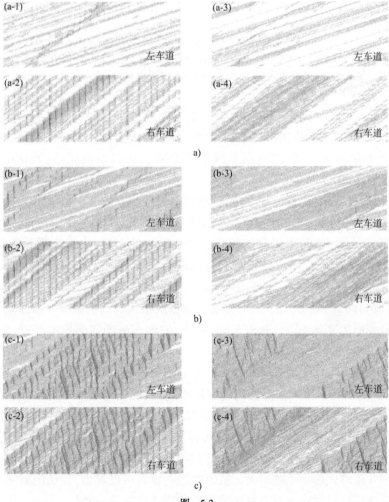

图 5-3

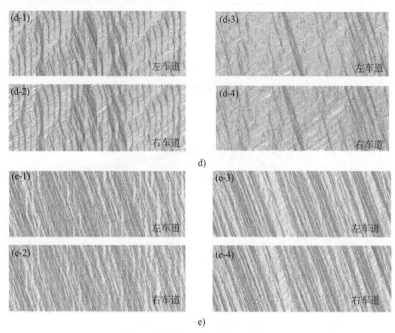

图 5-3 不同密度条件下两种停靠方式道路系统时空图($N=50,\lambda=0.5$)

注:a)～e)分别对应密度 0.025,0.06,0.13,0.2,0.38。(x-1)表示非港湾式停靠系统左车道;(x-2)表示非港湾式停靠系统右车道;(x-3)表示港湾式停靠系统左车道;(x-4)表示港湾式停靠系统右车道。其中 x 为 a,b,c,d,e。从左向右为车辆行驶方向,从下到上为时间增长方向。

当 $(\rho_1')\rho_1<\rho\leqslant\rho_2(\rho_2')$ 时,随着密度的增大,左车道平均速度快速减小,右车道和系统的平均速度也开始减小,但是流量继续增加,直到密度为 $\rho_2(\rho_2')$ 时达到系统最大流量。左车道上平均速度小于自由流速度,因此左车道不再是完全的自由流状态,开始出现堵塞。从图 5-3c)可以看出,密度对右车道的公交车运行影响不大,依旧呈现集簇现象;在集簇的公交车上游,小汽车受到阻挡,形成局部堵塞,这种局部堵塞在左右车道同时出现。

当 $(\rho_2')\rho_2<\rho\leqslant\rho_3(\rho_3')$ 时,随着密度的增大,左右车道以及系统的流量开始下降,同时平均速度降低。从图 5-3d)可以看出此时在公交车站的上游,小汽车受到阻挡形成堵塞,这种堵塞充满整个车道;而右车道上的公交车依然呈现集簇状态,部分公交车保持自由流状态。

当 $\rho>\rho_3(\rho_3')$ 时,随着密度的增大,左右车道以及系统的流量基本一致并呈下降趋势,平均速度也具有相同的变化趋势。从图 5-3e)看出,左右车道的堵塞更加严重,公交车不能自由行驶,公交车的集簇状态已不存在。

接下来分析采用港湾式停靠系统与采用非港湾式停靠系统之间的异同。当车流密度很小,即 $\rho<\rho_1$ 时,两种停靠方式的系统流量大致相同,考虑道路条件的限制,设置非港湾式停靠站是最优的选择。当车流密度不是很小时,即 $\rho_1<\rho<\rho_2$ 时,港湾式停靠系统流量明显高于非港湾式停靠系统流量,此时,设置港湾式停靠站是最优的选择。此外,从图 5-2 还可以看出 $\rho_1'>\rho_1,\rho_2>\rho_2',\rho_3>\rho_3'$。$\rho_1'>\rho_1$ 表明采用港湾式停靠系统时,左车道保持自由流的密度区域要比采用非港湾式停靠系统时大。从时空图的比较可以看出,在相同密度下,采用港湾式停靠站的系统车流行驶状况明显好于采用非港湾式停靠站的系统。

图 5-3b) 所取密度在 ρ_1 和 ρ'_1 之间,此时非港湾式停靠系统中右车道上公交车虽然还保持集簇现象,但是在集簇公交车上游的小汽车存在局部拥堵,并且对应位置的左车道也存在这种局部拥堵,而港湾式停靠系统左右车道车辆都处于自由流状态,右车道公交车呈现集簇现象;$\rho_2 > \rho'_2$ 表示港湾式停靠系统要比非港湾式停靠系统早到达系统的最大流量;$\rho_3 > \rho'_3$ 表示港湾式停靠系统比非港湾式停靠系统更早达到左右车道与系统流量、速度的重合,进一步体现了港湾式停靠系统的优越性。此外,当 $\rho < \rho_3(\rho'_3)$ 时,两种停靠方式的系统中左车道的流量、速度都大于右车道的流量、速度。但是采用港湾式停靠站的系统左右车道流量、速度的差异明显小于采用非港湾式停靠站的系统,也就是说,港湾式停靠站在一定程度上缩小了左右车道行驶条件的差距,不但提高了系统的流量,而且平衡了左右车道的行驶条件。

图 5-4a) 为道路系统中右车道上系统车辆的占有率-密度关系图,图 5-4b) 为道路系统中公交车和小汽车在右车道上的占有率-密度关系图,R 表示右车道上车辆占有率。由图 5-4a) 可以看出,不管是港湾式停靠系统还是非港湾式停靠系统,右车道上系统车辆占有率都有快速下降和快速上升的阶段。图 5-4b) 显示,随着密度的增加,小汽车的右车道占有率增大,而公交车的右道占有率减小。当密度较小时,公交车大部分在右车道上行驶,小汽车大部分在左车道上行驶。模拟时假定系统中公交车数 $N=50$,密度 $\rho=0.018$,道路上车辆全部为公交车,所以此时右车道上车辆占有率大,随着密度的增加,小汽车越来越多,其为躲避公交车停站的干扰而趋向左车道行驶,右车道上车辆占有率降低。当密度 ρ 大于 0.06 后,随着车辆的增多,左车道行驶条件有限,小汽车会开始考虑换至右车道行驶,右车道上车辆占有率随之开始快速增长,直到达到某一特定密度值时停止。该密度值对应图 5-2 中系统流量达到最大的密度值 ρ_2 和 ρ'_2。当密度 ρ 处于 0.06 到 $\rho_2(\rho'_2)$ 时,港湾式停靠系统右车道上车辆占有率小于非港湾式停靠系统,从图 5-3c) 可以看出,港湾式停靠系统左车道行驶条件明显好于非港湾式停靠系统左车道的行驶条件,所以前者系统中有更多的车辆选择左车道行驶,这也是图 5-4a) 中港湾式停靠系统右车道上车辆占有率低的原因。当密度 ρ 大于 $\rho_2(\rho'_2)$ 后,港湾式停靠系统右车道上车辆占有率缓慢上升,逐步趋向于左右车道车辆平衡,而非港湾式停靠系统因为其存在停靠站对右车道的影响,导致右车道上车辆占有率要低于港湾式停靠系统。

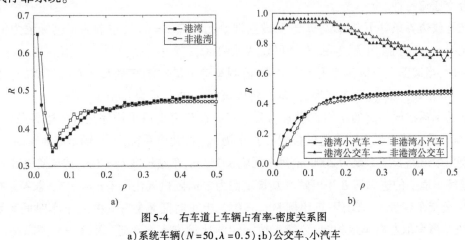

图 5-4 右车道上车辆占有率-密度关系图
a) 系统车辆 ($N=50, \lambda=0.5$);b) 公交车、小汽车

图5-5为公交车数目对系统流量的影响。假定乘客的到达率比较高,取$\lambda=1$,此时公交车基本上处于满载状态。由模拟结果可以看出,在不同的公交车数目的情况下,采用港湾式停靠系统流量比采用非港湾式停靠系统流量高。即在相同条件下,港湾式停靠系统较非港湾式停靠系统的流量高,道路车辆行驶效率高。而且对于采用非港湾式停靠站的系统,随着公交车数目的增加,最大流量及附近密度区域的流量明显下降。而对于采用港湾式停靠站的系统,自由流分支向右偏移,系统最大流量只略微降低。因此,采用港湾式停靠站的双车道系统可以容纳更多的公交车在道路上行驶,而不会对车流造成太大影响。然而采用非港湾式停靠站的双车道系统,公交车数量的增多,会导致公交车辆集簇,停靠站处的车辆排队,影响两条车道上的小汽车的正常通行,对整个系统的车辆运行产生了较大影响。

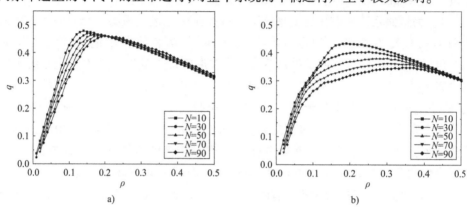

图5-5 公交车数目对系统流量的影响($\lambda=1$)
a)港湾式停靠系统流量-密度关系图;b)非港湾式停靠系统流量-密度关系图

5.3.2 开放边界条件下的模拟分析

现实中的公交车是按一定的时间间隔发车的,每辆公交车均为空车发车,而到达终点站时,所有的乘客全部下车。周期性边界条件一般作为理论探讨的一种边界条件,很难模拟出公交线路运行的这一特性。因而,本小节采用开放边界条件,进一步模拟分析公交线路影响下混合交通流特性。

在开放边界条件下,假设各车道上最左端单元对应$x=0$,最左端的车辆标记为x_{last},入口段包括$v_{\max}$个元胞,也就是说,车辆可以从元胞$(0,1,2,\cdots,v_{\max})$进入车道。在$t\sim t+1$的时间步内,当道路上车辆位置更新完成后,监测车道上最左端车辆及最右端车辆的位置x_{last}和x_{lead},如果$x_{\text{last}}>v_{\max}$,则速度为$v_{\max}$的车将以概率α进入元胞$\min(x_{\text{last}}-v_{\max},v_{\max})$,所有进入道路的车辆按照一定的比例$R$设置为公交车。在车道出口采用完全开放边界条件,即当$x_{\text{lead}}>L$(L是道路上最右边元胞的位置)时,车辆x_{lead}将驶出系统,下一辆车成为新的头车。

模拟中道路长度L设为2000 m,每个元胞长7.5 m,车站长度$L_s=1$ m,特殊换道区域$L_h=5$ m,港湾车道上的进站区L_i和出站区L_o长度都为2 m,随机慢化概率p取0.3。取停靠站数目$N_s=30$,公交车容量$M=80$,下车比例$P_{\text{getoff}}=0.2$,上车时间系数$\gamma=0.5$,下车时间系数$\delta=0.3$。进车概率取左右车道相同,公交车按一定的比例进入右车道,因第一个停靠站位于右车道,所以左车道只进小汽车。初始状态为:两个车道上车辆数目相同,车辆分别随机分布在两个车道上,公交车和车站上均没有乘客。

图5-6分析了当 $R=0.3$ 时,两种停靠方式下的道路系统及左右车道流量的关系。当 $\alpha \leq \alpha_c(\alpha_c')$ 时,系统及左右车道的流量都处于上升的趋势,车辆处于自由流状态,如图5-7a)所示;当 $\alpha > \alpha_c(\alpha_c')$ 后,系统及左右车道流量都达到最大值。港湾式停靠系统流量保持最大值不变,而非港湾式停靠系统流量稍有下降,造成该现象的原因将在图5-8中分析。

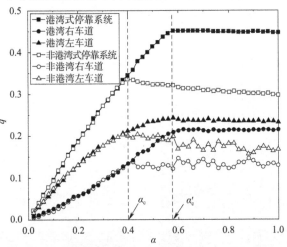

图5-6 两种停靠方式道路系统流量图($R=0.3, \lambda=0.5$)

接下来对比两种停靠方式的异同,从图5-6可以看到 $\alpha_c' > \alpha_c$,也就是说,港湾式停靠系统要比非港湾式停靠系统的临界进车概率大。当 $\alpha_c < \alpha < \alpha_c'$ 时,港湾式停靠系统为自由流状态,而非港湾式停靠系统为拥挤流状态,说明港湾式停靠系统保持自由流的密度区域大;当 $\alpha > \alpha_c$ 时,港湾式停靠系统及左右车道的流量明显高于非港湾式停靠系统及左右车道的流量,而且右车道流量提高的幅度大于左车道,说明港湾式停靠站可以有效减弱公交车停站对右车道车辆运行的干扰。从图5-6还可以看到,当 $\alpha > \alpha_c$ 时,港湾式停靠系统左右车道的流量轨迹要比非港湾式停靠系统左右车道的流量轨迹平稳,说明港湾式停靠站道路上的车辆运行更顺畅、有序。当 $\alpha > \alpha_c'$ 时,两种停靠方式的道路系统流量都达到饱和,局部道路都会出现拥堵,如图5-7d)所示。从图5-7d)中还可以看到,非港湾式停靠站位置上的拥堵要比港湾式停靠站更严重,所以该进车概率条件下,港湾式停靠系统交通运行更顺畅。

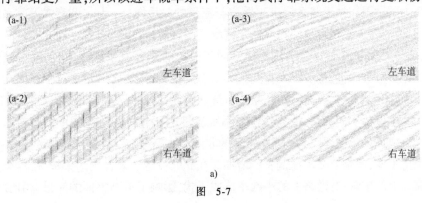

图 5-7

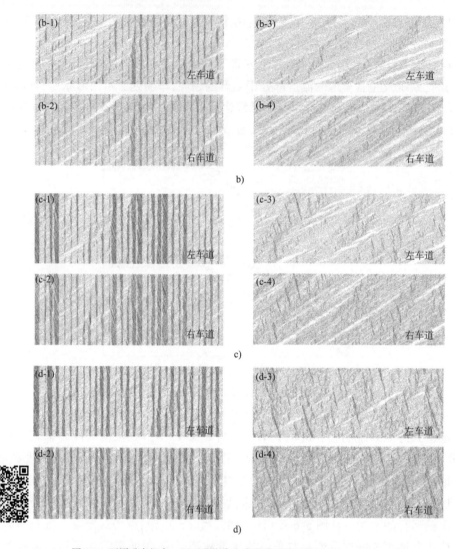

图 5-7 不同进车概率 α 下两种停靠方式道路系统时空图 ($R=0.3, \lambda=0.5$)

注:a)~d)分别对应 α 为 0.15,0.4,0.5,0.6。(x-1)表示非港湾停靠系统左车道;(x-2)表示非港湾停靠系统右车道;(x-3)表示港湾停靠系统左车道;(x-4)表示港湾停靠系统右车道。其中 x 为 a,b,c,d。从左向右为车辆行驶方向,从下到上为时间增长方向,黑色表示小汽车,红色表示公交车。(扫二维码可看彩色图)

图 5-8 为两种停靠站道路系统进车概率与流量的关系图,α_c 为非港湾式停靠系统的临界进车概率,α'_c 为港湾式停靠系统的临界进车概率。可以看出,当公交车比例 $R=0$ 时,道路上没有公交车,两种停靠方式下的道路系统都等同于简单的双车道系统,两种情况下流量轨迹相同。当 $\alpha \leq \alpha_c(\alpha'_c)$ 时,流量逐步增大直到饱和状态。在该区域内,道路系统中车辆为自由流状态,如图 5-7a)所示。当 $\alpha > \alpha_c(\alpha'_c)$ 时,系统流量达到饱和;从图 5-8 看出,港湾式停靠系统流量达到饱和后基本保持不变,而非港湾式停靠系统流量达到饱和后随着进车概率的增加会有略微的下降。造成该现象的原因为图 5-9 显示的非港湾式停靠系统流量达到饱和后,系统中车辆总数基本保持不变,但是公交车比例有所增加。在此处设定的乘客到达率情况下,公交车在非港湾式停靠站上的排队,对道路上的小汽车造成干扰,影响了道路整体的流量,相比之下,港湾

式停靠站上公交车的停站对道路上车辆影响很小,所以港湾式停靠系统流量达到饱和后保持不变。这也说明港湾式停靠站能够允许更多的公交车停站,并且不会影响系统的饱和流量。此外,从图5-9还可以看出非港湾式停靠系统中车辆数和公交车数都要比港湾式停靠系统多,即非港湾式停靠系统中车辆运行不够顺畅,不能及时驶出。

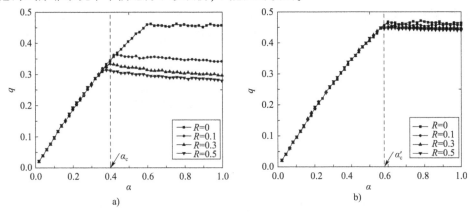

图5-8 不同的公交车比例下进车概率 α 与流量 q 关系图($\lambda=0.5$)
a)非港湾式停靠系统;b)港湾式停靠系统

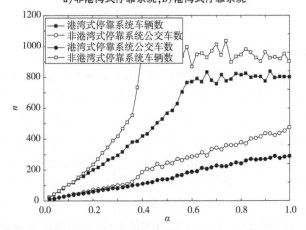

图5-9 进车概率 α 与系统中车辆数、公交车数 n 的关系($R=0.3,\lambda=0.5$)

随着公交车比例增加,港湾式停靠系统临界值 α_c' 变化不大,饱和流量稍有下降,但下降幅度较小,如图5-8b)所示。而非港湾式停靠系统中,随着公交车比例的增大,临界值 α_c 明显减小,且饱和流量显著降低,如图5-8a)所示。也就是说,在相同的进车概率和公交车比例条件下,港湾式停靠系统较非港湾式停靠系统可以更有效地提高道路的流量,且公交车数目的增多不会严重影响车辆运行。

此外,从图5-8中还可以看到,当进车概率 $\alpha \leq \alpha_c(\alpha_c')$ [$\alpha_c(\alpha_c')$的值视公交车比例而定]时,两种停靠方式下道路系统流量的差别不大,但随着进车概率的增大,港湾式停靠系统相较于非港湾式停靠系统可以显著提高道路系统的流量,减小公交停站对道路交通流的影响。所以,在一定的公交车比例情况下,如果 $\alpha > \alpha_c(\alpha_c')$,则港湾式停靠站为最优的停靠方式;但是,当 $\alpha \leq \alpha_c(\alpha_c')$ 时,非港湾式停靠站足以满足交通需求。

图5-8b)所示的港湾式停靠系统中,随着公交车比例的增加,系统流量没有明显的降低,即$\lambda=0.5$时,公交车的增多对港湾式停靠系统的影响不大,港湾车道可以处理较多的公交车,使其及时驶出道路系统,不产生大的拥堵,不影响系统的流量。图5-10中给出了$\lambda=1$时不同公交车比例条件下的流量图,比较图5-8和图5-10可以看到,$\lambda=1$时,随着公交车比例的增大,系统流量下降得比较明显,即当车站上等待的乘客很多时,公交车的停靠时间增加,排队时间随之变长。随着道路系统中公交车的比例增多,系统流量相对于$\lambda=0.5$时更低。

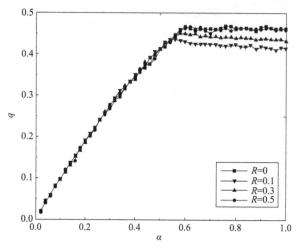

图5-10 港湾式停靠系统中不同的公交车比例下进车概率与流量关系图($\lambda=1$)

图5-11为进车概率α分别为0.2、0.4、0.6的情况下,公交车比例与系统流量之间的关系图。当进车概率很小,即$\alpha=0.2$时,停靠方式对系统的流量影响不大,如图5-7a)所示;当$\alpha=0.4$时,非港湾式停靠系统流量明显小于港湾式停靠系统流量,且随着公交车比例的增加,流量差距逐步增大(当$R<0.2$时,两类系统的流量无明显差异,随着R进一步增大,二者之间的差异才显现出来,并逐渐增大);当$\alpha=0.6$时,首先,港湾式停靠系统流量显著高于非港湾式停靠系统流量,此外,非港湾式停靠系统中,当$R<0.18$时,$\alpha=0.6$时的流量稍大于$\alpha=0.4$时的流量,但是随着R增大,$\alpha=0.6$时的流量反而要小于$\alpha=0.4$时的流量,出现这种情况是因为车辆的增多和公交车的停站对道路上车辆的干扰造成局部拥堵,降低了系统的流量。而港湾式停靠系统中,公交车的停站对道路上车辆干扰小,$\alpha=0.6$时的系统流量高于$\alpha=0.4$时的系统流量,但是随着公交车比例的增大,流量稍有下降。因为当公交车过多时,公交车排队长度大于港湾车道的长度,公交车只能占用右车道排队,此时的港湾式停靠站等同于非港湾式停靠站,会对道路上的车辆产生干扰,造成局部拥堵,进而导致整个道路系统流量的降低。

图5-12为$R=0.3$的情况下,不同乘客到达率情况下进车概率与流量的关系图。当α大于临界进车概率时,港湾式停靠系统的饱和流量明显高于非港湾式停靠系统。随着到达率的增大,非港湾式停靠系统饱和流量随之下降,但是港湾式停靠系统饱和流量几乎保持不变。乘客到达率增大,公交车在车站停靠的时间也会增多,停靠时间越长,对道路上车辆的影响越大,尤其是非港湾式停靠站中,道路上排队的公交车会造成局部拥堵,进而降低系统的总流量,而

港湾式停靠站的港湾车道可以容纳一部分排队的公交车,在该公交车比例的道路情况下,公交车停站时间的增加对系统总流量没有较大影响。所以在相同的道路条件下,港湾式停靠系统优于非港湾式停靠系统,可以满足更多的乘客需求,而不会降低道路整体的流量。

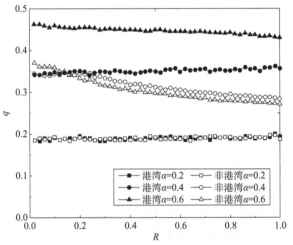

图 5-11 两种停靠系统下公交车比例与流量关系图($\lambda=0.5$)

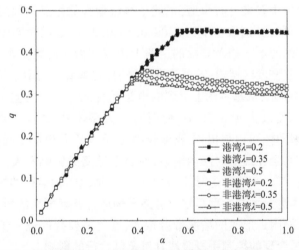

图 5-12 不同乘客到达率 λ 情况下进车概率与流量关系图($R=0.3$)

5.4 停靠站客流不均衡对公交线路运行特性的影响分析

本节进一步考虑了实际公交线路中不同公交车站客流量不均衡特征,同样采用元胞自动机仿真的方法,更深入地探索公交线路对道路混合交通流的影响。与前面相似,本节分别采用周期边界和开放边界两种边界条件进行仿真模拟。

本节采用本章提出的元胞自动机模型,并假设道路系统中某个公交车站(设置为客流量大的大型车站)的乘客到达率及下车概率不同于其他车站,研究分析该因素影响下的道路系统的交通流特性及车辆演化机理。

5.4.1 周期边界条件下的模拟分析

在周期边界条件下,道路长度 $L=2000$ m,每个元胞长 7.5 m,车站长度 $L_s=1$ m,特殊换道区域 $L_h=5$ m,港湾车道上的进站区 L_i 和出站区 L_o 长度都为 2 m,随机慢化概率 p 取 0.3,公交车数目 $N=50$,停靠站数目 $N_s=30$,公交车容量 $M=80$,下车比例 $P_{getoff}=0.2$,每个时间步所有车站的乘客到达率 $\lambda=0.5$,上车时间系数 $\gamma=0.5$,下车时间系数 $\delta=0.3$。假设第 15 个车站为客流量大的大型车站,该站每个时间步所有车站的乘客到达率 $\lambda=1$,下车比例取 $P_{getoff}=0.4$。初始状态为:两个车道上车辆数目相同,车辆分别随机分布在两个车道上,公交车和车站上均没有乘客。

图 5-13 为周期边界条件下的非港湾式停靠系统客流均衡(无大站)和客流不均衡(有大站)两种情况下流量-密度关系图。可以看出,当密度小于 0.06 时,车辆基本处于自由流状态,如图 5-14a)所示,大型车站对系统的流量影响不大,基本上可以忽略不计。随着密度的增加,当密度处于 0.06~0.35 区间时,大型车站对系统的影响逐步显露出来,没有大型车站的情况下,不管是系统流量还是左右车道的流量都要大一点。分别比较两种情况下左车道、右车道、系统流量的差异,可以看到,左车道流量差异明显小于系统流量和右车道流量的差异。这说明系统的差异主要来自右车道,也就是客流量大的停靠站周围的交通环境导致整个右车道流量显著降低。分别取密度为 0.06、0.13、0.2、0.38 的时空图。从图 5-14b)可以看出客流量大的停靠站使本来相对自由的道路上出现了微小的堵塞带,在左车道的相同位置也出现了堵塞。在该密度区域内,随着密度的增加,右车道上大型车站位置的堵塞带越来越大,如图 5-14c)、d)所示,从基本图上看到的也是系统流量之间的差距越来越大。之后流量差距逐步缩小,直至密度大于 0.35 后,此时有无大型车站,道路上都处于拥堵状态,如图 5-14e)所示。综上所述,可以得出,在密度较小时,车辆有足够的空间行驶,大型车站位置公交车停靠造成的拥堵会在最短时间内消散,对整个道路的影响不大;当密度相对大时,道路本身已经处于拥堵状态,车辆时走时停,大型车站对道路车辆运行的影响不是很明显。但是在中间密度区域,客流量大的大型车站对道路车辆运行有着很大的影响,在密度影响范围内,密度越大,大型车站附近形成的堵塞带就越大,这就需要我们进一步寻找解决大型车站附近拥堵的方法,通过合理的控制手段缓解其对车辆运行的影响。

从图 5-15 可以看出,两种停靠方式的道路系统中,在设置客流量大的大型车站的情况下,港湾式停靠系统的流量要大于非港湾式停靠系统的流量,与图 5-13 对比,可以看出没有设置大型车站时,两种停靠方式的系统流量差异相对较小,也就是说客流不均衡,即存在大型车站时,港湾式停靠系统的优势更加明显。在密度较小时,二者流量的差异不大,基本上两种情况下的道路车辆都处于自由流状态,如图 5-14a)所示。随着密度逐渐增加,两种停靠方式的流量出现差异,不论左车道流量、右车道流量还是系统流量,港湾式停靠系统都要比非港湾式停靠系统大很多。取密度为 0.06 的时空图,如图 5-14b)所示,可以看到,非港湾式停靠系统中客流量大的车站位置处出现堵塞带,而港湾式停靠系统中的车辆基本上还处于自由流状态,大型车站对车辆几乎没有影响。当密度继续增大,直至流量达到最大值时,这一过程中,两种停靠方式下的流量差异逐步扩大,当流量达到最大时,两者的流量差距也达到最大值。取密度为 0.13 和 0.2 的时空图,如图 5-14c)、d)所示,可以明显看到,非港湾式停靠系统中大型车站处有明显的堵塞带,且随着密度的增大,堵塞范围也随之增大,而港湾式停靠系统中却没有明显的堵塞带,只在局部位置有微小的窄堵塞。由此可见,设置港湾式停靠站可以有效缓解公交车在客流量大的大型车站附近停站时间长而引起的拥堵。当密度进一步增大后,各车道流量差距逐渐变小,港湾式停靠系统的优势也不再明显,堵塞充斥整个车道,如图 5-14e)所示。

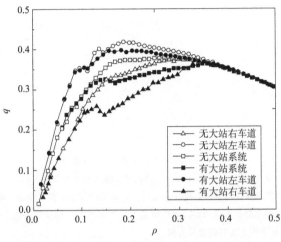

图 5-13 非港湾式停靠系统流量-密度关系图($R=0.3$)

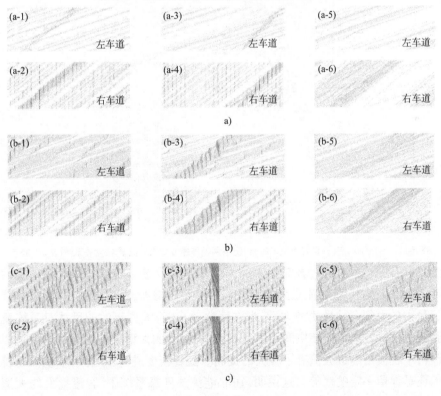

图 5-14

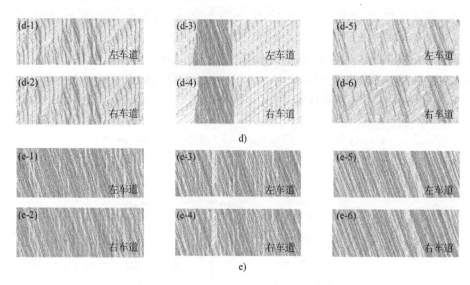

图 5-14 不同密度条件下的时空图（$R=0.3$）

注：a)~e)分别对应密度 0.025,0.06,0.13,0.2,0.38。(x-1)表示非港湾停靠系统左车道；(x-2)表示非港湾停靠系统右车道；(x-3)表示设置了大型车站的非港湾停靠系统左车道；(x-4)表示设置了大型车站的非港湾停靠系统右车道；(x-5)表示设置了大型车站的港湾停靠系统左车道；(x-6)表示设置了大型车站的港湾停靠系统右车道。其中 x 为 a,b,c,d,e。从左向右为车辆行驶方向，从下到上为时间增长方向。

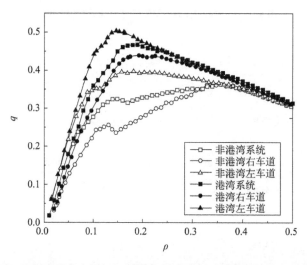

图 5-15 客流不均衡（即设置大型车站）情况下两种停靠方式系统流量-密度关系图（$R=0.3$）

从上面的叙述中可以得出，客流量大的大型车站的设置对非港湾式停靠系统的流量影响比较大。在图 5-16 中，将客流量大的大型车站尺寸 d 增加，可以看到，非港湾式停靠系统中，在客流量大的大型车站尺寸加大后，当密度比较小时，大型车站的尺寸对系统流量没有影响。随着密度的增加，尤其在中间密度区域，客流量大的大型车站的尺寸增加可以显著提高系统流量，系统流量的最大值有了很大的提高。随着密度进一步增大，系统流量提高值逐渐变小，但还是保留一定的优势。这说明，在非港湾式停靠系统中，客流量大的大型车站会造成道路的局部拥堵，因而系统流量降低这一问题可以通过增加停靠站的尺寸来缓解；增加停靠站的尺寸,可以使等待停站的公交车排队长度降低,也减少了排队公交车对社会车辆的影响。而在港湾式停靠站中,因为其特有的港湾车道,即便设置客流量大的大型车站,车站本身并不会对系统流量有过大影响。

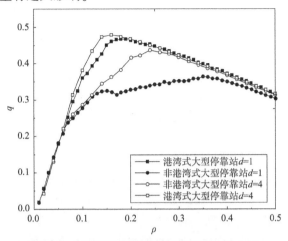

图 5-16　大型车站尺寸对系统流量的影响($R=0.3$)

5.4.2　开放边界条件下的模拟分析

在开放边界条件下,道路长度 $L=2000$ m,每个元胞长 7.5 m,车站长度 $L_s=1$ m,特殊换道区域 $L_h=5$ m,港湾车道上的进站区 L_i 和出站区 L_o 长度都为 2 m,随机慢化概率 p 取 0.3,公交车数目 $N=50$,停靠站数目 $N_s=30$,公交车容量 $M=80$,下车比例 $P_{getoff}=0.2$,每个时间步所有车站乘客到达率 $\lambda=0.5$,上车时间系数 $\gamma=0.5$,下车时间系数 $\delta=0.3$。假设第 15 个车站为大型车站,该站每个时间步所有车站的乘客到达率 $\lambda=1$,下车比例取 $P_{getoff}=0.4$。初始状态为:两个车道上车辆数目相同,车辆分别随机分布在两个车道上,公交车和车站上均没有乘客。

图 5-17 为两种停靠方式下设置大站时公交车比例对流量的影响,可以看到,在设置有客流量大的大型车站时,总体上港湾式停靠系统的饱和流量明显比非港湾式停靠系统的饱和流量大,且达到饱和流量的进车概率也大。在系统达到饱和流量之前,车辆都是保持自由流状态行驶的,港湾式停靠系统达到饱和流量更晚,所以,港湾式停靠系统中的车辆保持自由流进车概率区域大,车辆行驶相对更顺畅。

比较两种停靠方式的系统流量,可以看到当 $R=0$,即道路都相当于简单的双车道交通流时,不存在公交车停站现象,此时两者的进车概率-流量轨迹是相同的。随着公交车比例的增大,非港湾式停靠系统的饱和流量及达到饱和流量的临界进车概率降低;可见,非港湾式停靠系统中,大型车站对整个系统的流量影响很大,不仅降低饱和流量值,同时也缩小了自由流的进车概率范围。而对于港湾式停靠系统,可以看出,公交车比例在 0 到 0.5 的变化范围内,其系统的饱和流量及达到饱和流量的临界进车概率都没有大的变化,基本上保持不变。也就是说,公交车的比例变大,对港湾式停靠系统中车辆的运行没有太大影响,大型车站附近排队的公交车造成的延误,没有对整个系统的流量造成严重影响,港湾式停靠站有效缓解了大型车站对道路系统的干扰。

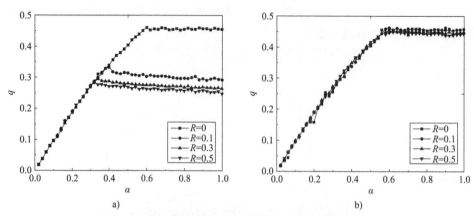

图5-17 不同公交车比例时的进车概率与流量关系图($\lambda=0.5$)
a)非港湾式停靠系统；b)港湾式停靠系统

图5-18a)是非港湾式停靠系统中公交车比例为0.3时,系统及左右车道的流量图,从图中可以看到,非港湾式停靠系统中大型车站的设置,对系统流量及左右车道流量都有一定的影响,各车道及系统的饱和流量都有一定幅度的下降,即设置在右车道的大型车站,上下车的乘客比较多,公交车等候时间过长,阻挡了后面车辆的行驶,从而引起右车道拥堵,而部分换到左车道的车辆又会影响左车道车辆的正常行驶,继而引起整个系统流量的下降。而图5-18b)显示的港湾式停靠系统的流量图中,大型停靠站的设置对系统及左右车道的流量几乎没有影响,流量轨迹几乎重合。从右车道的流量轨迹中可以看到,大型车站的设置对右车道的流量基本没有影响,也就是说,港湾式停靠站有效缓解了由大型车站引起的拥堵,没有对该车道其他车辆的行驶产生严重影响,因而也就没有对整个系统的车辆运行产生大的影响。

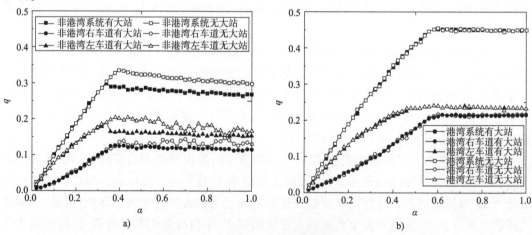

图5-18 两种停靠系统有无大站情况下进车概率与流量关系图($R=0.3,\lambda=0.5$)
a)非港湾式停靠系统；b)港湾式停靠系统

从上面的分析可得,港湾式停靠系统中,客流量大的大型车站的设置对流量的影响很小,港湾车道的设置可以很好地缓解大型车站引起的拥堵,而非港湾式停靠系统中的大型车站的设置对系统流量影响很大。下面就非港湾式停靠系统中的大型车站的不同尺寸进行模拟,分析其对系统流量的影响。

图 5-19 中对非港湾式停靠系统中设置的客流量大的大型车站的尺寸因素进行分析,可以看出,当停靠站尺寸 $d=4$ 时,系统的饱和流量有了明显的增大,且临界进车概率也有所增大。这说明在开放边界条件下的非港湾式停靠系统中,客流量大的大型车站上,公交车停站时间长而造成局部拥堵,进而影响整个系统的流量问题,可以通过加大停靠站的尺寸来解决。加大了停靠站的尺寸,车站可以同时容纳几辆公交车停站,车站上游排队的车辆就会减少,对车道上其他车辆的影响就会降低,就能缓解该大型车站附近的拥堵,进而提高系统的流量。

从图 5-20 可以看出,港湾式停靠系统中,客流量大的大型车站尺寸的大小对系统的流量影响很小。因为在港湾式停靠系统中,大型车站的设置本身就没有降低系统的流量,如图 5-18b)所示,所以大型车站尺寸的加大对流量的提高没有明显作用。

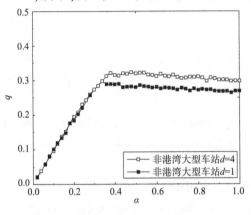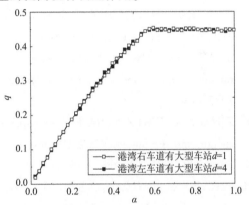

图 5-19 非港湾式停靠系统下大型车站尺寸对系统流量的影响($R=0.3, \lambda=0.5$)

图 5-20 港湾式停靠系统下大型车站尺寸对系统流量的影响($R=0.3, \lambda=0.5$)

5.5 本章小结

随着机动车数量的急剧增长,由此产生的城市交通拥堵问题不仅引发了一系列严峻的社会和环境问题,而且制约了经济发展,越来越多的城市开始倡导公交优先。随之,为了掌握公交线路中各种交通现象的本质,各国学者提出了各种公交线路系统模型。本章在现有公交线路元胞自动机模型的基础上,提出了更符合实际交通情况的公交线路模型,并进行了相应的数值模拟与分析;对停靠站的设置方式进行了细致的分析研究,并描述了客流量大的大型车站对整个公交线路的影响,探讨了公交车站这一瓶颈对公交线路中车辆运行的影响,分析得出,通过合理设置停靠站类型可以减少拥堵,提高系统流量。

本章参考文献

[1] NAGATANI T. Kinetic clustering and jamming transition in a car-following model for bus

route[J]. Physica A:statistical mechanics and its applications,2000,287(1-2):302-312.

[2] HUIJBERTS H J C. Analysis of a continuous car-following model for a bus route: existence, stability and bifurcations of synchronous motions[J]. Physica A:statistical mechanics and its applications,2002,308(1-4):489-517.

[3] NAGATANI T. Bunching transition in a time-headway model of a bus route[J]. Physical review E,2001,63(3 Pt 2):036115.

[4] NAGATANI T. Interaction between buses and passengers on a bus route[J]. Physica A:statistical mechanics and its applications,2001,296:(1-2) 320-330.

[5] LOAN O J O,EVANS M R,CATES M E. Jamming transition in a homogeneous one-dimensional system: the bus route model[J]. Physical review E,1998,58(2):1404-1418.

[6] CHOWDHURY D,SANTEN L,SCHADSCHNEIDER A. Statistical physics of vehicular traffic and some related system[J]. Physics reports,2000,329(4-6):199-329.

[7] JIANG R,HU M B JIA B,et al. Realistic bus route model considering the capacity of the bus[J]. The European physical journal B,2003,34(3):367-372.

[8] YUAN Y M,JIANG R,WU Q S,et al. Traffic behavior in a two-lane system consisting of a mixture of buses and cars[J]. International journal of modern physics C,2007,18(12):1925-1938.

[9] ZHAO X M,GAO Z Y,JIA B. The capacity drop caused by the combined effect of the intersection and the bus stop in a CA model[J]. Physica A:statistical mechanics and its applications,2007,385(2):645-658.

[10] ZHAO X M,GAO Z Y,LI K P. The capacity of two neighbor intersection considering the influence of the bus stop[J]. Physica A:statistical mechanics and its applications,2008,387(18):4649-4656.

[11] 钱勇生,汪海龙,王春雷.考虑公交港湾式停靠的多速混合城市交通流元胞自动机模型研究[J].物理学报,2008(4):2115-2121.

[12] 李庆定,董力耘,戴世强.公交车停靠诱发交通瓶颈的元胞自动机模拟[J].物理学报,2009,58(11):7584-7590.

[13] 贾斌,李新刚,姜锐,等.公交车站对交通流影响模拟分析[J].物理学报,2009,58(10):6845-6851.

第 6 章 多模式交通系统的超网络模型与路径

6.1 概　　述

网络是从某种相同类型的实际问题中抽象出来的模型,表示诸多对象及其相互关系,由若干节点和连接这些节点的链路构成,主要用于描述各种社会结构、物理结构和信息结构。在数学上,网络表示为一种图,一般专指加权图,在节点或连线旁标出的数值,称为点权或线权。如果节点之间的连接是有方向的,即用带箭头的连接表示从一个节点到另一个节点的某种顺序关系,则将其称为有向网络。除了数学定义外,网络还有具体的物理含义,例如,交通网络描述的是交通量的流动或移动,这里所说的交通量可以是人、车辆、货物等的交通量。

网络是交通系统分析的基础条件,比较简单的交通网络为星状网络,如铁路网、航空网等。在这种网络中,有很多起点和终点,但在起点和终点之间不存在复杂的路径问题。另一种交通网络是格状网络,如城市交通网。在这种网络中,不仅有很多起点和终点,而且在每一对起点和终点之间都存在多条物理路径,网络规模越大,起点和终点之间的路径数目就越多。

单模式交通网络描述的是交通系统中单一交通方式的节点及连接关系。通常,网络中的节点可表示交通小区、车站、交叉口等,连接弧表示节点之间某一交通方式车辆通行的道路,也称为路段。多模式交通网络是一种更为复杂的网络,是一个包括多种交通子网在内的、有规则叠加的复合网络系统,采用简单的单模式网络模型无法描述多模式交通系统的结构特征。

国内外一些学者对多模式交通网络建模进行了一些相关研究,例如,Mainguenaud(1995),Jung 和 Pramanik(2002),熊丽音等(2008),吴信才等(2008)基于地理信息系统(GIS)或者数据存储模型构建了多模式交通网络,由于没有考虑多模式 O-D 出行的特征,这些模型较难应用于多模式交通网络的流量分析问题中。近些年来,超网络理论被广泛应用于处理具有复杂结构的网络系统中,麻省理工学院的 Sheffi 教授(1985)最早在其专著中引入超网络的概念,而美国科学家 Nagurney(2002)则将超网络理论应用在处理供应链系统以及知识管理等问题上,定义超网络为"高于而又超于现存网络(above and beyond existing networks)的网络",使其意义开始明确。国内的王志平和王众托(2008)则将目前国内外关于超网络理论和相关应用的研究成果进行了归纳和梳理,使超网络理论更加系统化,并将超网络定义为节点众多、网络套着网络的多层、多级、具有多属性和多目标的网络。超网络理论主要应用在供应链系统(雷延军和李向阳,2006)、知识管理(席运江等,2009;张兵,2014)以及社会关系网络(沈秋英和王文平,2009)等方面,在交通系统中的研究还不是很多。

6.2 单模式交通网络

图 6-1 表示一个简单的单模式交通网络,在这个网络中,有 1 个起点 A 和 1 个终点 B,14 条路段,9 个道路节点和 2 个小区节点。

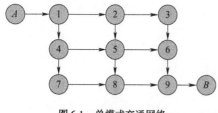

图 6-1 单模式交通网络

在交通网络中,路径表示从起点到终点的一系列节点以及连接这些节点的路段的集合。例如,在图 6-1 所示的交通网络中,从起点 A 到终点 B 之间存在多条路径,这些路径可表示为 $A→1→2→3→6→9→B$、$A→1→4→7→8→9→B$、$A→1→4→5→6→9→B$ 等。

在对交通系统进行分析时,需要把交通网络转化为数学模型,最常用的方法是关联矩阵法。关联矩阵一般是二维矩阵或三维矩阵,表示交通网络中不同元素之间的关联关系。在交通网络中,主要包括以下几种关联矩阵。

(1) 关联矩阵 A,表示节点与节点之间的关系。当交通网络中每条路段都是双向连接时,对应的关联矩阵是对称矩阵。一个具有 n 个节点的交通网络,其节点与节点之间关联矩阵的元素个数是 $n×n$ 个。关联矩阵 A 表示如下:

$$A = \begin{bmatrix} a_{11} & a_{12} & \cdots & a_{1n} \\ a_{21} & a_{22} & \cdots & a_{2n} \\ \vdots & \vdots & & \vdots \\ a_{n1} & a_{n2} & \cdots & a_{nn} \end{bmatrix} \tag{6-1}$$

矩阵 A 中的元素为:

$$a_{ij} = \begin{cases} 1, & \text{节点 } i \text{ 与 } j \text{ 之间存在连接} \\ 0, & \text{否则} \end{cases} \tag{6-2}$$

(2) 关联矩阵 E,表示节点和路段之间的关联关系。一个有 n 个节点、m 条路段的交通网络,关联矩阵 E 中的元素个数是 $n×m$ 个。关联矩阵 E 可表示为:

$$E = \begin{bmatrix} e_{11} & e_{12} & \cdots & e_{1m} \\ e_{21} & e_{22} & \cdots & e_{2m} \\ \vdots & \vdots & & \vdots \\ e_{n1} & e_{n2} & \cdots & e_{nm} \end{bmatrix} \tag{6-3}$$

矩阵 E 中的元素为:

$$e_{ia} = \begin{cases} 1, & \text{节点 } i \text{ 在路段 } a \text{ 的末端} \\ -1, & \text{节点 } i \text{ 在路段 } a \text{ 的始端} \\ 0, & \text{否则} \end{cases} \tag{6-4}$$

(3) 关联矩阵 B,表示 O-D 对与路径之间的关联关系。假定在一个交通网络中,有 w 个 O-D 对和 p 条路径,则关联矩阵 B 中的元素个数为 $w×p$。关联矩阵 B 可表示为:

$$B = \begin{bmatrix} v_{11} & v_{12} & \cdots & v_{1p} \\ v_{21} & v_{22} & \cdots & v_{2p} \\ \vdots & \vdots & & \vdots \\ v_{w1} & v_{w2} & \cdots & v_{wp} \end{bmatrix} \quad (6\text{-}5)$$

关联矩阵 B 中的元素为：

$$v_k^{rs} = \begin{cases} 1, & \text{路径 } k \text{ 连接 O-D 对 } rs \\ 0, & \text{否则} \end{cases} \quad (6\text{-}6)$$

(4) 关联矩阵 Δ，表示路段与路径之间的关联关系，这个关联矩阵在交通网络分析中是最常用的。对于一个有 m 条路段和 p 条路径的交通网络来说，关联矩阵 Δ 中的元素个数为 $m \times p$。关联矩阵 Δ 表示如下：

$$\Delta = \begin{bmatrix} \delta_{11} & \delta_{12} & \cdots & \delta_{1p} \\ \delta_{12} & \delta_{22} & \cdots & \delta_{2p} \\ \vdots & \vdots & & \vdots \\ \delta_{m1} & \delta_{m2} & \cdots & \delta_{mp} \end{bmatrix} \quad (6\text{-}7)$$

关联矩阵 Δ 中的元素为：

$$\delta_{a,k} = \begin{cases} 1, & \text{路段 } a \text{ 在第 } k \text{ 条路径上} \\ 0, & \text{否则} \end{cases} \quad (6\text{-}8)$$

6.3 交通网络的一般属性

1) O-D 矩阵

O-D 交通量是交通系统分析中的一个重要概念，表示网络中从一个起点到一个终点之间的交通量，可用一个二维矩阵来表示，称为 O-D 矩阵。假定在一个交通网络中，有 r 个起始节点和 s 个终节点，则 O-D 矩阵 Q 可表示为：

$$Q = \begin{bmatrix} q_{11} & q_{12} & \cdots & q_{1s} \\ q_{21} & q_{22} & \cdots & q_{2s} \\ \vdots & \vdots & & \vdots \\ q_{r1} & q_{r2} & \cdots & q_{rs} \end{bmatrix} \quad (6\text{-}9)$$

式中，矩阵 Q 中的元素 q_{rs} 表示从小区节点 r 到小区节点 s 的交通量。

2) 通行能力

通行能力是指在一定的道路条件和交通条件下，单位时间内通过道路的交通个体的最大数量。通行能力可分为基本通行能力、可能通行能力和实用通行能力，实用通行能力也称为设计通行能力。

基本通行能力是指在理想条件下，在单位时间内能够通过道路的最大交通量。这里所说的理想条件是指车道宽度不小于 3.6 m，侧向余宽不小于 1.75 m，纵坡平缓并有足够的行车视距、良好的平面线形和路面状况，车流组成为单一的标准型汽车，在一条车道上以相同的速度连续行驶,车辆之间均保持与车速相适应的最小安全车头间隔,且流向分配均衡,无任何方向的干扰。基本通行能力计算公式如下:

$$C_B = \frac{3600}{T_0} = \frac{1000v}{L_0} \tag{6-10}$$

式中,C_B 表示道路基本通行能力;T_0 为最小车头时距;v 为行车速度;L_0 为最小车头间距。

可能通行能力是在实际交通条件下,单位时间内通过道路的最大可能交通量。计算可能通行能力是以基本通行能力为基础,考虑实际的交通状况,确定修正系数,对基本通行能力进行修正。其计算公式如下:

$$C_P = \alpha_1 \alpha_2 \alpha_3 \cdots \alpha_n C_B \tag{6-11}$$

式中,C_P 表示道路可能通行能力;$\alpha_1, \alpha_2, \alpha_3, \cdots, \alpha_n$ 是一系列修正参数。在实际计算中,一般只考虑影响基本通行能力的主要因素,包括车道宽度、侧向净宽、多车道、平面交叉路口、机动车与非机动车混行、街道化程度和重型车等。关于这些因素的修正系数的取值,可查阅本章文献[6]、文献[12]、文献[16]。

设计通行能力是不同服务水平规定条件下的通行能力,也就是道路所承担的服务交通量,通常作为道路规划和设计的依据。计算公式如下:

$$C_d = \eta C_P \tag{6-12}$$

式中,C_d 表示道路设计通行能力;η 为规划水平系数,它反映了国家的技术政策和经济水平,我国城市道路规划水平系数的取值可参考本章文献[9]。

3) 路段阻抗

在交通网络中,路径费用通常是由路段费用来计算的,而路段费用会受路段交通量的影响。在正常情况下,当交通量远小于通行能力时,车流为自由流状态,车辆之间的干扰不明显;随着交通量的增加,车辆间的干扰趋于显著,当交通量达到甚至超过通行能力时,交通流会出现拥挤、阻塞等现象,此时,车辆在该路段上的行驶时间就会延长。

在交通研究中,用路段阻抗函数来描述车辆在路段上的行驶时间和路段交通量之间的关系,这个函数也称为路段费用函数。实践中,最常用的路段阻抗函数是由美国联邦公路局(Bureau of Public Roads, BPR)提出的 BPR 函数,为如下形式:

$$t_a = t_a^0 \left[1 + \alpha \left(\frac{x_a}{C_a} \right)^\beta \right] \tag{6-13}$$

式中,t_a 和 x_a 分别表示车辆在路段 a 上的行驶时间和交通量;t_a^0 表示零流阻抗,即路段交通量为零时车辆行驶时间;C_a 表示路段 a 上的通行能力;α 和 β 为校正参数。

6.4 交通量基本守恒条件

交通量是指在特定时间段内通过某一地点、某一断面或某一条路径的交通实体数,这里的交通实体是指车辆或人,一般以小时、天、周、月或年作为时间单位。通常,交通量是一个随机数,不同时间、不同地点的交通量都有变化。在交通网络中,交通量满足以下几个基本守恒条件。

1) O-D 守恒条件

在交通网络中，O-D 交通量等于 O-D 对之间所有路径上交通量之和，可表示为：

$$q_{rs} = \sum_k f_k^{rs}, \quad \forall r, s \tag{6-14}$$

式中，f_k^{rs} 表示 O-D 对 rs 之间路径 k 上的交通量。

式(6-14)也可用矩阵形式来表示，即：

$$\boldsymbol{Q} = \boldsymbol{Bf} \tag{6-15}$$

式中，$\boldsymbol{B}$ 为 O-D 对与路径的关联矩阵；$\boldsymbol{f}$ 为路径流量的向量表示，即 $\boldsymbol{f} = [f_1, f_2, \cdots, f_p]^T$。

2) 路段守恒条件

在交通网络中，路径是由路段组成的，某条路段可能被多条路径使用。因此，路段交通量就等于使用该路段的所有路径交通量之和，可用下式表示：

$$x_a = \sum_r \sum_s \sum_k f_k^{rs} \delta_{a,k}^{rs}, \quad \forall a \tag{6-16}$$

式(6-16)也可以用向量形式表示，即：

$$\boldsymbol{x} = \boldsymbol{\Delta f} \tag{6-17}$$

式中，$\boldsymbol{\Delta}$ 表示路段与路径的关联矩阵；$\boldsymbol{x}$ 为路段交通量的向量表示，即 $\boldsymbol{x} = [x_1, x_2, \cdots, x_m]^T$。

3) 节点守恒条件

在交通网络中，进入某节点的交通量一定等于从该节点出来的交通量。对于节点 n，可以用下式来表示这种关系：

$$\boldsymbol{e}_n^T \boldsymbol{x} = 0 \tag{6-18}$$

式中，$\boldsymbol{e}_n^T$ 表示关联矩阵 $\boldsymbol{E}$ 中的第 n 行向量。

6.5 最短路算法

在交通网络中，最短路问题是交通网络分析的核心问题，寻找 O-D 对之间的最小阻抗路径，称为最短路算法。目前，最短路算法有很多种，其中在交通网络分析中应用广泛的是标号法。该算法的基本思路为：反复扫描网络的各节点，在每次扫描中，试图发现从根节点到正在扫描的节点之间的、比现有路径更好的路径，当从根节点到其他所有节点之间没有更好的路径时，算法停止。

在此算法中，为每个节点设置两个记录：(1) 标号 l_i，表示沿着当前最短路从根节点到节点 i 的最小阻抗；(2) 紧前节点 p_i，表示沿着当前最短路到达节点 i 且最靠近 i 的节点。在每次扫描中，将紧前节点记录下来，形成紧前节点序列，这样，当算法停止时，就能得到最短路的节点序列。在标号法中，为了掌握节点是否被检查，还要设置一个检查列，检查列中记录了正在或需要检查的节点。每进行一次新的扫描，节点标号、紧前节点列和检查列就会更新一次，当检查列中没有节点需要检查时，算法就会停止。

标号法的具体步骤如下：

步骤 1：初始化。置所有节点的标号为无穷大，置所有节点的紧前节点为零，将根节点 r 放入检查列中，并令 $l_r = 0$。

步骤 2：从检查列中任选一个节点 i。

步骤3：扫描所有从节点 i 出发只经过一条连接便可到达的节点 j，如果 $l_i + t_{ij} < l_j$，则更新 j 节点上的标号，令 $l_j = l_i + t_{ij}$，其中 t_{ij} 表示从节点 i 到节点 j 的连接上的阻抗值，在改变节点 j 的标号的同时，修改 $p_j = i$，且将节点 j 加入检查列中；如果 $l_i + t_{ij} < l_j$ 不成立，则 j 节点的标号不变。

步骤4：判断从节点 i 出发只经过一条连接便可到达的节点是否都被检查，如果是，则从检查列中删除节点 i，转步骤5，否则转步骤3。

步骤5：判断检查列中是否还有需要检查的节点，如果有，则转到步骤2，否则算法停止。

图 6-2 给出了标号法的计算流程。

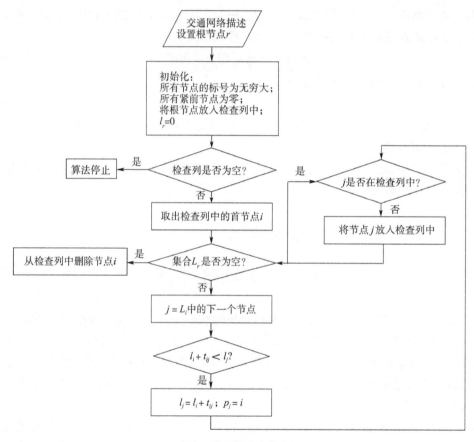

图6-2 标号法计算流程

需要指出的是，在标号法中，有效构建检查列是提高算法效率的关键。首先，为了避免重复计算，加入检查列的节点应与当前检查列中的节点不重复；其次，检查列中的节点应该用一定的顺序排列，新加入的节点置于检查列最后，而选取时从检查列的首部开始。

6.6 多模式交通系统

现代化交通系统是由多种交通方式组合而成的多元化复杂系统，不同交通方式之间相互协调,共同服务于社会经济发展,并满足多样化出行需求。通常,城市交通方式可分为两大类:公共交通和私人交通。公共交通包括公交车、出租车、轨道交通、共享单车等;私人交通包括小汽车、自行车、电动汽车等。

在多模式交通系统中,各种交通方式独立运营,且具有不同的交通特性和服务特征。城市主要交通方式的基本特点如下:

(1)小汽车。小汽车可达性强,适合长距离出行,是一种舒适的出行方式。但小汽车的出行成本较高,并且小汽车出行的增加会造成交通拥堵、环境污染等问题。

(2)公交车。公交车容量较大,节能环保,出行成本低,适合于中长距离出行。但舒适度较低,受天气、环境等因素的影响大。

(3)轨道交通。轨道交通是一种比公交车更舒适、运量更大的公共交通方式,且可靠性更高,适合于较长距离出行。但轨道交通的覆盖率较低,换乘的走行距离也较长。

(4)电动汽车。电动汽车是一种私人交通方式,优点是使用成本较低,无污染。但由于受到电池电量和充电技术的影响,电动汽车只能在一定的距离范围内使用,不能进行长距离出行。

(5)自行车。自行车具有"门到门"出行的便捷性,且灵活性高、占用道路资源少、绿色环保,在短距离内占有绝对优势。尤其是共享单车出现后,自行车出行模式占比显著提高。但其缺点是易受天气等条件影响,骑行距离过长时会消耗大量体能。

在多模式交通系统中,出行者可以选择使用一种或者多种交通方式完成一次出行。按照出行者在一次出行中选用交通方式的数量,可分为单模式出行和多模式出行。单模式出行是指在一次出行中只使用一种交通方式,多模式出行是指一次出行中使用了两种及以上的交通方式。

城市交通系统的快速发展使得进行换乘的多方式组合出行模式越来越普遍,尤其是共享单车的出现极大地方便了人们的组合出行,采用共享单车和公共交通的多模式出行越来越广泛。需要指出的是,多模式出行要根据人们实际的出行情况进行组合,而不是各种方式的任意组合。例如,"小汽车 + 公交车 + 小汽车"这样的出行模式是很少出现的。

表 6-1 给出了几种常见的出行模式及其特点。

常见的出行模式及其特点 表 6-1

出行模式	交通方式	主要特点
单模式出行	自行车	节能环保,不适合长距离出行
	私家车	舒适度高,适合长距离出行,但污染严重
	公共交通	出行成本低、较环保,但舒适度差
多模式出行	自行车 + 公共交通	发挥自行车"门到门"和公共交通节能环保的优势
	机动车 + 公共交通	建立 P&R 停车场进行停车换乘,对缓解城市中心拥堵问题有一定帮助
	公共交通 + 公共交通	通过公共交通内部换乘,出行更便捷

6.7 多模式交通超网络模型

通常,超网络具备下列一种或者几种特征:
(1) 网络嵌套着网络,或者网络中包含着网络。
(2) 多层特征,层内和层间都有连接。
(3) 多级特征,同级和级间都有连接。
(4) 它的流量可以是多维的。例如,铁路、公路、水运和航空都是既有客运又有货运。
(5) 多属性或多准则的。例如,在城市中出行不仅有路径的选择,而且有方式(驾车、公交、步行)的选择,运输网络需要同时考虑时间、成本、安全、舒适度等。
(6) 存在拥堵性,不仅交通运输网络中存在拥堵,信息网络中也存在拥堵问题。
(7) 有时候全局优化和个体优化有冲突,需要协调。

在多模式交通系统的管理和组织中,不仅要考虑小汽车的出行特征,还要考虑公共汽车、轨道交通、自行车的出行特征。同时,多模式交通网络也不再是单一的道路网络,而是包括道路网、公交网、轨道网在内的更为复杂的超级网络系统。显然,多模式交通系统具有以上超网络特征,运用超网络可以很好地描述多模式交通系统多层次、多级以及多目标属性等特点。

在构建多模式交通系统的超网络之前,首先给出多模式交通网络构成要素,如图 6-3 所示。

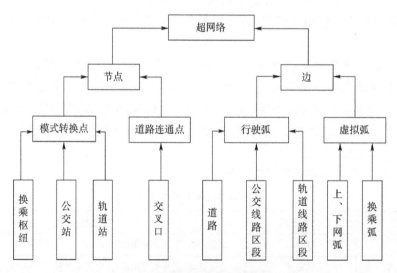

图 6-3 多模式交通网络构成要素

下面,通过一个简单例子来说明多模式交通超网络的构造过程。如图 6-4 所示,假设在这个交通系统中,有公交车、轨道交通和小汽车三种交通方式,A 和 B 分别为起点和终点,节点 2 为小汽车停车换乘枢纽,乘坐小汽车出行可换乘公交车或城市轨道交通,且公交车和城市轨道交通也可以相互换乘。

根据图 6-4 中各交通子系统的结构特征,分别构建各模式的交通子网。

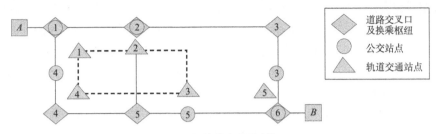

图 6-4　多模式交通系统

1) 公交子网

假设在公交子网中,各条公交线路的车辆行驶信息由表 6-2 给出。

各条公交线路的车辆行驶信息　　表 6-2

线路	途经路段及长度	换乘站点	换乘线路及时间	发车间隔时间
1	1—2(1.5 km) 2—3(1.0 km) 3—6(0.8 km)	—	—	5 min
2	1—4(0.6 km) 4—5(1.0 km)	站点 4 站点 5	2→3(3 min) 2→3(5 min)	5 min
3	4—5(1.0 km) 5—6(1.5 km)	—	—	10 min

根据表 6-2 给出的公交线路信息,A—B 间的公交线路网络可表示为图 6-5 所示的形式。

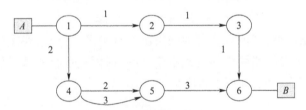

图 6-5　公交线路网络

可以看到,公交线路网络由站点、路段和线路组成,且这三个元素之间存在相互关系。一方面,同一站点和同一路段上可包含多条公交线路;另一方面,在换乘站点,不同线路之间可以相互转换。采用网络扩展方法,可构建公交子网的拓扑模型,如图 6-6 所示。

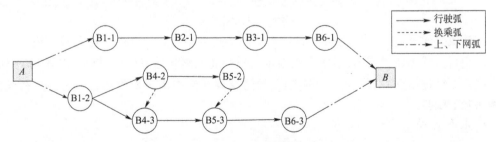

图 6-6　公交子网

在公交子网中,节点表示站点,由字母和数字组成,字母 B 表示交通模式为公交,数字分别表示公交线路和站点序号,例如 B2-1 表示公交线路 1 经过站点 2。公交子网中共有四种类型的连接(也称为弧):①上网弧表示出行者从起点 A 步行到公交站点的路段;②行驶弧表示在相邻站点之间公交车的通达关系;③换乘弧表示出行者从现在乘坐的公交线路下车换乘到另一条公交线路的行为;④下网弧表示出行者到达终点站后下车到讫点 B 的步行路段。

2) 轨道交通子网

假设在轨道交通网络中,各条轨道交通线路的列车运行信息由表 6-3 给出。

$A—B$ 间轨道交通行驶信息　　　　　　　表 6-3

线路	途径路段及行驶时间	换乘站点	换乘线路及时间	发车间隔时间
1	1—2(3 min) 2—3(5 min)	3	1→2(10 min)	5 min
2	1—4(3 min) 4—3(2 min) 3—5(3 min)	—	—	5 min

根据表 6-3 给出的轨道交通线路信息,$A—B$ 间轨道交通线路网络可表示为图 6-7 的形式:

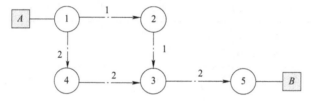

图 6-7　轨道交通线路网络

与公交线路网络类似,城市轨道交通网络由站点和区段组成,在换乘站点,不同线路之间可以互相换乘,与公交线路网络的区别在于,同一区段只运行一条线路。同样,采用网络扩展方法建立轨道交通子网,如图 6-8 所示。

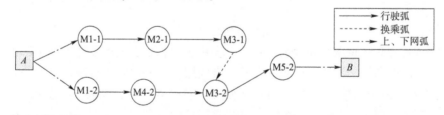

图 6-8　轨道交通子网

在轨道交通子网中,节点表示该线路列车所经过的站点。节点由字母和数字组成,字母 M 表示出行方式为轨道交通,数字分别表示轨道交通线路和站点序号,例如 M2-1,表示轨道交通线路 1 经过站点 2。同公交子网类似,轨道交通子网中也有四类弧,即上网弧、行驶弧、换乘弧和下网弧。

3) 小汽车子网

小汽车网络由节点(交通小区和交叉口)及路段(相邻交叉口之间的道路)组成,小汽车交通网络如图 6-9 所示。

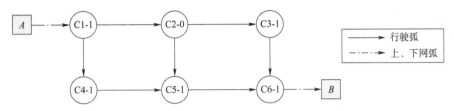

图 6-9 小汽车子网

在小汽车子网中，节点由字母和数字组成，代表交叉口，字母 C 表示小汽车出行方式，数字分别表示节点序号和节点属性（例如，1—交叉口，0—换乘点），例如 C2-0 表示小汽车在节点 2 处可进行换乘。小汽车子网中共有三类弧，分别为：①上网弧，表示居民从起点 A 到相邻道路节点的步行或行驶路段；②行驶弧，表示小汽车在相邻交叉口行驶路段；③下网弧，表示从道路节点到终点 B 的步行或行驶路段。

在构建了各交通方式子网后，再对各子网进行叠加，对各节点及路段进行重新编号，通过虚拟路段连接不同子网的换乘枢纽节点，代表出行者在不同模式间的换乘行为，将各交通子网络集成后，就可以得到 A—B 间包括小汽车、公交车及轨道交通三种交通模式在内的多模式交通超网络模型，如图 6-10 所示。

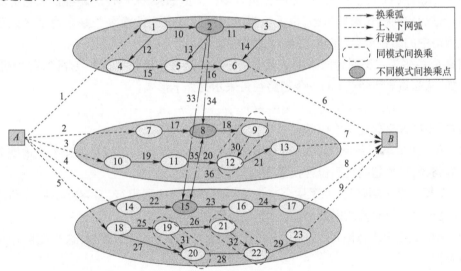

图 6-10 多模式交通超网络

可以用式（6-19）来表示多模式超网络，即：

$$G = (M, V, A) \tag{6-19}$$

式中，M 表示交通模式集合；V 表示节点集合；A 表示弧段集合。

在多模式交通超网络中，节点可分为出行端点和过程节点，即：

$$V = V_1 \cup V_2 \tag{6-20}$$

式中，V_1 表示出行端点（交通小区）集合，包括起点和终点，其元素可用单变量 r 或 s 表示，即 $r, s \in V_1$；V_2 表示出行过程节点，即除了出行端点外的其他节点，包括公交站点、轨道交通站点、道路交叉口或换乘枢纽等，其元素可以用二维向量 $(m, v) \in V_2$ 表示，其中 m 表示该节点的交通方式属性，v 表示该节点的物理位置属性。

根据多模式交通出行的一般过程,超网络中的路段(弧)可分为行驶弧、换乘弧、上网弧和下网弧四类,即:

$$A = A_1 \cup A_2 \cup A_3 \cup A_4 \tag{6-21}$$

式中,A_1 表示上网弧集合,指连接起点和过程节点的弧段,其元素用 $\{r,(m,v)\}$ 表示;A_2 表示行驶弧集合,指连接同一方式过程节点的弧段,其元素用 $\{(m,v_1),(m,v_2)\}$ 表示;A_3 表示换乘弧集合,指连接不同方式过程节点的弧段,其元素用 $\{(m_1,v),(m_2,v)\}$ 表示;A_4 表示下网弧集合,指连接过程节点和终点的弧段,其元素用 $\{(m,v),s\}$ 表示。

需要指出的是,在多模式交通超网络中,不仅不同模式子网之间存在换乘关系,而且公交和轨道交通等交通模式内部也有不同线路之间的换乘关系,可以把前一类换乘弧称为模式间换乘弧,后一类换乘弧称为模式内换乘弧。

6.8 多模式交通出行的超路径

在单模式交通网络中,用一系列连续的节点或路段来描述一条路径。而在多模式交通超网络中,从起点到终点的一条连通路径包含多种类型的弧,采用传统路径的表达方式无法体现出行过程中的模式选择问题,也无法描述不同模式之间的换乘关系。为了区别于单模式交通网络中的路径概念,在此,提出超路径的概念。

定义6.1:多模式交通超网络中从起点到终点的具有连接关系的节点序列,称为超路径。

例如,从起点 r 到终点 s 的一条超路径可表示为如下形式:

$$r \to (m_1,v_1) \to (m_1,v_2) \to \cdots \to (m_1,v_n) \to (m_2,v_n) \to \cdots \to (m_n,v_w) \to s \tag{6-22}$$

通常,多模式交通超网络中的超路径包括以下三种类型:

(1)单模式单车辆路径,如采用自行车和小汽车直接出行的路径及公交车或地铁无须线路换乘的路径,这类超路径不包含换乘弧。

(2)单模式多车辆路径,如采用公交车或者城市轨道交通出行,且存在不同线路之间的换乘,这类超路径包含模式内换乘弧,但不包含模式间换乘弧。

(3)多模式组合出行路径,如采用各种交通模式相结合出行的路径,这类超路径包括模式间换乘弧。

在多模式交通超网络中,O-D之间的一条超路径上包含上网、行驶、换乘和下网四个过程。通常,在换乘或下网之前,出行者会在某一种交通子网中经过多段连续的行驶弧,然后在某一节点换乘到另一种方式的子网或下网到达终点。根据超路径的这种属性,定义如下子路径。

定义6.2:在一条超路径中,相邻的上网弧、换乘弧以及下网弧之间某一种方式的连续行驶弧的节点所组成的序列,称为该超路径的子路径。

例如,在超路径[式(6-22)]中,方式 m_1 的子路径可以用下式的节点序列来表示:

$$(m_1,v_1) \to (m_1,v_2) \to \cdots \to (m_1,v_n) \tag{6-23}$$

根据子路径的定义,超路径也可以看成是由上网弧、子路径、换乘弧及下网弧组成的。

下面,通过图6-11给出的多模式交通超网络,对超路径和子路径的含义及两者之间的关系进行说明。该超网络包含 m_1 和 m_2 两种交通方式子网,其中 $r \rightarrow (m_1,1) \rightarrow (m_1,2) \rightarrow (m_1,5) \rightarrow (m_2,5) \rightarrow (m_2,8) \rightarrow (m_2,9) \rightarrow s$ 是该超网络中的一条超路径。在该路径上,出行者由起点 r 出发,在 $(m_1,1)$ 上网,进入方式 m_1 的子网中,在子路径 $(m_1,1) \rightarrow (m_1,2) \rightarrow (m_1,5)$ 上走行一段距离后,在 $(m_1,5)$ 发生换乘,由方式 m_1 的子网换乘到方式 m_2 的子网中,然后继续在方式 m_2 的子路径 $(m_2,5) \rightarrow (m_2,8) \rightarrow (m_2,9)$ 上走行,最后在 $(m_2,9)$ 下网,到达终点 s。

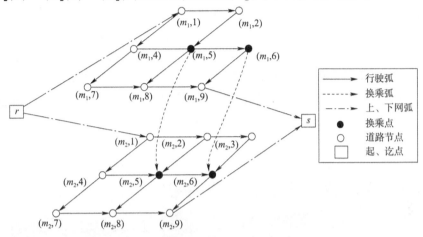

图 6-11 交通超网络的超路径及子路径

在多模式交通超网络中,任意起、讫点间可连通的超路径有多条,但并非所有连通超路径都是合理的,有些连通超路径在实际出行中不具有可行性。例如,出行者不会在同一换乘节点进行连续换乘,出行者在一次出行中不会有太多换乘等。这样,包含连续换乘弧或者换乘弧数量过多的超路径在现实中就是不可行路径。为了对连通超路径进行合理的约束,下面给出可行超路径的定义。

首先,引入同位节点和异位节点的概念。

定义 6.3:由实际路网中同一换乘节点扩展得到的超网络中的所有与之对应的虚拟节点称为同位节点,由实际路网中不同换乘节点扩展而成的同位节点称为异位节点。

根据上述定义,在多模式交通超网络中,有多少个换乘节点就会有多少组同位节点。以图 6-10 所示的超网络为例,对图 6-12 中的同位节点和异位节点进行说明。在该超网络中,节点 19 与 20、21 与 22、9 与 12 互为(单模式)同位节点,节点 2、8、15 互为(多模式)同位节点。分别选取这四组同位节点的任意一个,则这些节点互为异位节点,比如节点 2 和 9、8 与 12 等都互为异位节点。

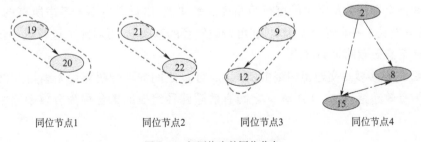

图 6-12 超网络中的同位节点

下面给出多模式交通超网络可行超路径的定义。

定义 6.4：在多模式交通超网络中，任意 O-D 对之间的连续同位节点数不超过 3 个(即不包含连续换乘弧)且总的互为异位节点数(即总换乘次数)不超过 2 个的超路径称为可行超路径，否则，则称为不可行超路径。

下面，通过图 6-13 给出的简单超网络对可行超路径进行说明。图 6-13a) 表示从起点 i 到终点 j 间的由一系列节点和弧段组成的超网络，可以看到，从 i 到 j 之间有两条连通超路径，分别为：$i→1→2→3→4→5→6→7→8→j$ 和 $i→1→2→4→5→6→7→8→j$；图 6-13b) 表示一组同位节点的换乘关系，根据上面的定义，若某用户的换乘模式为从节点 2 到节点 4，那么，包含换乘节点序列 $2→3→4$ 的超路径是不可行的，故第一条超路径是不可行超路径；而对于图 6-13c) 所示的第二条超路径，由于节点 2、4 和节点 5、6 及节点 7、8 互为异位节点，也就是说换乘次数达到了 3 次，因此该路径也是不可行超路径。

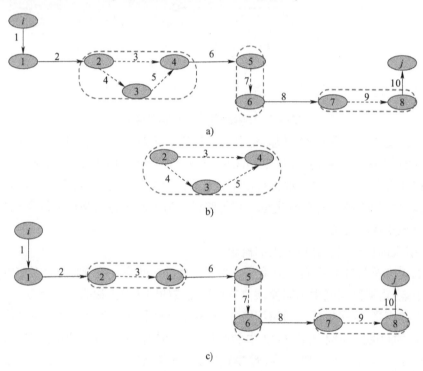

图 6-13 超网络中的可行超路径和不可行超路径

虽然通过可行超路径的概念对 O-D 之间的连通路径进行了限制，但由于网络的复杂性，起讫点之间仍会存在数量巨大的可行超路径。事实上，出行者也不会考虑所有的可行超路径，而是仅考虑其中一小部分。因此，在可行超路径的基础上，可对路径进行进一步约束，在此提出了如下有效超路径的概念。

定义 6.5：在多模式交通超网络中，若 O-D 对 w 之间的可行超路径 k 满足式(6-24)，则称该路径为有效超路径，将 O-D 对 w 之间有效超路径组成的集合称为有效超路径集合，记为 K^w：

$$G_w^k \leq (1+\sigma) G_w^{\min}, \quad \forall w \tag{6-24}$$

式中,G_w^k 表示 O-D 对 w 之间可行超路径 k 的广义出行费用;$G_w^{\min}$ 表示 O-D 对 w 之间可行超路径的最小广义出行费用;$\sigma > 0$,为扩展系数,反映出行者对路径费用的忍耐度。

6.9 最短超路径算法

传统的最短路算法没有考虑多模式交通网络中弧段的属性,路径费用直接由组成该路径的各弧段费用叠加得出,无法考虑子路径费用因素。在实际中,有些子路径费用不能由弧段费用简单叠加计算,例如,公交车票价、汽车燃油费、自行车舒适度损耗成本等。同时,根据前面给出的超路径的概念可知,在多模式交通超网络中寻找 O-D 之间的最短超路径时,由于超网络的复杂性,需要对超路径的可行性进行判断。显然,面向单模式交通网络的最短路算法无法适用于多模式交通的最短超路径搜索问题,在此,提出了如下的最短超路径搜索算法。

首先,给出相关符号的定义:

v_r 表示网络的起点。

v_s 表示网络的终点。

S 表示网络节点全集。

$w(v_i, v_j)$ 表示弧段 (v_i, v_j) 的权重。

S^k 表示算法运行到第 k 步时,已找到从 v_r 出发的最短路的节点集合。

$\overline{S}^k$ 表示算法运行到第 k 步时,尚未找到从 v_r 出发的最短路的节点集合。

v^* 表示算法完成后标号最小的节点,也是下一步迭代的根节点。

$l(v_i), p(v_i)$ 表示网络中节点 v_i 的两个标号值,其中 $l(v_i)$ 表示从起点 v_r 沿当前最短路到节点 v_i 的费用,$p(v_i)$ 表示沿当前最短路到节点 v_i 的相邻的上游节点。

$s(v_i, v_j)$ 表示路段 (v_i, v_j) 的属性,若 (v_i, v_j) 为换乘路段,则 $s(v_i, v_j) = 1$,否则 $s(v_i, v_j) = 0$。

$H(v_r, v_i)$ 表示从起点 v_r 到节点 v_i 当前最短路包含的换乘数,等于 $v_r \rightarrow v_i$ 所经过的所有弧段的属性值之和。

多模式交通超网络的最短超路径算法的具体步骤如下:

步骤 1:初始化,置 $k = 0$ 并令 $S^0 = \{v_r\}$,$\overline{S}^0 = S - \{v_r\}$,$v^* = v_r$,$l(v_r) = 0$,$p(v_r) = 0$,$\forall v_i \neq v_r$,令 $l(v_i) = +\infty$,$p(v_i) = 0$。

步骤 2:$\forall (v^*, v_j), v_j \in \overline{S}^k$,计算 $ID(v^*, v_j)$ 值,并进行如下判断:

如果 $ID(v^*, v_j) = 0$,判断 $l(v_j) > l(v^*) + w(v^*, v_j)$ 是否成立,不成立则保持 $l(v_j), p(v_j)$ 不变,成立则进一步判定 $H(v_r, v^*) \leq 2$ 是否成立:成立则令 $l(v_j) = l(v^*) + w(v^*, v_j)$,$p(v_j) = v^*$,否则保持 $l(v_j), p(v_j)$ 不变;

如果 $s(v^*, v_j) = 1$,检验 $s(p(v^*), v^*)$ 是否为 1,为 1 则保持 $l(v_j), p(v_j)$ 不变,为 0 则判定 $l(v_j) > l(v^*) + w(v^*, v_j)$ 是否成立,不成立则保持 $l(v_j), p(v_j)$ 不变,成立则进一步判定 $ID(v_r, v^*) \leq 1$ 是否成立:成立则令 $l(v_j) = l(v^*) + w(v^*, v_j)$,$p(v_j) = v^*$,否则保持 $l(v_j)$,$p(v_j)$ 不变。

如果集合 $\{v_j \mid (v^*, v_j), v_j \in \overline{S}^k\}$ 中的所有节点检验完毕，则转入**步骤3**。

步骤3：$\forall v_i \in \overline{S}^k$，比较其 $l(v_i)$ 值，找出 $l(v_i)$ 最小的节点并记为 v^*，即 $l(v^*) = \min_{v_i \in \overline{S}^k} l(v_i)$，令 $H(v_r, v^*) = H[v_r, p(v^*)] + s[p(v^*), v^*]$，$S^{k+1} = S^k \cup \{v^*\}$，$\overline{S}^{k+1} = \overline{S}^k - \{v^*\}$，$k = k+1$，转入步骤4。

步骤4：判断 $v_s \in S^k$ 是否成立，成立，则算法终止，并回溯追踪 $v_r \to v_s$ 的最短路即为 $v_r \to v_s$ 之间的最短超路径；否则，返回步骤2。

下面，以图6-14中的简单超网络为例，对上述最短超路径算法进行说明。

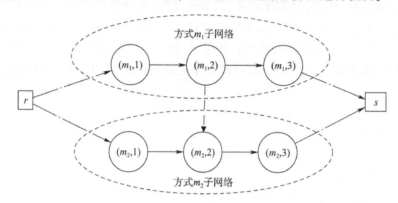

图6-14　最短超路径算法算例

在该超网络中，子路径以及各弧段的费用由表6-4给出。

子路径及各弧段费用　　　　　　　　　　　　　　　　表6-4

子路径或弧段	类型	费用
$(r, (m_1, 1))$	上网弧	1
$(r, (m_2, 1))$	上网弧	1
$((m_1, 1), (m_1, 2))$	m_1 行驶弧	2
$((m_1, 2), (m_1, 3))$	m_1 行驶弧	2
$(m_1, 1) \to (m_1, 2) \to (m_1, 3)$	m_1 子路径	5
$((m_2, 1), (m_2, 2))$	m_2 行驶弧	3
$((m_2, 2), (m_2, 3))$	m_2 行驶弧	2
$(m_2, 1) \to (m_2, 2) \to (m_2, 3)$	m_2 子路径	6
$((m_1, 2), (m_2, 2))$	换乘弧	2
$((m_1, 3), s)$	下网弧	1
$((m_2, 3), s)$	下网弧	1

根据上述最短超路径搜索算法，得到从 r 到 s 的最短路径为 $r \to (m_1, 1) \to (m_1, 2) \to (m_1, 3) \to s$，其费用为7，算法迭代过程由表6-5给出。

表 6-5 最短超路径算法的迭代过程

迭代	0	1	2	3	4	5	6	7	8	9	10
检查行		r	$r,(m_1,1)$	$(m_1,1),(m_2,1)$	$(m_1,2),(m_2,1)$	$(m_1,2),(m_2,2)$	$(m_1,3),(m_2,2)$	$(m_1,3),(m_2,3)$	$(m_2,3),s$	s	s
标号行											
r	0	0	0	0	0	0	0	0	0	0	0
$(m_1,1)$	∞	1	1	1	1	1	1	1	1	1	1
$(m_1,2)$	∞	∞	∞	3	3	3	3	3	3	3	3
$(m_1,3)$	∞	∞	∞	∞	8	8	6	6	6	6	6
$(m_2,1)$	∞	∞	1	1	1	1	1	1	1	1	1
$(m_2,2)$	∞	∞	∞	∞	5	4	4	4	4	4	4
$(m_2,3)$	∞	∞	∞	8	8	8	8	7	7	7	7
s	∞	∞	∞	∞	∞	8	8	8	7	7	7
紧前节点行											
r	0	0	0	0	0	0	0	0	0	0	0
$(m_1,1)$	0	r	r	r	r	r	r	r	r	r	r
$(m_1,2)$	0	0	0	$(m_1,1)$	$(m_1,1)$	$(m_1,1)$	$(m_1,1)$	$(m_1,1)$	$(m_1,1)$	$(m_1,1)$	$(m_1,1)$
$(m_1,3)$	0	0	0	0	$(m_1,1)$	0	$(m_1,1)$	$(m_1,1)$	$(m_1,1)$	$(m_1,1)$	$(m_1,1)$
$(m_2,1)$	0	0	r	r	r	r	r	r	r	r	r
$(m_2,2)$	0	0	0	0	$(m_1,2)$	$(m_2,1)$	$(m_2,1)$	$(m_2,1)$	$(m_2,1)$	$(m_2,1)$	$(m_2,1)$
$(m_2,3)$	0	0	0	$(m_1,1)$	0	0	$(m_2,2)$	$(m_2,2)$	$(m_2,2)$	$(m_2,2)$	$(m_2,2)$
s	0	0	0	0	0	0	0	$(m_1,3)$	$(m_1,3)$	$(m_1,3)$	$(m_1,3)$

6.10 有效超路径算法

目前,常用的有效路径搜索方法有 Dial 算法、K 短路算法和图的遍历算法,表 6-6 给出了这三类算法的基本特点(毛保华等,2007)。

常用有效路径搜索算法的特点 表 6-6

算法	复杂度	时间难度	是否会遗漏路径	应用条件
Dial 算法	低	容易	会	简单网络
K 短路算法	高	难	会	无环网络
图的遍历算法	一般	容易	不会	任何网络

同样地,在多模式交通超网络中的有效超路径也要满足可行路径条件,面向单模式交通网络的有效路径算法无法满足可行超路径的约束条件,因此,需要设计一种适用于多模式交通超网络有效超路径的搜索算法。在此,以图的遍历算法为基础,提出了面向多模式交通超网络有效超路径的搜索算法,该算法能够对换乘次数、连续换乘等路径可行性进行判断,并满足超路径出行费用约束条件[式(6-24)]。该算法的具体步骤如下:

步骤 1:初始化,给相关参数赋值。

步骤 2:根据前面提出的最短超路径算法,计算 O-D 对 w 间的最小费用 $G_w^{\min}$,设 v_r 为当前节点。

步骤 3:从当前节点出发,例如 v_i,遍历与 v_i 相邻的节点,如 v_j,判断从起点 v_r 出发沿该遍历路径到达 v_j 的费用是否满足式(6-24),若满足,则转入步骤 4;否则,转入步骤 7。

步骤 4:如果 $s(v_i,v_j)=1$,判断 $s(p_q(v_i),v_i)=1$ 是否成立,若成立,转入步骤 7;否则,令 $H(v_r,v_i)=H(v_r,p_q(v_i))+s(p_q(v_i),v_i)$,转入步骤 5。如果 $s(v_i,v_j)=0$,转入步骤 6。

步骤 5:如果 $H(v_r,v_i) \leq 3$,转入步骤 6;否则,转入步骤 7。

步骤 6:判断 v_j 是否为终点,若否,转入步骤 3;若是,记录该有效超路径。

步骤 7:利用回溯的方法返回上一级节点,如果没有返回起点,则转入步骤 3。

下面,用一个简单的例子对有效超路径算法进行说明,该算例的超网络模型如图 6-15 所示。在这个超网络中,出行者从起节点 i 到终节点 j,可采用小汽车、公交和地铁三种交通方式,其中换乘节点为节点 2、节点 4、节点 5 和节点 8,出行者在节点 2 和节点 8 可由小汽车换乘到地铁,在节点 4 可由小汽车换乘到公交和地铁,在节点 4 和节点 5 可由公交换乘到地铁。超网络中每条弧段的费用值由表 6-7 给出。设路径扩展系数 $\sigma=0.5$,最大换乘次数为 2。

首先,要寻找最短可行超路径,按照最短可行超路径的搜索算法搜索到超网络中的最短可行超路径为 $i \to (1,C) \to (2,C) \to (3,C) \to (6,C) \to (9,C) \to j$,其费用为 21,因此,路径费用小于 31.5 的可行超路径都是有效超路径。基于此,按照上面给出的有效超路径搜索算法对图 6-15 的超网络进行搜索,共找到 15 条有效超路径,如表 6-8 所示。可以看出,图 6-15 所示的超网络中共有 20 条超路径,除了表 6-8 给出的 15 条有效超路径之外,还有 5 条超路径。

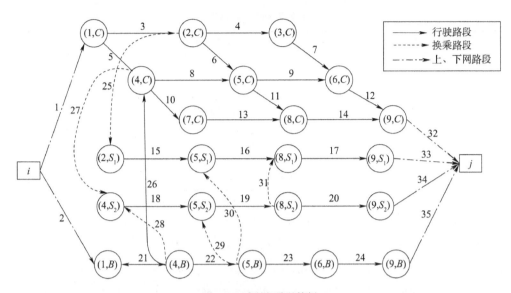

图 6-15 有效超路径算例

弧段费用值　　　　　　　　　　　　　　　　　　　　　　　表 6-7

路段编号	广义费用	路段编号	广义费用
1	2	19	4
2	2.5	20	4
3	3	21	5
4	4.5	22	4.5
5	3.5	23	5
6	5	24	5
7	5	25	4
8	5	26	5
9	5.5	27	4.5
10	4.5	28	5.5
11	5	29	6.5
12	4.5	30	6
13	5	31	3
14	6	32	2
15	3.5	33	2.5
16	4	34	2.5
17	4	35	2.5
18	3.5		

有效超路径搜索结果 表 6-8

路径编号	出行模式	有效超路径	路径费用
1	小汽车	$i\to(1,C)\to(4,C)\to(7,C)\to(8,C)\to(9,C)\to j$	23
2	小汽车	$i\to(1,C)\to(2,C)\to(3,C)\to(6,C)\to(9,C)\to j$	21
3	小汽车	$i\to(1,C)\to(2,C)\to(5,C)\to(6,C)\to(9,C)\to j$	22
4	小汽车	$i\to(1,C)\to(2,C)\to(5,C)\to(8,C)\to(9,C)\to j$	23
5	小汽车	$i\to(1,C)\to(4,C)\to(5,C)\to(6,C)\to(9,C)\to j$	22.5
6	小汽车	$i\to(1,C)\to(4,C)\to(5,C)\to(8,C)\to(9,C)\to j$	23.5
7	公交	$i\to(1,B)\to(4,B)\to(5,B)\to(6,B)\to(9,B)\to j$	24.5
8	小汽车+地铁1	$i\to(1,C)\to(2,C)\to(2,S_1)\to(5,S_1)\to(8,S_1)\to(9,S_1)\to j$	23
9	小汽车+地铁2	$i\to(1,C)\to(4,C)\to(4,S_2)\to(5,S_2)\to(8,S_2)\to(9,S_2)\to j$	24
10	小汽车+公交	$i\to(1,C)\to(4,C)\to(4,B)\to(5,B)\to(6,B)\to(9,B)\to j$	27.5
11	公交+地铁2	$i\to(1,B)\to(4,B)\to(5,B)\to(5,S_2)\to(8,S_2)\to(9,S_2)\to j$	29
12	公交+地铁2	$i\to(1,B)\to(4,B)\to(4,S_2)\to(5,S_2)\to(8,S_2)\to(9,S_2)\to j$	27
13	公交+地铁1	$i\to(1,B)\to(4,B)\to(5,B)\to(5,S_1)\to(8,S_1)\to(9,S_1)\to j$	28.5
14	小汽车+地铁2+地铁1	$i\to(1,C)\to(4,C)\to(4,S_2)\to(5,S_2)\to(8,S_2)\to(8,S_1)\to(9,S_1)\to j$	27
15	公交+地铁2+地铁1	$i\to(1,B)\to(4,B)\to(4,S_2)\to(5,S_2)\to(8,S_2)\to(8,S_1)\to(9,S_1)\to j$	30

下面,以部分超路径为例对算法的搜索过程进行分析。

首先,对于超路径 $i\to(1,C)\to(4,C)\to(4,B)\to(5,B)\to(6,B)\to(9,B)\to j$,从起点 i 出发,检查与 i 相邻的节点 $(1,C)$,当前路径的费用 $G_{i(1,C)}=2<31.5$,并且 $s(i,(1,C))=0$,节点 $(1,C)$ 不是终点,检查与 $(1,C)$ 相邻的节点 $(4,C)$,当前路径费用 $G_{i(4,C)}=5.5<31.5$,且 $s((1,C),(4,C))=0$,节点 $(4,C)$ 不是终点,检查与 $(4,C)$ 相邻的节点 $(4,B)$,当前路径的费用 $G_{i(4,B)}=10.5<31.5$,且 $s((4,C),(4,B))=1$,$H_{i(4,B)}=1<2$,$(4,B)$ 不是终点,检查与 $(4,B)$ 相邻的节点 $(5,B)$,当前路径的费用 $G_{i(5,B)}=15<31.5$,且 $s((4,B),(5,B))=0$,$H_{i(5,B)}=1<2$,$(5,B)$ 不是终点,检查与 $(5,B)$ 相邻的节点 $(6,B)$,当前路径的费用 $G_{i(6,B)}=20<31.5$,且 $s((5,B),(6,B))=0$,$H_{i(6,B)}=1<2$,$(6,B)$ 不是终点,检查与 $(6,B)$ 相邻的节点 $(9,B)$,当前路径的费用 $G_{i(9,B)}=25<31.5$,且 $s((6,B),(9,B))=0$,$H_{i(9,B)}=1<2$,$(9,B)$ 不是终点,检查与 $(9,B)$ 相邻的节点 j,当前路径的费用 $G_{ij}=27.5<31.5$,且 $s((9,B),j)=0$,$H_{ij}=1<2$,j 是终点,所以,该路径为有效超路径并记录。

其次,对于超路径 $i\to(1,C)\to(4,C)\to(4,B)\to(4,S_2)\to(5,S_2)\to(8,S_2)\to(9,S_2)\to j$,从起点 i 出发,检查与 i 相邻的节点 $(1,C)$,当前路径的费用 $G_{i(1,C)}=2<31.5$,且 $s(i,(1,C))=0$,节点 $(1,C)$ 不是终点,检查与 $(1,C)$ 相邻的节点 $(4,C)$,当前路径费用 $G_{i(4,C)}=5.5<31.5$,且 $s((1,C),(4,C))=0$,节点 $(4,C)$ 不是终点,检查与 $(4,C)$ 相邻的节点 $(4,B)$,当前路径的费用 $G_{i(4,B)}=10.5<31.5$ 且 $s((4,C),(4,B))=1$,$H_{i(4,B)}=1<2$,$(4,B)$ 不是终点,检查与 $(4,B)$ 相邻的节点 $(4,S_2)$,由于 $s((4,B),(4,S_2))=1$ 且 $s((4,C),(4,B))=1$,出行者在节点 4 进行了连续换乘,所以停止搜索该路径,退回到上一层节点 $(4,B)$。超路径 $i\to(1,C)\to(4,C)\to$

$(4,B)\rightarrow(4,S_2)\rightarrow(5,S_2)\rightarrow(8,S_2)\rightarrow(9,S_2)\rightarrow j$ 和 $i\rightarrow(1,C)\rightarrow(4,C)\rightarrow$ $(5,S_2)\rightarrow(8,S_2)\rightarrow(8,S_1)\rightarrow(9,S_1)\rightarrow j$ 均不满足连续换乘的约束；$i\rightarrow(1,C)\rightarrow(4,C)\rightarrow$ $(4,B)\rightarrow(5,B)\rightarrow(5,S_2)\rightarrow(8,S_2)\rightarrow(9,S_2)\rightarrow j$ 和 $i\rightarrow(1,C)\rightarrow(4,C)\rightarrow(4,B)\rightarrow(5,B)\rightarrow$ $(5,S_1)\rightarrow(8,S_1)\rightarrow(9,S_1)\rightarrow j$ 不满足费用的约束；$i\rightarrow(1,C)\rightarrow(4,C)\rightarrow(4,B)\rightarrow(5,B)\rightarrow$ $(5,S_2)\rightarrow(8,S_2)\rightarrow(8,S_1)\rightarrow(9,S_1)\rightarrow j$ 不满足换乘次数的约束，因此，这些路径均不是有效超路径。

6.11 本章小结

交通系统中出行方式的多样化和出行范围的不断扩张使得组合模式出行日益普遍。传统的交通网络模型难以将多模式交通系统中各模式子网络的特性以及各种模式子网之间的关联性表现出来。因此，需要建立一种新的多模式交通超网络模型来对多模式交通系统进行分析和描述。本章首先介绍了传统的单模式交通网络及其一般特性，并给出了经典的最短路算法，又介绍了各种交通模式及常见的出行方式，在此基础上，提出了多模式交通超网络拓扑模型的构建方法以及超网络的表示方法；定义了子路径、可行超路径及有效超路径的概念，提出了超网络中基于子路径费用的最短超路径及有效路径搜索算法。

本章参考文献

[1] JUNG S, PRAMANIK S. An efficient path computation model for hierarchically structured topographical road maps[J]. IEEE transactions on knowledge and data engineering, 2002, 14(5):1029-1046.

[2] MAINGUENAUD M. Modeling the network component of geographical information system[J]. International journal of geographic information systems, 1995, 9(6):575-593.

[3] NAGURNEY A, DONG J. Supernetworks: decision-making for the information age[M]. Cheltenham: Edward Elgar Publishing, 2002.

[4] SHEFFI Y. Urban transportation networks: equilibrium analysis with mathematical programming methods[M]. Englewood Cliffs: Prentice Hall, 1985.

[5] 雷延军,李向阳. 基于风险与双渠道的全球供应链"超网络"均衡优化模型研究[J]. 中国管理科学, 2006, 14(z1):523-528.

[6] 刘建军. 交通工程学基础[M]. 北京:人民交通出版社,1995.

[7] 毛保华,四兵锋,刘智丽. 城市轨道交通网络管理及收入分配理论与方法[M]. 北京:科学出版社,2007.

[8] 四兵锋,高自友. 交通运输网络流量分析与优化建模[M]. 北京:人民交通出版社,2013.

[9] 任福田,刘小明,孙立山,等. 交通工程学[M]. 北京:人民交通出版社,2008.

[10] 沈秋英,王文平. 基于社会网络与知识传播网络互动的集群超网络模型[J]. 东南大学学报(自然科学版), 2009, 39(2):413-418.

[11] 吴信才,杨林,周顺平,等.支持多模式的复合交通网络模型研究[J].武汉大学学报(信息科学版),2008,33(4):341-346.

[12] 王炜,陈峻,过秀成.交通工程学[M].南京:东南大学出版社,2000.

[13] 王志平,王众托.超网络理论及其应用[M].北京:科学出版社,2008.

[14] 熊丽音,陆锋,陈传彬.城市多模式交通网络特征连通关系表达模型[J].武汉大学学报(信息科学版),2008,33(4):393-396.

[15] 席运江,党延忠,廖开际.组织知识系统的知识超网络模型及应用[J].管理科学学报,2009,12(3):12-21.

[16] 徐吉谦,陈学武.交通工程总论[M].2版.北京:人民交通出版社,2002.

[17] 张兵.关系、网络与知识流动[M].北京:中国社会科学出版社,2014.

第 7 章 多模式交通超网络流量分配

7.1 概 述

交通网络上的流量是基于人的出行活动和路网设施相互作用而产生的宏观现象,网络交通流模型研究的就是以人的出行活动为基础的交通需求在网络上的实现过程。网络交通流的核心是人的交通选择行为,交通选择涉及很多方面,包括是否出行、出行时段、目的地、交通方式以及出行路径等,其中最核心且被研究得最多的是交通方式的选择以及出行路径的选择问题。

对交通方式选择的研究始于 20 世纪 50 年代,主要以离散选择模型和随机效用理论为基础。20 世纪 70 年代,计量经济学家 McFadden 等提出经典的 Logit 模型,在理论上取得很大进展,而 Manheim、Ben-Akiva、Lerman 等将 Logit 模型推向了实用化。截至目前,国内外学者以 Logit 模型为基础,对交通方式、出发时间、出行目的地和路径等交通选择问题展开了大量研究,提出了诸如 Nested-Logit 模型、Mixed-Logit 模型和 Probit 模型等众多理论模型(Ben-Akiva 和 Lerman,1985;McFadden,1989;黄海军,2005)。

对于出行路径选择问题的研究,同样始于 20 世纪 50 年代,以 Dantzig(1957)和 Moore(1957)提出最短路搜索算法为基础,经过 Carroll、Schneider 等人的共同努力,基于最短路搜索算法的"全有全无"交通流分配方法在交通规划中得到应用。随后,一些新的交通流分配方法相继被提出,比如,Burrell(1968)和 Dial(1971)等提出了多路径概率分配方法等。同时,Wardrop 在 1952 年发表了一篇论文,提出两个不同的交通流分配原则,即著名的用户平衡原则和系统最优原则,Wardrop 原则成为现代网络交通流理论的基础。1956 年,Beckmann 建立了满足交通平衡条件的数学优化模型,20 世纪 70 年代,Murchland(1970)将求解非线性规划 Frank-Wolfe 算法应用在求解 Beckmann 模型上,而 Abdulaal 和 LeBlanc(1979)则将该算法应用于一个小型网络中,促进了交通平衡理论在实际中的应用。

早期的交通网络平衡理论研究只针对单模式交通系统。后来,有些学者将该理论扩展到多模式交通系统中(Florian 和 Nguyen,1978;Friesz,1981;Safwat 和 Magnanti,1988;Lam 和 Huang,1992;Abrahamsson 和 Lundqvist,1999),但这些研究没有考虑不同模式之间的换乘问题。自 20 世纪 90 年代以来,一些学者开始考虑多模式交通的换乘因素,提出了相关模型。例如,Fernandez 等(1994)考虑了私家车和地铁两种模式,建立了网络流量分配模型,出行者可在这两种模式之间进行转换;Wu 和 Lam(2002)采用变分不等式研究了不同模式之间的换乘条件下的交通网络平衡问题;Lo 等(2003)将多模式交通系统表示为静态扩展多模式网络

(State-augmented Multi-modal Network),提出了基于 Logit 模型的多模式交通流量分配模型;黄海军和李志纯(2005,2006)同样只考虑了私家车和地铁两种模式,且假定只有选择私家车的出行者进行路径选择,并给出了相应的交通网络分配模型;Lam 等(2007)基于超网络,采用变分不等式方法描述了多模式交通出行的网络流量分配模型。尽管这些研究对多模式交通网络流量分配问题进行了不同程度的拓展,但仍有一些方面还需进一步完善,例如:考虑非机动车出行、考虑不同模式之间的相互影响等。

7.2 交通网络流量分配基础

7.2.1 "全有全无"方法

"全有全无"方法不考虑网络中的拥挤效应,假定路段阻抗为常数,O-D 交通量被全部分配在连接 O-D 对的最短路径上,其他路径上不分配交通量。该方法的具体步骤如下:

步骤 1:初始化,令路段流量 $x_a=0, \forall a$,计算各路段阻抗 $t_a, \forall a$。

步骤 2:根据 t_a 搜索网络中每个 O-D 对之间的最短路径。

步骤 3:将 O-D 交通量全部分配到相应的最短路径上,根据第 6 章给出的路段流量和路径流量之间的叠加关系,得到最终的路段流量 $\bar{x}_a, \forall a$。

"全有全无"方法的分配算法是最简单、最基本的网络流量分配方法,其优点是计算简便,分配只需一次完成,其缺点在于不能反映网络中的拥挤情况,因此,该方法只适用于不存在拥挤的交通网络流量分配问题。

7.2.2 多路径概率分配法

从行为科学的角度来说,路径选择问题是一个决策问题。为了模拟乘客的心理活动,可为每条路径确定一个广义费用来表示乘客选择该路径而产生的出行成本。通常,路径广义费用所包含的因素很多,并存在一些随机因素,可将路径广义费用看作随机变量。用 C_k^{rs} 表示乘客选择 O-D 对 rs 之间的路径 k 的广义费用,其可表示为:

$$C_k^{rs} = c_k^{rs} + \varepsilon_k^{rs}, \quad \forall r,s,k \tag{7-1}$$

式中,c_k^{rs} 表示 O-D 对 rs 之间的路径 k 上的可确定费用,比如时间、花费等;ε_k^{rs} 为随机项。

通常,出行者总希望选择费用最小的路径,由于路径费用是随机变量,因此,路径选择问题就变成一个概率问题,即出行者以多大的概率选择 O-D 间的某条路径。显然,此概率等价于该路径费用在所有可选路径费用中为最小的概率,即:

$$p_k^{rs} = \Pr(C_k^{rs} \leqslant C_n^{rs}, n \neq k), \quad \forall r,s,k \tag{7-2}$$

式中,p_k^{rs} 表示 O-D 对 rs 之间路径 k 的选择概率;n 表示除了 k 之外的 rs 之间的路径。

如果 ε_k^{rs} 相互独立且服从 Gumbel 分布,则 p_k^{rs} 可表示为如下 Logit 形式:

$$p_k^{rs} = \frac{\exp(-\theta c_k^{rs})}{\sum_{p \in K_{rs}} \exp(-\theta c_p^{rs})}, \quad \forall r,s,k \tag{7-3}$$

式中，K_{rs} 表示 O-D 对 rs 之间的路径集合；θ 为模型参数，可以证明，θ 与 ε_k^{rs} 的方差成反比，因此，可把 θ 看作度量出行者对交通网络熟悉程度的指标(Sheffi,1985)；p 表示 rs 之间的所有有效路径。

Dial(1971)提出了一个算法，在不需要搜索路径的基础上有效实现 Logit 流量分配。Dial 算法的具体步骤如下：

步骤1：初始化。根据最短路算法，计算从起点 r 到所有节点的最小阻抗，记为 $r(i)$，以及从所有节点到终点 s 的最小阻抗，记为 $s(i)$，对每条路段 (i,j)，根据式(7-4)计算路段似然值 $L(i,j)$：

$$L(i,j) = \begin{cases} \exp\{\theta[r(j) - r(i) - t(i,j)]\}, & \text{若 } r(i) < r(j) \text{ 且 } s(i) > s(j) \\ 0, & \text{其他情况} \end{cases} \tag{7-4}$$

步骤2：从起点 r 开始，按照 $r(i)$ 的上升顺序依次考虑每个节点，对每个节点，计算离开它的所有路段的权重值，当达到终点 s，即 $i=s$ 时停止对权重的计算。对于节点 i，其权重 $W(i,j), j \in O_i$ 的计算公式为：

$$W(i,j) = \begin{cases} L(i,j), & \text{若 } i=r, \text{ 即节点 } i \text{ 是起点} \\ L(i,j) \cdot \sum_{m \in D_i} W(m,i), & \text{其他情况} \end{cases} \tag{7-5}$$

式中，D_i 为路段终点为 i 的路段起点的集合。

步骤3：从终点 s 开始，按照 $s(j)$ 的上升顺序依次考虑每个节点，对每个节点，计算进入它的所有路段的交通量，当达到起点 r，即 $j=r$ 时停止计算。对于节点 j，其交通量 $x(i,j), i \in D_i$ 的计算公式为：

$$x(i,j) = \begin{cases} q_{rs} \dfrac{W(i,j)}{\sum\limits_{m \in D_i} W(m,j)}, & \text{若 } j=s, \text{ 即节点 } j \text{ 是终点} \\ \left[\sum\limits_{m \in D_i} x(j,m)\right] \dfrac{W(i,j)}{\sum\limits_{m \in D_i} W(m,j)}, & \text{其他情况} \end{cases} \tag{7-6}$$

式中，D_i 为路段起点为 i 的路段终点的集合。

和"全有全无"方法类似，Dial 算法也没有考虑网络中的拥挤现象，属于一次加载的网络流量分配方法，该算法的配流结果满足 Logit 形式，且无须搜索所有路径，可应用于较大规模的交通网络。在该算法中，并非对 O-D 之间的所有路径进行流量分配，而是只考虑部分路径。但 Dial 算法对有效路径的定义存在偏差，会导致其配流结果与现实不符。针对这样的缺陷，有些学者提出了改进算法(Bell,1995；Akamatsu,1996；李志纯和黄海军,2003；Si 等,2010)，读者可查阅相关文献，在此不再赘述。

7.2.3 用户平衡配流模型

1952 年，Wardrop 提出用户平衡原则，奠定了交通网络用户平衡理论的基础。Wardrop 用户平衡原则可归纳为：当交通网络的流量分配达到平衡时，在任意 O-D 之间所有可供选择的出行路径中，出行者所采用的各条路径上的出行费用均相等，且不大于未被使用路径上的出行费用。满足以上原则的交通流分配方法称为用户平衡(User Equilibrium,UE)配流。

1956年,Beckmann采用数学的形式对该准则进行了描述,即在交通网络平衡状态下,路径费用和路径流量之间存在如下关系:

$$\mu_{rs} - c_k^{rs} \begin{cases} =0, \text{当} f_k^{rs} > 0 \\ \leq 0, \text{当} f_k^{rs} = 0 \end{cases}, \quad \forall k,r,s \tag{7-7}$$

式中,f_k^{rs}表示O-D对rs之间路径k上的流量;μ_{rs}表示交通网络平衡状态下O-D对rs之间的最小出行费用。

同时,Beckmann将满足平衡条件式(7-7)的交通流量分配问题归纳为如下形式的数学优化问题:

$$\min Z(\boldsymbol{x}) = \sum_a \int_0^{x_a} t_a(w) \mathrm{d}w \tag{7-8a}$$

$$\text{s.t.} \quad \sum_k f_k^{rs} = q_{rs}, \quad \forall r,s \tag{7-8b}$$

$$x_a = \sum_r \sum_s \sum_k f_k^{rs} \cdot \delta_{a,k}^{rs}, \quad \forall a \tag{7-8c}$$

$$f_k^{rs} \geq 0, \quad \forall k,r,s \tag{7-8d}$$

式中,$t_a(\cdot)$为路段阻抗函数,通常表示为以路段流量x_a为自变量的单调递增函数;$\delta_{a,k}^{rs}$表示路段与路径的关联系数,如果路段a在O-D对rs之间路径k上,则取值为1,否则为0。

求解Beckmann模型的常用算法为Frank-Wolfe算法,该算法主要由两部分组成:一是在每次迭代中确定搜索方向,二是确定搜索步长。Frank-Wolfe算法的具体步骤如下:

步骤1:初始化。令网络中路段流量均为0,根据路段阻抗函数计算$t_a^{(0)}$,$\forall a$,用"全有全无"配流方法进行网络流量加载,得到初始路段流量$x_a^{(0)}$,$\forall a$,置迭代次数$n=1$。

步骤2:根据路段阻抗函数,计算$t_a^{(n)} = t_a[x_a^{(n)}]$,$\forall a$。

步骤3:确定搜索方向。根据$t_a^{(n)}$,$\forall a$,用"全有全无"方法进行网络流量加载,得到路段流量$y_a^{(n)}$,$\forall a$。

步骤4:确定迭代步长。求解如下一维搜索问题,得出最优步长$\alpha^{(n)}$:

$$\min Z\{\boldsymbol{x}^{(n)} + \alpha^{(n)}[\boldsymbol{y}^{(n)} - \boldsymbol{x}^{(n)}]\} \tag{7-9a}$$

$$\text{s.t.} \quad 0 \leq \alpha^{(n)} \leq 1 \tag{7-9b}$$

式中,$\boldsymbol{x}^{(n)}$和$\boldsymbol{y}^{(n)}$分别为$x_a^{(n)}$和$y_a^{(n)}$的向量表示。

步骤5:计算新的路段流量:

$$x_a^{(n+1)} = x_a^{(n)} + \alpha^{(n)}[y_a^{(n)} - x_a^{(n)}], \quad \forall a \tag{7-10}$$

步骤6:收敛性检查。如果满足下面的收敛性条件,则算法终止,其最优解为$x_a^{(n+1)}$,$\forall a$;否则,令$n = n+1$,转到步骤2。

$$\frac{\sqrt{\sum_a [x_a^{(n+1)} - x_a^{(n)}]^2}}{\sum_a x_a^{(n)}} \leq \varepsilon \tag{7-11}$$

式中,ε为预先给定的计算精度。

7.2.4 随机用户平衡配流模型

随机用户平衡(Stochastic User Equilibrium,SUE)是指任何一个出行者都不可能通过单方面改变出行路径来减少自己的估计费用的交通流分布形态。也可以这样描述：在 O-D 对之间所有可供选择的路径中，使用者所选择的各条路径的出行费用的期望值全都相等，而且不大于未被利用路径的出行费用的期望值。显然，随机用户平衡分配中出行者的路径选择行为仍然遵循 Wardrop 用户平衡原则，只不过用户选择的是估计费用最小的路径而已。

假定网络中路段费用包括确定费用和随机因素，则路段估计费用可表示为：

$$T_a = t_a(x_a) + \varepsilon_a, \quad \forall a \tag{7-12}$$

式中，T_a 表示路段 a 的估计费用；$t_a(x_a)$ 表示路段 a 的可确定费用，可用路段阻抗函数表示；ε_a 为路段 a 的随机费用，其数学期望为 0，即 $E[\varepsilon_a] = 0$。

根据路径与路段之间的关联，网络中 O-D 对 rs 之间的路径 k 上的估计费用 C_k^{rs} 可由 T_a 表示，即：

$$C_k^{rs} = \sum_a T_a \cdot \delta_{a,k}^{rs}, \quad \forall r, s, k \in K_{rs} \tag{7-13}$$

式中，K_{rs} 表示交通网络中 O-D 对 rs 之间的有效路径集合。

根据随机变量的累加性，C_k^{rs} 也是随机变量，假定其期望值为 c_k^{rs}，则：

$$c_k^{rs} = \sum_a t_a \cdot \delta_{a,k}^{rs}, \quad \forall r, s, k \in K_{rs} \tag{7-14}$$

由于路径估计费用是随机变量，具有概率分布特征，因此，每条路径均有一个被选择概率，次概率就是路径估计费用在对应 O-D 对之间所有有效路径费用中最小的概率。由随机用户平衡配流的定义可知，在这种平衡状态下，某个 O-D 对之间所有已被选用的路径上，并不一定有相同的实际费用值，而是满足下述条件：

$$f_k^{rs} = q_{rs} \cdot P_k^{rs}, \quad \forall r, s, k \in K_{rs} \tag{7-15}$$

式中，P_k^{rs} 表示连接 O-D 对 rs 之间的路径 k 被选择的概率。

Fisk(1980) 提出了如下 SUE 模型，在模型中，O-D 需求量已知，路径流量被视为变量，模型的解满足 Logit 形式 [即式(7-3)]。

$$\min Z(f) = \frac{1}{\theta} \sum_r \sum_s \sum_{k \in K_{rs}} f_k^{rs} \ln f_k^{rs} + \sum_a \int_0^{x_a} t_a(w) \mathrm{d}w \tag{7-16a}$$

$$\text{s.t.} \quad \sum_{k \in K_{rs}} f_k^{rs} = q_{rs}, \quad \forall r, s \tag{7-16b}$$

$$x_a = \sum_r \sum_s \sum_{k \in K_{rs}} f_k^{rs} \cdot \delta_{a,k}^{rs}, \quad \forall a \tag{7-16c}$$

$$f_k^{rs} \geq 0, \quad \forall r, s, k \in K_{rs} \tag{7-16d}$$

式中，θ 是一个非负的校正参数，它掌握了整个模型的随机特性，可以看出，当 $\theta \to \infty$ 时，目标函数的第二项就会控制整个函数，模型就变为一个标准的 UE 问题；当 $\theta \to 0$ 时，O-D 需求量 q_{rs} 将均匀地分布到网络上，相当于完全随机分配。

求解 Fisk 模型的常用算法为连续平均法 (Method of Successive Algorithm)，简称 MSA 算法 (Powell 和 Sheffi, 1982)，该算法的具体步骤如下：

步骤1：确定 O-D 对之间的有效路径的集合 $K_{rs}, \forall r, s$。

步骤2：根据 $\{t_a^{(0)}, \forall a\}$ 计算有效路径的费用，然后根据 Logit 模型计算初始路径流量 $f_k^{rs(0)}, \forall r, s, k \in K_{rs}$。置迭代次数 $n = 1$。

步骤3：由 $f_k^{rs(n)}$ 计算新的路径费用，再用 Logit 模型计算新的路径流量 $l_k^{rs(n)}$。

步骤4：确定搜索步长。通过线性搜索得到迭代步长 α^n。

步骤5：更新路径流量 $f_k^{rs(n+1)} = f_k^{rs(n)} + \alpha^n [l_k^{rs(n)} - f_k^{rs(n)}]$，$\forall r,s,k \in K_{rs}$。

步骤6：收敛性检查。若满足收敛条件，则停止迭代；否则，令 $n = n+1$，转步骤3。

该算法可看成 Frank-Wolfe 算法的一种变种算法。该算法的主要思想就是将迭代过程中的一系列辅助点进行平均，其中每一个迭代点都是通过求解辅助规划问题得来的，而辅助规划问题又是基于前面迭代过程中的辅助。由于该算法具有很好的实用性，因此这种算法在交通网络流量分配方面有着广泛应用。

7.3 考虑换乘的多模式交通超网络流量分配模型

多模式交通超网络流量分配问题研究的是在一定的换乘条件下，出行者如何选择出行线路、交通工具及换乘模式，并设计相应的数学模型和算法计算得到超网络中所有弧段的交通量。首先，做如下假设：

(1) 选取私家车、公交车、地铁这三种交通模式作为研究对象，分别用数字1、2、3表示；

(2) 网络中各 O-D 对之间的出行需求是固定且已知的；

(3) 不同模式的车辆行驶在不同的网络上，各模式之间不存在干扰。

7.3.1 费用分析

根据第6章多模式交通超网络的构建过程可知，超网络包含四种类型的弧，即上网弧、行驶弧、换乘弧及下网弧，出行者在不同弧段上出行活动的差异导致不同弧段具有不同的广义费用。下面分别对不同类型弧段的广义费用进行分析。

1) 上网弧

上网弧费用主要是指出行者从起始点到各类子网并乘坐交通工具所花费的时间。对于选择私家车的出行者来说，上网时间是到达停车场的步行时间；对于乘坐公交或地铁的出行者而言，上网时间除了包括到达站点的步行时间之外，还包括在站点的等车时间。故上网弧费用 G_a^m 可用下式表示：

$$G_a^m = \begin{cases} T_a^b + T_a^d, & m = 2 \text{ 或 } 3 \\ T_a, & m = 1 \end{cases}, \quad a \in A_1 \tag{7-17}$$

式中，A_1 表示网络中上网弧集合；T_a^b 和 T_a^d 分别表示出行者在公交子网和地铁子网中上网弧 a 上的步行时间和平均等车时间；T_a 表示出行者在私家车子网中上网弧 a 上的步行时间。

2) 行驶弧

在车辆的行驶过程中，出行者选择不同的交通工具所承担的出行费用是不同的。通常，在行驶弧上的广义费用包括时间、货币和舒适度损耗三个指标。假设公交和地铁的车辆行驶时间固定，私家车出行的舒适度损耗为零，公交或地铁出行的舒适度损耗与车辆行驶时间成正比，可通过放大车辆行驶时间来表示出行者的舒适度损耗；私家车的货币费用主要是燃油费，而其他交通工具则是票价，且公交车和地铁都采取按距离定价的票价制度。

根据上面的分析,行驶弧的广义费用 G_a^m 可用下式表示:

$$G_a^m = T_a^m + \varphi P_a^m, \quad m \in M, a \in A_2 \tag{7-18}$$

式中, M 表示交通模式集合; A_2 表示行驶弧集合; φ 为参数,表示货币-时间的转换关系; T_a^m 和 P_a^m 分别表示交通模式 m 在行驶弧 a 上的时间费用和货币费用,可由式(7-19)和式(7-21)进行计算。

$$T_a^m = \begin{cases} t_a^0 \left[1 + \alpha \left(\dfrac{x_a}{C_a}\right)^\beta \right], & m = 1 \\ t_a^m (1 + \rho_a)^\omega, & m = 2 \text{ 或 } 3 \end{cases}, \quad a \in A_2 \tag{7-19}$$

式中, t_a^0 表示私家车在行驶弧 a 上的零流时间; C_a 表示行驶弧 a 的通行能力; x_a 表示行驶弧 a 上的流量; α 和 β 为参数; t_a^m 表示交通方式 m 在各自行驶弧 a 上的行驶时间; ω 表示参数; ρ_a 表示舒适度损耗的惩罚系数,由下式计算:

$$\rho_a = \begin{cases} 0, & x_a \leq Z^m \\ b(x_a - Z^m)/Z^m, & Z^m < x_a \leq K^m \\ b(x_a - Z^m)/Z^m + c(x_a - K^m)/K^m, & x_a > K^m \end{cases}, \quad a \in A_2 \tag{7-20}$$

式中, Z^m 和 K^m 分别表示公交或地铁的座位数以及最大载客量; b 和 c 为参数。

$$P_a^m = p^m \cdot l_a, \quad \forall m, \ a \in A_2 \tag{7-21}$$

式中, p^m 表示私家车单位里程的燃油费或公共交通单位里程票价; l_a 表示行驶弧 a 的距离。

3) 换乘弧

换乘弧上的广义费用包括换乘时间和舒适度损耗两部分,其中换乘时间由步行时间和等车时间组成,舒适度损耗与换乘时间正相关,可通过放大换乘时间来表示。用 G_a^{mn} 表示出行者通过换乘弧 a 从交通方式 m 转换到 n 所承担的广义费用,则 G_a^{mn} 可表示如下:

$$G_a^{mn} = \gamma(T_a^{mn} + T_a^n), \quad m, n \in M, \ a \in A_3 \tag{7-22}$$

式中, A_3 表示换乘弧集合; T_a^{mn} 表示在换乘弧 a 上由交通方式 m 换乘到交通方式 n 的步行时间; T_a^n 表示出行者在换乘弧 a 上等待交通方式 n 的时间; γ 表示舒适度损耗的惩罚因子。

4) 下网弧

下网弧的费用只包括从公交站或地铁站或停车场到目的地所花费的步行时间,通常可假定该时间为常数,表示如下:

$$G_a^m = T_a, \quad \forall m, \ a \in A_4 \tag{7-23}$$

式中, A_4 表示下网弧集合; T_a 表示出行者在下网弧 a 上的步行时间。

在多模式交通超网络中,O-D 对之间某条超路径的广义费用等于组成该路径的所有弧段广义费用之和,可表达如下:

$$G_k^{rs} = \sum_a G_a \cdot \delta_{a,k}^{rs} \tag{7-24}$$

式中, G_k^{rs} 表示 O-D 对 rs 间超路径 k 的广义费用; G_a 表示弧段 a 的广义费用; $\delta_{a,k}^{rs}$ 表示 O-D 对 rs

间超路径 k 与弧段 a 的关联系数,如果 a 在 k 上,则 $\delta_{a,k}^{rs}=1$,否则 $\delta_{a,k}^{rs}=0$。

7.3.2 随机用户平衡分配模型

在多模式交通超网络中,出行者总是试图去选择广义费用最小的超路径,而超路径上的费用会随着流量的变化而改变,同时,出行者对超路径的选择具有一定的随机性。假设出行者对超路径广义费用的估计误差相互独立且服从 Gumbel 分布,那么,出行者对超路径的选择满足如下 Logit 模型:

$$P_k^{rs} = \frac{\exp(-\theta G_k^{rs})}{\sum_{l \in K^{rs}} \exp(-\theta G_l^{rs})}, \quad \forall w, \quad k \in K^{rs} \tag{7-25}$$

式中,P_k^{rs} 表示 O-D 对 rs 间超路径 k 的选择概率;K^{rs} 表示 O-D 对 rs 间有效超路径集合。

根据超网络中 O-D 对 rs 间超路径与弧段之间的关联关系,O-D 需求量、超路径流量以及弧流量之间满足如下条件:

$$f_k^{rs} = P_k^{rs} \cdot q^{rs}, \quad \forall r,s, \quad k \in K^{rs} \tag{7-26}$$

$$\sum_{k \in K^{rs}} f_k^{rs} = q^{rs}, \quad \forall r,s \tag{7-27}$$

$$x_a = \sum_w \sum_k f_k^{rs} \delta_{a,k}^{rs}, \quad \forall a \tag{7-28}$$

式中,f_k^{rs} 为 O-D 对 rs 间超路径 k 上的流量,q^{rs} 表示 O-D 对 rs 间的总出行量。

在平衡状态下,多模式交通超网络中没有出行者能通过单方面改变超路径来降低其广义费用。在此,采用如下 Fisk 模型来描述基于随机用户平衡的多模式网络流量分配问题。

$$\min Z(f) = \frac{1}{\theta} \sum_{rs} \sum_{k \in K^{rs}} f_k^{rs} \ln f_k^{rs} + \sum_a \int_0^{x_a} G_a(x)\,\mathrm{d}x \tag{7-29a}$$

$$\text{s.t.} \quad \sum_{k \in K^{rs}} f_k^{rs} = q^{rs}, \quad \forall r,s \tag{7-29b}$$

$$f_k^{rs} \geq 0, \quad \forall r,s, \quad k \in K^{rs} \tag{7-29c}$$

$$x_a = \sum_w \sum_k f_k^{rs} \cdot \delta_{a,k}^{rs}, \quad \forall a \tag{7-29d}$$

下面证明模型的最优解满足 Logit 流量分离关系式(7-25)。首先,可写出上述数学优化模型的一阶必要条件:

$$\begin{cases} \dfrac{1}{\theta}(\ln f_k^{rs}+1) + \sum_a G_a(x_a)\delta_{a,k}^{rs} - \lambda^{rs} - \mu_k^{rs} = 0 \\ -\mu_k^{rs} f_k^{rs} = 0 \end{cases} \tag{7-30}$$

式中,λ^{rs} 和 μ_k^{rs} 分别是约束条件式(7-29b)和式(7-29c)的拉格朗日乘子。

对于 O-D 对 rs 之间任意一条被选择路径 $k \in K^{rs}$,当 $f_k^{rs}>0$ 时,有 $\mu_k^{rs}=0$。由弧流量 x_a 和路径流量 f_k^{rs} 两者之间的守恒关系,可得:

$$G_k^{rs} = \sum_a G_a(x_a)\delta_{a,k}^{rs} \tag{7-31}$$

从而可以得到:

$$\frac{1}{\theta}(\ln f_k^{rs}+1) + G_k^{rs} - \lambda^{rs} = 0 \tag{7-32}$$

将式(7-32)变形求出 f_k^{rs},代入式(7-27),即可得到 Logit 模型[式(7-25)]。

基于最短可行超路径搜索算法和有效超路径搜索算法,在此提出求解多模式交通超网络随机平衡分配模型的 MSA 算法,具体步骤如下:

步骤1:确定 O-D 对 rs 之间的有效超路径集合 K^{rs}。

步骤2:初始化。令超网络中所有弧段的流量为零,计算弧段广义费用初始值 $G_a^0 = G_a(0)$,采用基于 Logit 模型的多路径概率分配方法进行一次网络加载,得到各弧段初始流量值 $x_a^{(n)}$,置迭代次数 $n=1$。

步骤3:根据 $x_a^{(n)}$ 更新所有弧段的广义费用,采用基于 Logit 模型的多路径概率分配方法进行一次网络加载,得到各弧段的辅助流量 $y_a^{(n)}$。

步骤4:根据式(7-33)更新弧段流量,得到 $x_a^{(n+1)}$:

$$x_a^{(n+1)} = x_a^{(n)} + \frac{1}{n}[y_a^{(n)} - x_a^{(n)}], \quad \forall a \tag{7-33}$$

步骤5:收敛性检查。判断是否满足 $\max|x_a^{(n+1)} - x_a^{(n)}| \leq \varepsilon$,$\varepsilon$ 是提前设定的收敛精度。如果满足收敛条件,算法结束;否则,令 $n = n+1$,转入步骤3。

7.3.3 算例分析

通过一个简单的例子来说明多模式交通超网络流量分配模型及算法的计算过程。超网络如图7-1所示,出行者从出发地 i 出发到目的地 j,可选择的交通工具包括私家车、公交车和地铁三种,分别用字母 C、B、S 表示,节点2、4、5为换乘点,其中在节点2可由私家车换乘到地铁,在节点4可由私家车换乘公交车,在节点5可由公交车换乘到地铁。

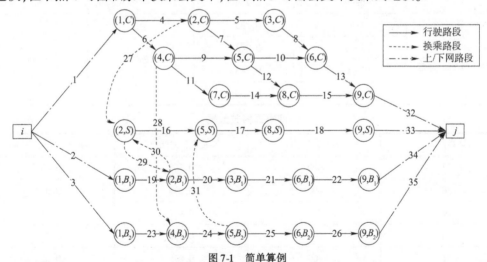

图7-1 简单算例

模型中的参数取值为:私家车单位里程的燃油费($m=1$)为0.6元/km,公交车和地铁的票价分别为1元和2元,私家车的平均速度为60km/h,O-D 需求量 q 为5000人,货币-时间转换系数 $\varphi = 0.7$,舒适度损耗惩罚因子 $\gamma = 0.2$,式(6-24)中有效路径的伸展系数 $\sigma = 0.1$,式(7-20)中的参数 b 和 c 分别取0.1和0.2。

各种交通方式以及不同弧段的基本数据由表7-1~表7-5给出。

私家车相关数据　　　　　　　　　　　　　　　　　　　　　表 7-1

路段	零流时间(h)	通行能力(veh/h)	路段	零流时间(h)	通行能力(veh/h)
1—2	0.183	700	4—7	0.300	700
2—3	0.183	700	5—8	0.317	500
1—4	0.167	700	6—9	0.167	500
2—5	0.317	500	7—8	0.250	700
3—6	0.183	500	8—9	0.250	500
4—5	0.200	700	5—6	0.200	700

地铁相关数据　　　　　　　　　　　　　　　　　　　　　　表 7-2

线路	路段	平均行驶时间(h)	座位数(个)	设计载客量(人)
1	2—5	0.267	50	100
	5—8	0.233		
	8—9	0.200		

公交车相关数据　　　　　　　　　　　　　　　　　　　　　表 7-3

线路	路段	平均行驶时间(h)	座位数(个)	设计载客量(人)
1	1—4	0.250	280	2000
	4—5	0.300		
	5—6	0.300		
	6—9	0.250		
2	1—2	0.283	280	2000
	2—3	0.283		
	3—6	0.283		
	6—9	0.250		

换乘弧相关数据　　　　　　　　　　　　　　　　　　　　　表 7-4

换乘路段	换乘距离(m)	换乘步行时间(h)	换乘等待时间(h)
27	600	0.108	0.033
28	400	0.075	0.067
29	500	0.917	0.033
30	500	0.917	0.067
31	400	0.075	0.033

上/下网弧相关数据　　　　　　　　　　　　　　　　　　　表 7-5

路段	上/下网路段	上/下网步行时间(h)	上/下网等待时间(h)
1	上	0.033	0
2	上	0.100	0.067

续上表

路段	上/下网路段	上/下网步行时间(h)	上/下网等待时间(h)
3	上	0.142	0.033
32	下	0.033	0
33	下	0.150	0
34	下	0.133	0
35	下	0.133	0

首先,对 MSA 算法的收敛性进行分析,通过每次迭代中上网弧 3 和下网弧 32 上的流量变化来表示算法的收敛性。图 7-2 给出了 MSA 算法前 42 次迭代的收敛情况,可以看出,算法具有较好的收敛性,在迭代了 36 次后,计算结果基本趋于稳定。

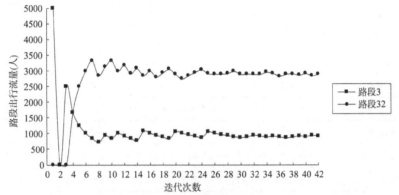

图 7-2　MSA 算法的收敛情况

图 7-3 给出了网络达到平衡时各弧段的流量分配结果,可以看出,选择单模式出行的流量约占总出行量的 78%,而选择组合模式出行的流量占 22% 左右,这个结果与现实是基本相符的。这是因为,与单模式出行相比,换乘过程需要上下车,还有步行时间和等车时间等损耗,会增加出行者的舒适度成本,从而增加出行者的广义出行费用,因此,选择组合模式出行的流量会相对较少。

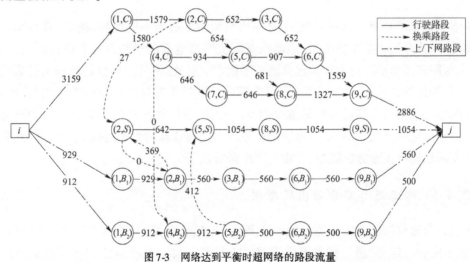

图 7-3　网络达到平衡时超网络的路段流量

由于该网络较为简单,可将 O-D 间分配到流量的路径枚举出来,根据计算结果,在网络达到平衡时,从 i 到 j 共有 11 条有效超路径,表 7-6 给出了平衡条件下各超路径的基本信息及广义费用。可以看出,出行者可采用单一交通工具,也可采用多种交通工具组合的形式完成出行,且 O-D 之间存在着一个由多条超路径组成的有效超路径集合。同时,并非任意超路径都会被出行者选择,例如,超路径 $i \to (1,C) \to (4,C) \to (4,B_2) \to (5,S) \to (8,S) \to (9,S) \to j$,尽管其广义费用很低,但它不满足有效超路径的条件,因此,不会为其分配流量;超路径 $i \to (1,C) \to (2,C) \to (2,S) \to (2,B_1) \to j$,由于在节点 2 有连续换乘弧,因此不是可行超路径,也不会为其分配流量。

有效超路径的流量计算结果　　　　　　　　　　　表 7-6

路径编号	出行模式	超网络路径	换乘次数	广义费用
1	私家车	$i \to (1,C) \to (2,C) \to (3,C) \to (6,C) \to (9,C) \to j$	0	3.8936
2	私家车	$i \to (1,C) \to (2,C) \to (5,C) \to (6,C) \to (9,C) \to j$	0	3.9319
3	私家车	$i \to (1,C) \to (2,C) \to (5,C) \to (8,C) \to (9,C) \to j$	0	3.9278
4	私家车	$i \to (1,C) \to (4,C) \to (5,C) \to (6,C) \to (9,C) \to j$	0	3.9271
5	私家车	$i \to (1,C) \to (4,C) \to (5,C) \to (8,C) \to (9,C) \to j$	0	3.9231
6	私家车	$i \to (1,C) \to (4,C) \to (7,C) \to (8,C) \to (9,C) \to j$	0	3.9094
7	公交车 1	$i \to (1,B_1) \to (2,B_1) \to (3,B_1) \to (6,B_1) \to (9,B_1) \to j$	0	3.9168
8	公交车 2	$i \to (1,B_2) \to (4,B_2) \to (5,B_2) \to (6,B_2) \to (9,B_2) \to j$	0	3.9292
9	私家车+地铁	$i \to (1,C) \to (2,C) \to (2,S) \to (5,S) \to (8,S) \to (9,S) \to j$	1	3.9289
10	公交车 1+地铁	$i \to (1,B_1) \to (2,S) \to (5,S) \to (8,S) \to (9,S) \to j$	1	3.9233
11	公交车 2+地铁	$i \to (1,B_2) \to (5,S) \to (8,S) \to (9,S) \to j$	1	3.9260

7.4　考虑距离因素的多模式交通超网络流量分配模型

在多模式交通系统中,不同交通工具在出行距离上有着不同优势,例如,自行车适合短距离出行,小汽车适合长距离出行,电动汽车因受电池电量的限制而具有出行距离上限等。因此,出行距离是影响出行者模式选择的重要因素。此外,出行距离也是影响出行费用的重要因素,比如地铁票价、小汽车油耗、自行车舒适度损耗等都与出行距离直接相关,因此,距离因素也是影响出行者路径选择的重要因素。然而,在以往的多模式交通网络的研究中考虑距离因素的建模分析很少,本节考虑出行距离对交通选择的影响,提出了考虑距离因素的多模式交通超网络流量分配模型,并设计了求解算法。

7.4.1　考虑距离因素的出行费用

多模式交通超网络中的超路径是由上网弧、车辆行驶弧、换乘弧及下网弧四类弧组成的,根据子路径的定义,超路径也可以看成由上网弧、子路径、换乘弧和下网弧组成。相应地,出行者完成一次出行所承担的综合费用,即超路径费用,可由构成该超路径的子路径费用及上网弧、下网弧、换乘弧的费用来进行计算。

1) 上/下网弧费用

上网弧费用是指出行者从起点步行到达各交通子网的相邻节点所花费的时间,下网弧费用则表示出行者从各交通子网的相邻节点步行到达终点所花费的时间。由于步行要消耗体力,因此,步行所产生的心理感知费用是对实际时间进行放大的结果。这两类弧上的费用 t_a 可表示为:

$$t_a = \eta \cdot \mu_r^{m,v_r}, \quad a \in A_1 \tag{7-34}$$

$$t_a = \eta \cdot \omega_{m,v_s}^s, \quad a \in A_4 \tag{7-35}$$

式中, μ_r^{m,v_r} 表示从起点 r 到达交通子网 m 中的节点 (m,v_r) 所用的步行时间; ω_{m,v_s}^s 表示由交通子网 m 中的节点 (m,v_s) 到达终点 s 所用的步行时间; $\eta(\eta > 1)$ 为放大系数。

2) 换乘弧费用

换乘弧费用是指换乘时间,包括步行时间和等车时间,与上/下网弧费用类似,可假定换乘时间为常数,并进行适当的放大,换乘弧上的费用可表示为:

$$t_a = \eta \cdot h_{m_1,v}^{m_2,v}, \quad a \in A_3 \tag{7-36}$$

式中, $h_{m_1,v}^{m_2,v}$ 表示在节点 v 从模式 m_1 换乘到模式 m_2 所花费的时间。

3) 子路径的费用

根据前面的定义,子路径是由交通子网中的车辆行驶弧组成的,其费用表示出行者在某一交通子网中完成一段距离的出行所承担的费用,可由子网中相应的车辆行驶弧上的费用来表示。

在交通超网络的模式子网 m 中,车辆行驶弧上的时间可表示为流量的单调增函数,如果考虑不同交通方式的车辆流量之间的相互干扰,可采用如下形式的阻抗函数进行计算(四兵锋等,2008):

$$t_a^m = t_a^{m(0)} \cdot \prod_m \left[1 + \alpha_m \left(\frac{V_a^m}{C_a^m} \right)^{\beta_m} \right], \quad a \in A_2, \quad m \in M \tag{7-37}$$

式中, $t_a^{m(0)}$、C_a^m、V_a^m 分别表示模式子网 m 中行驶弧 a 上的零流时间、通行能力及道路流量; α_m、β_m 均为参数。

由于不同车辆的平均载客人数存在差异,因此,选择不同交通方式的出行数量所形成的道路流量是不同的,可采用下式计算不同交通方式车辆的道路流量(四兵锋等,2008):

$$V_a^m = x_a^m \cdot \frac{U^m}{Z^m}, \quad a \in A_2, \quad m \in M \tag{7-38}$$

式中, x_a^m 表示交通方式 m 在行驶弧 a 上的出行量; Z^m 表示交通方式 m 的平均载客数; U^m 表示交通方式 m 的标准车辆折算系数。

在出行者乘坐车辆行驶的过程中,除了时间因素之外,还需要承担由车内拥挤所带来的舒适度损耗成本,尤其对公交出行而言。因此,可将车辆行驶时间进行放大来表示舒适度损耗成本,即:

$$c_a^m = t_a^m \cdot \left[1 + \theta_m \left(\frac{x_a^m}{C_{\max}^m}\right)^{\gamma_m}\right], \quad a \in A_2, \quad m \in M \tag{7-39}$$

式中,c_a^m 表示出行者在模式子网 m 中的行驶弧 a 上由时间产生的广义费用;t_a^m 表示模式子网 m 中车辆行驶弧 a 上的时间费用;$C_{\max}^m$ 表示方式 m 的最大车辆载客数;θ^m 和 γ^m 为参数,由于公交出行存在车内拥挤,故 $\theta^m > 0$,而其他方式不存在车内拥挤,则 $\theta^m = 0$。

此外,随着出行距离的增加,与时间有关的舒适度损耗会逐渐放大,且不同交通方式出行对距离的敏感性是不同的。因此,综合考虑时间因素、舒适度因素和距离因素,子路径的广义费用可表示为:

$$\tilde{c}_{l_k^m}^{rs} = f(d_{l_k^m}^{rs}) \cdot \sum_a c_a^m \delta_{a,l_k^m}^{rs}, \quad r,s \in V_1, \quad m \in M, \quad k \in K_{rs}, \quad l_k^m \in k \tag{7-40}$$

式中,$\tilde{c}_{l_k^m}^{rs}$ 表示 O-D 对 rs 之间有效超路径 k 上的子路径 l_k^m 由时间产生的广义费用;$d_{l_k^m}^{rs}$ 表示 O-D 对 rs 之间有效超路径 k 上的子路径 l_k^m 的距离,可由式(7-41)来计算;$f(d_{l_k^m}^{rs})$ 表示自变量为 $d_{l_k^m}^{rs}$ 的递增函数,可采用式(7-42)的简单线性函数来表示;K_{rs} 表示 O-D 对 rs 之间有效超路径的集合;$\delta_{a,l_k^m}^{rs}$ 表示关联系数,如果行驶弧 a 在 O-D 对 rs 之间有效超路径 k 上的子路径 l_k^m 上,则 $\delta_{a,l_k^m}^{rs} = 1$,否则 $\delta_{a,l_k^m}^{rs} = 0$。

$$d_{l_k^m}^{rs} = \sum_a d_a^m \cdot \delta_{a,l_k^m}^{rs}, \quad r,s \in V_1, \quad m \in M, \quad k \in K_{rs}, \quad l_k^m \in k \tag{7-41}$$

式中,d_a^m 表示交通方式 m 在行驶弧 a 上的行驶距离,则:

$$f(d_{l_k^m}^{rs}) = a^m \cdot d_{l_k^m}^{rs} + b^m \tag{7-42}$$

式中,a^m 和 b^m 为待定参数。

在子路径的广义费用中,除了由时间因素和舒适度因素所产生的心理感知费用外,影响出行者交通行为的因素还有价格。对于小汽车来说,这部分费用包括油耗、过路费、停车费等;对于公共交通而言,则是票价。一般情况下,价格费用与出行距离直接相关,距离越长,所花费的价格越高。可用式(7-43)来表示子路径的价格费用:

$$P_{l_k^m}^{rs} = \kappa_m + \pi_m \cdot d_{l_k^m}^{rs}, \quad r,s \in V_1, \quad m \in M, \quad k \in K_{rs}, \quad l_k^m \in k \tag{7-43}$$

式中,$P_{l_k^m}^{rs}$ 表示 O-D 对 rs 之间有效超路径 k 上子路径 l_k^m 的价格费用;κ_m 和 π_m 表示与交通方式相关的参数,κ_m 表示基础价格,π_m 表示交通方式 m 随出行距离的价格增长率。

基于上面的分析,假定用 $g_{l_k^m}^{rs}$ 表示多模式交通超网络中 O-D 对 rs 之间的有效超路径 k 所包含子路径 l_k^m 的广义出行费用,则:

$$g_{l_k^m}^{rs} = \tau \cdot \tilde{c}_{l_k^m}^{rs} + P_{l_k^m}^{rs}, \quad r,s \in V_1, \quad m \in M, \quad k \in K_{rs}, \quad l_k^m \in k \tag{7-44}$$

式中,τ 为参数,表示出行者的时间价值。

在多模式交通超网络中,O-D 对之间任意有效超路径的广义出行费用可表示为构成该超路径的上/下网弧费用、子路径费用和换乘弧费用的叠加。用 G_k^{rs} 表示超网络中 O-D 对 rs 之间第 k 条有效超路径的广义出行费用,其可表示为:

$$G_k^{rs} = \sum_{a \in A_1 \cup A_3 \cup A_4} t_a \delta_{a,k}^{rs} + \sum_{l_k^m \in k} g_{l_k^m}^{rs}, \quad r,s \in V_1, \quad m \in M, \quad k \in K_{rs}, \quad l_k^m \in k \tag{7-45}$$

式中,$\delta_{a,k}^{rs}$ 表示关联系数,如果行驶弧 a 在 O-D 对 rs 之间有效超路径 k 上,则 $\delta_{a,k}^{rs} = 1$,否则 $\delta_{a,k}^{rs} = 0$。

7.4.2 随机用户平衡分配模型

采用随机用户平衡原则来描述考虑距离因素的多模式交通超网络流量分配问题,即在平衡状态下,多模式超网络中没有出行者能通过单方面改变超路径来降低其估计广义费用。假设出行者对超路径的选择满足 Logit 模型[式(7-25)],当达到随机用户平衡时,路径流量之间存在平衡关系[式(7-26)~式(7-28)],同时假设每种交通方式的车辆在单次出行中存在出行距离的上限,比如,燃油汽车的油箱容量、电动汽车的电池容量等都会使得该方式的单次出行距离不能超过其最大距离限制。

建立如下的考虑距离因素的多模式交通超网络随机用户平衡分配模型:

$$\min Z(f,x) = \frac{1}{\theta}\sum_{rs}\sum_{k\in K_{rs}} f_k^{rs}\ln f_k^{rs} + \sum_a \int_0^{x_a^m} G_a(w)\mathrm{d}w \tag{7-46a}$$

$$\text{s.t.} \quad \sum_{k\in K_{rs}} f_k^{rs} = q_{rs}, \quad \forall r,s \tag{7-46b}$$

$$d_{l_k^m}^{rs} \leqslant L_{\max}^m, \quad r,s\in V_1, \quad m\in M, \quad k\in K_{rs}, \quad l_k^m\in k \tag{7-46c}$$

$$f_k^{rs} \geqslant 0, \quad \forall k\in K_{rs}, \quad \forall r,s \tag{7-46d}$$

$$x_a^m = \sum_{rs}\sum_{k\in K_{rs}} f_k^{rs}\delta_{a,k}^{rs}, \quad \forall a\in A, \quad \forall m\in M, \quad \forall r,s \tag{7-46e}$$

式中,$L_{\max}^m$ 表示交通方式 m 的车辆单次行驶的最大距离。

关于上述模型的等价性证明,可参照 7.3 节的内容,在此不再赘述。同样地,可采用 MSA 算法对上述模型进行求解,具体步骤如下:

步骤 1:初始化。根据各弧段和子路径的初始费用,采用有效超路径搜索算法寻找多模式网络中的有效超路径,进行超网络的随机流量加载,得到各弧段交通量 $x_a^{m(n)}(\forall a)$,设迭代次数 $n=1$。

步骤 2:根据各弧段的当前交通量 $x_a^{m(n)}(\forall a)$,计算各弧段及子路径广义费用。

步骤 3:根据各弧段及子路径的广义费用,按照有效超路径搜索算法找到 O-D 间有效超路径,基于 q^{rs} 进行超网络随机流量加载,得到各弧段的附加交通量 $y_a^{m(n)}(\forall a)$。

步骤 4:按照下式对各弧段流量进行迭代更新:

$$x_a^{m(n+1)} = x_a^{m(n)} + \frac{1}{n}[y_a^{m(n)} - x_a^{m(n)}] \tag{7-47}$$

步骤 5:若满足以下的收敛条件,则算法结束,否则令 $n=n+1$,转步骤 2:

$$\sqrt{\sum_a [x_a^{m(n+1)} - x_a^{m(n)}]^2}/\sum_a x_a^{m(n)} \leqslant \varepsilon \tag{7-48}$$

需要指出的是,在算法的步骤 1 和步骤 3 中都用到了求解有效路径的搜索算法,由于存在车辆路径行驶距离约束,第 6 章给出的最短超路径及有效超路径搜索算法无法应用于上述模型的求解。在此提出考虑距离约束的最短超路径算法及有效超路径算法。

7.4.3 考虑距离约束的最短超路径算法

首先,给出算法中所用到的参数:设 r 和 s 为起点和终点;i 表示当前节点,j 表示与 i 相邻的某一节点,P_j 是 j 的紧前节点,即点 j 所在最短超路径上的上游节点;P_j^* 是 j 所在子路径的子路径起点;$L(P_j^*,j)$是子路径起点 P_j^* 到点 j 的距离;G_j 为起点 r 到节点 P_j^* 的最小费用,$G_{P_j^*j}$ 是子路径起点 P_j^* 到点 j 的费用,G_{rj} 是起点 r 到点 j 的费用;$n(r,j)$ 是从起点 r 到点 j 的换乘次数,n_{max} 是最大换乘次数;$m(i,j)$ 是弧段 (i,j) 采用的交通方式类型,若该方式有出行距离限制,如电动汽车,则 $m(i,j)=1$,否则 $m(i,j)=0$;$s(i)$ 是点 i 的标号属性,若已找到起点 r 到点 i 的最短路径,则 $s(i)=1$,否则 $s(i)=0$;C_i 是与 i 相邻,且标号属性为 0 的点的集合;K 为迭代次数。算法的具体步骤如下:

步骤 1:初始化。置 $K=0, i=r, n(r,i)=0(\forall i), L(P_j^*,j)=0(\forall j,P_j^*), G_j=0(\forall j), G_{P_i^*j}=0(\forall j), G_{rj}=\infty(\forall j\neq r), s(r)=1, s(i)=0(\forall i\neq r)$。

步骤 2:取 C_i 中的某节点,如 j:

(1)若弧段 $(i,j)\in A_1$,判断 $G_{rj}>\mu_r^{m,v}$ 是否成立,是,则令 $G_{rj}=\mu_r^{m,v}, P_j^*=j, P_j=i, G_{r_{P_j^*}}=\mu_r^{m,v}$,转步骤 6,否则直接转步骤 6。

(2)若弧段 $(i,j)\in A_2$,判断:
若 $m(i,j)=1$,判断 $L(P_i^*,i)+d_a^m\leq L_{max}^m$ 是否成立,是,转步骤 3,否则,转步骤 6;
若 $m(i,j)=0$,转步骤 3。

(3)若弧段 $(i,j)\in A_3$,判断弧段 $(p_i,i)\in A_3$ 是否成立,是,转步骤 6,否则,转步骤 4。

(4)若弧段 $(i,j)\in A_4$,判断 $G_{rj}>G_{ri}+\omega_{m,v}^s$ 是否成立,是,则 $G_{rj}=G_{ri}+\omega_{m,v}^s, P_j=i$,转步骤 6,否则直接转步骤 6。

步骤 3:判断 $G_{rj}>G_j+G_{P_i^*j}$ 是否成立,是,则令 $G_{rj}=G_j+G_{P_i^*j}, G_j=G_i, P_j^*=P_i^*, P_j=i$,转步骤 6,否则直接转步骤 6。

步骤 4:令 $n(r,j)=n(r,i)+1$,判断 $n(r,j)\leq n_{max}$ 是否成立,是,转步骤 5,否则转步骤 6。

步骤 5:判断 $G_{rj}>G_j+G_{P_i^*i}+t_a^m(a\in A_3)$ 是否成立,是,则令 $G_{rj}=G_j+G_{P_i^*i}+t_a^m(a\in A_3), G_{r_{P_j^*}}=G_j+G_{P_i^*i}+t_a^m(a\in A_3), P_j^*=j, P_j=i$,转步骤 6,否则直接转步骤 6。

步骤 6:将 j 从 C_i 中移除,判断 C_i 是否为空,是,转步骤 7,否则转步骤 2。

步骤 7:找出标号为 0 的点中费用最小的点,如 j,令 $s(j)=1$,并将 j 设为当前节点,令 $K=K+1$,转步骤 8。

步骤 8:判断 $s(s)=1$ 是否成立,是,则算法结束,找出最短有效超路径的费用 G_{rs}^{min},并利用紧前节点 P_j 找出最短有效超路径;否则返回步骤 2。

7.4.4 考虑距离约束的有效超路径算法

考虑子路径费用的有效超路径搜索算法的具体步骤如下:

步骤 1:初始化。置 $G_{rj}=\infty(\forall j\neq r), n(r,j)=0(\forall j), i=r, G_j=0(\forall j)$。

步骤 2:基于上述最短超路径算法,搜索 O-D 对 rs 间的最短可行超路径并计算 G_{rs}^{min}。

步骤 3:从当前节点 i 出发,检查与 i 相邻且未标记的弧段,如弧段 (i,j):

(1)若 $(i,j)\in A_1$,则 $P_j^*=j, P_j=i, G_j=a_r^m, G_{rj}=a_r^m$,转步骤 8;

(2)若 $(i,j)\in A_2$,则 $P_j=i$,转步骤 4;

(3)若 $(i,j)=A_3$,则 $P_j=i$,转步骤 5;

(4) 若$(i,j) \in A_4$，则$P_j = i$，$G_{rj} = G_{ri} + a_s^m$，转步骤8。

步骤4：令$L(i^*,j) = L(i^*,i) + L(i,j)$，并对$m(i,j)$进行判断。若$m(i,j) = 1$，判断$L(i^*,j) \leq L_{max}^e$是否成立，是，转步骤7，否则，转步骤10；若$m(i,j) = -1$，判断$L(i^*,j) \leq L_{max}^b$是否成立，是，转步骤7，否则，转步骤10；若$m(i,j) = 0$，转步骤7。

步骤5：判断$P_i \in A_3$是否成立，是，转步骤10；否则，令$n(r,j) = n(r,i) + 1$。

步骤6：判断$n(r,j) \leq n_{max}$是否成立，是，令$G_j = G_j + G_{p^*i} + t_{a_3}^m$，将$p^*$更新为$j$，转步骤7；否则，转步骤10。

步骤7：根据所设参数值计算G_{i^*j}，则$G_{rj} = G_j + G_{p^*j}$。

步骤8：判断$G_{rj} \leq (1+H) \cdot G_{rs}^{min}$是否成立，是，转步骤9，否则转步骤10。

步骤9：判断$j = s$是否成立，是，记录该有效超路径；否则，当前节点更新为j，转步骤3。

步骤10：利用回溯的方法返回紧前节点，判断是否存在与当前节点i相邻且未标记的弧段，是，转步骤3；否则，继续回溯到上一层，若回溯到起点r且没有未标记的弧段，则算法结束。

7.4.5 算例分析

考虑一个包含小汽车、自行车、公交车、电动汽车等四种交通方式(分别用字母c、b、p和e表示)的多模式交通系统，这四种交通方式的车辆在同一个道路网络中行驶，机动车和非机动车之间存在隔离设施，道路结构如图7-4所示，各路段的相关数据由表7-7给出。

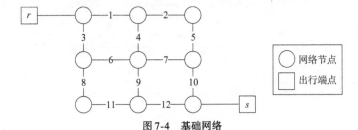

图7-4 基础网络

路段相关数据 表7-7

路段	路段长度 (km)	机动车通行能力 (pcu/h)	机动车零流时间 (min)	非机动车通行能力 (pcu/h)	非机动车零流时间 (min)
1	2.00	1000	4.20	400	7.80
2	5.00	700	10.00	200	18.00
3	5.50	1500	7.20	150	22.00
4	5.00	700	7.00	200	18.00
5	4.00	700	6.00	240	14.00
6	4.50	1000	8.50	180	16.00
7	5.00	1000	9.00	100	20.00
8	5.00	900	9.50	170	18.40

续上表

路段	路段长度（km）	机动车通行能力（pcu/h）	机动车零流时间（min）	非机动车通行能力（pcu/h）	非机动车零流时间（min）
9	6.00	700	10.00	100	18.50
10	5.00	800	9.60	130	18.90
11	5.00	900	8.60	160	20.00
12	5.00	900	9.00	120	20.80

假定在这个多模式交通系统中，节点4、节点5、节点8处设有自行车停车设施，出行者可采用单一模式完成从 r 到 s 的一次出行，也可以在这三个节点进行自行车与公交车的换乘，采用组合模式出行。根据多模式交通超网络的构建方法，这个多模式交通系统对应的超网络模型如图7-5所示。

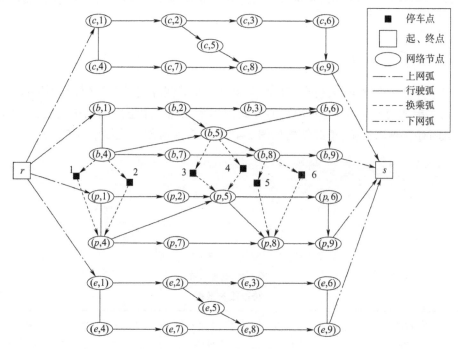

图7-5 多模式交通超网络模型

在该多模式交通超网络中，上/下网弧、换乘弧以及各种交通方式车辆运行的相关数据分别由表7-8和表7-9给出。

上/下网弧、换乘弧相关数据　　　　　　表7-8

弧段	类型	距离（m）	弧段	类型	距离（m）
$(r,(c,1))$	上网弧	600	$(r,(e,1))$	上网弧	600
$(r,(b,1))$	上网弧	500	$((c,1),s)$	下网弧	600
$(r,(p,1))$	上网弧	300	$((b,1),s)$	下网弧	500

续上表

弧段	类型	距离(m)	弧段	类型	距离(m)
$((p,1),s)$	下网弧	300	$((b,5),(p,5))$	换乘弧	600
$((e,1),s)$	下网弧	600	$((b,8),(p,8))$	换乘弧	400
$((b,4),(p,4))$	换乘弧	700			

不同交通方式车辆运行的相关数据　　　　表7-9

交通方式	折算系数	平均载客数（人）	最大载客数（人）	基础价格（元）	费率	最大出行距离(km)	参数a	参数b
小汽车	1.0	2	4	2	0.6	600	0.005	1
电动汽车	1.0	2	4	2	0.2	20	0.005	1
公交车	1.5	20	40	1	0.1	400	0.1	1
自行车	0.5	1	1	0	0	50	0.01	1

模型中的其他相关参数取值为：总的交通需求量$q_{rs}=5000$人，电动汽车最大行驶距离为20km，最大换乘次数为1次，出行者平均步速为1m/s，公交平均等车时间为5min，公交舒适度参数$\theta^m=0.15$、$\gamma^m=4$，其他交通方式取$\theta^m=0(\forall m\neq b)$，$\gamma^m=0(\forall m\neq b)$，时间价值系数$\tau=2$，$\alpha=0.15$，$\beta=4$，$\gamma=0.01$，算法收敛条件$\varepsilon=0.001$。

首先，分析算法的收敛性。用每次迭代中路段1上的小汽车和电动汽车流量的变化来反映算法的收敛性，计算结果如图7-6所示。可以看出，算法具有较好的收敛性，在迭代20次左右后，流量分配结果基本趋于稳定。

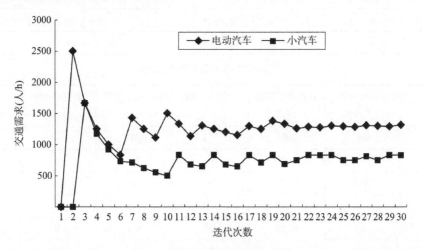

图7-6　算法收敛性

由于这个算例网络比较简单，可以将O-D之间的超路径列举出来。从r到s之间共有27条路径，其中需要换乘的超路径有10条，不需要换乘的超路径有17条。经过计算，最终得到该超网络中路径和路段的配流结果如表7-10～表7-12所示。

路径流量分配结果　　　　　　　　　　　　　　　　　　　　　　　　　　　　表 7-10

编号	超路径	换乘次数	路径流量	比例	子路径距离及模式	广义费用
1	$r \to (e,1) \to (e,2) \to (e,3) \to (e,6) \to (e,9) \to s$	0	551	10.42%	16.0(e)	55.16
2	$r \to (e,1) \to (e,2) \to (e,5) \to (e,8) \to (e,9) \to s$	0	526	9.92%	18.0(e)	55.79
3	$r \to (c,1) \to (c,2) \to (c,3) \to (c,6) \to (c,9) \to s$	0	439	8.18%	16.0(c)	58.74
4	$r \to (c,1) \to (c,2) \to (c,5) \to (c,8) \to (c,9) \to s$	0	400	7.40%	18.0(c)	61.17
5	$r \to (c,1) \to (c,4) \to (c,7) \to (c,8) \to (c,9) \to s$	0	381	7.02%	20.5(c)	63.58
6	$r \to (p,1) \to (p,2) \to (p,5) \to (p,6) \to (p,9) \to s$	0	205	3.50%	17.0(p)	78.58
7	$r \to (p,1) \to (p,2) \to (p,5) \to (p,8) \to (p,9) \to s$	0	199	3.38%	18.0(p)	78.91
8	$r \to (p,1) \to (p,4) \to (p,5) \to (p,6) \to (p,9) \to s$	0	183	3.06%	20.0(p)	79.77
9	$r \to (p,1) \to (p,4) \to (p,5) \to (p,8) \to (p,9) \to s$	0	167	2.74%	21.0(p)	81.47
10	$r \to (p,1) \to (p,4) \to (p,7) \to (p,8) \to (p,9) \to s$	0	179	2.98%	20.5(p)	80.01
11	$r \to (b,1) \to (b,4) \to (p,4) \to (p,5) \to (p,6) \to (p,9) \to s$	1	239	3.58%	5.5(b)→14.5(p)	78.56
12	$r \to (b,1) \to (b,4) \to (p,4) \to (p,5) \to (p,8) \to (p,9) \to s$	1	199	3.38%	5.5(b)→15.5(p)	78.84
13	$r \to (b,1) \to (b,4) \to (p,4) \to (p,7) \to (p,8) \to (p,9) \to s$	1	231	4.02%	5.5(b)→15.5(p)	76.52
14	$r \to (b,1) \to (b,2) \to (b,5) \to (p,5) \to (p,6) \to (p,9) \to s$	1	215	4.30%	9.5(b)→10.0(p)	73.15
15	$r \to (b,1) \to (b,2) \to (b,5) \to (p,5) \to (p,8) \to (p,9) \to s$	1	205	4.10%	9.5(b)→11.0(p)	75.58
16	$r \to (b,1) \to (b,4) \to (b,5) \to (p,5) \to (p,6) \to (p,9) \to s$	1	230	4.60%	10.0(b)→10.0(p)	70.89
17	$r \to (b,1) \to (b,4) \to (b,5) \to (p,5) \to (p,8) \to (p,9) \to s$	1	219	4.38%	10.0(b)→11.0(p)	72.03
18	$r \to (b,1) \to (b,2) \to (b,5) \to (b,8) \to (p,8) \to (p,9) \to s$	1	95	4.50%	13.0(b)→5.0(p)	77.35
19	$r \to (b,1) \to (b,4) \to (b,5) \to (b,8) \to (p,8) \to (p,9) \to s$	1	59	4.18%	16.0(b)→5.0(p)	82.38
20	$r \to (b,1) \to (b,4) \to (b,7) \to (b,8) \to (p,8) \to (p,9) \to s$	1	78	4.36%	15.5(b)→5.0(p)	79.69

车辆行驶弧段流量分配结果　　　　　　　　　　　　　　　　　　　　　　　表 7-11

路段	自行车流量（人/h）	非机动车路段费用	小汽车流量（人/h）	电动汽车流量（人/h）	公交车流量（人/h）	机动车路段费用
1	645	7.84	779	1017	344	14.73
2	0	18.00	409	521	0	8.71
3	1425	25.11	351	0	439	10.52
4	645	21.59	370	496	344	11.29
5	0	14.00	409	521	0	6.28
6	658	16.38	0	0	638	10.67
7	0	20.00	0	0	952	14.11
8	218	18.47	351	0	1002	17.12
9	434	18.52	370	496	1551	25.38

续上表

路段	自行车流量（人/h）	非机动车路段费用	小汽车流量（人/h）	电动汽车流量（人/h）	公交车流量（人/h）	机动车路段费用
10	0	18.90	409	521	952	20.25
11	218	20.53	351	0	350	8.71
12	0	20.80	721	496	1249	22.06

其他弧段流量　　　　　　　　　　　　　　表 7-12

弧段	类型	流量（人/h）	弧段	类型	流量（人/h）
$(r,(c,1))$	上网弧	1128	$((b,8),(p,8))$	换乘弧	652
$(r,(b,1))$	上网弧	2070	$((c,9),s)$	下网弧	1130
$(r,(p,1))$	上网弧	783	$((b,9),s)$	下网弧	0
$(r,(e,1))$	上网弧	1017	$((p,9),s)$	下网弧	2201
$((b,4),(p,4))$	换乘弧	549	$((e,9),s)$	下网弧	1017
$((b,5),(p,5))$	换乘弧	869			

从上面的结果中可以看出，O-D 之间共有 20 条有效超路径，其中最短超路径是 $r \to (e,1) \to (e,2) \to (e,3) \to (e,6) \to (e,9) \to s$，采用的是电动汽车出行方式，其最小费用为 55.16。这是因为电动汽车不存在内部拥挤，舒适度较高，和小汽车相比，电动汽车使用的是电能，价格费用也较低；在这 20 条有效超路径中，有 10 条是采用自行车+公交车组合出行模式，流量为 2070 人/h，占总出行量的 41%；有 10 条采用单模式出行，其中 3 条采用小汽车出行，2 条采用电动汽车出行，5 条采用公交车出行，单模式出行的流量为 2930 人/h，占总出行量的 59%；在这些有效超路径中，没有自行车单一方式的路径，这是因为随着距离增加，自行车舒适度损耗带来的出行成本较高，使得自行车单模式超路径广义费用超出最大费用的上限。

7.5　城市群多模式交通超网络流量分配建模

城市群交通系统相对于一般交通系统更加复杂。第一，城市群交通网络是由城市交通网、公路交通网、轨道交通网复合而成的超级复杂网络系统；第二，城市群交通需求既包括以通勤出行为主的交通需求，也包括城际之间以商务、探亲、旅游出行为主的交通需求；第三，在城市群交通系统中，可供出行者选择的交通方式和出行组合模式众多，影响交通选择的因素也更加复杂；第四，我国多数城市群人口及产业分布不均，城镇布局、园区建设、行政区划等调整频繁，交通需求具有更强的随机性、动态性和非均衡性。

7.5.1　城市群多模式交通超网络模型

城市群出行不仅包含城市之间的出行，还包括两端城市的内部出行，城市群出行的整个过程如图 7-7 所示。

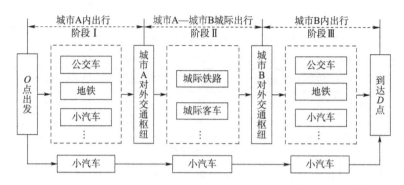

图 7-7 城市群出行过程

可以看出,城市群出行分为三个阶段,即:阶段Ⅰ为出发地城市的内部出行,出行者乘坐某种市内交通工具,从城市 A 某小区内的出发点,经由城市交通网络,到达该城市的某一对外交通枢纽;阶段Ⅱ为从城市 A 至城市 B 的城际出行,出行者采用某种城际交通方式,从城市 A 的对外交通枢纽,经由城际交通运输网络,到达目的地城市 B 的对外交通枢纽;阶段Ⅲ为目的地城市 B 的内部出行,出行者乘坐某种市内交通工具,从城市 B 的对外交通枢纽,经由城市交通网络,到达该城市某小区内的目的地。

图 7-8 为城市群内 A、B 两城市间的城市群交通网络示意图,其中 O 点是城市 A 的某小区,D 点是城市 B 的某小区,节点 3 和节点 10 分别是城市 A、B 的小汽车对外枢纽,节点 5 和节点 14 分别是城市 A、B 的城际铁路对外枢纽,节点 9 和节点 16 分别是城市 A、B 的城际客车对外枢纽。显然,城市群交通系统是一个包含起讫点城市内部主干交通网络、城际交通网络的多种交通方式叠加的多层级超网络。

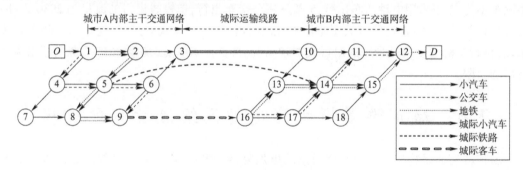

图 7-8 城市群多模式交通网络

基于超网络理论,可将图 7-8 所示的城市群交通网络转化为图 7-9 所示的多模式交通超网络,其中图中字母 C、S、B、R、I 分别代表小汽车、地铁、公交车、城际铁路和城际客车等交通方式。

城市群多模式超网络 ST 可表示为:

$$ST = (N, A, M) \tag{7-49}$$

$$N = N_1 \cup N_2 \tag{7-50}$$

$$A = A_1 \cup A_2 \cup A_3 \cup A_4 \tag{7-51}$$

$$A_2 = A_u \cup A_i \tag{7-52}$$

$$M = M_u \cup M_i \quad (7\text{-}53)$$

式中，N 表示超网络中所有节点的集合；A 表示超网络中路段的集合；M 表示超网络中交通方式的集合；N_1 表示起讫点的集合，N_2 表示除起讫点之外的节点集合；A_1、A_2、A_3、A_4 分别表示上网路段集合、行驶路段集合、换乘路段集合和下网路段集合，其中行驶路段包括城市路段 A_u 和城际路段 A_i；M_u 表示城市内部交通方式的集合，M_i 表示城市群交通方式的集合。

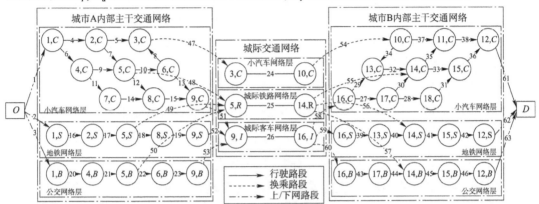

图 7-9 城市群多模式交通超网络

7.5.2 城市群出行费用

考虑时间成本、货币成本和舒适度损耗对出行费用的影响，对不同类型路段的广义费用进行建模。假定城市内部交通方式有小汽车、公交车和地铁，分别用数字 1、2、3 表示，即 $\{1,2,3\} \in M_u$；城际出行方式有小汽车、城际铁路和城际客车，分别用 car、train、bus 表示，即 $\{car, train, bus\} \in M_i$。

1) 上网路段费用

对于小汽车出行来说，上网路段费用主要是在上网路段的行驶时间；对于地铁和公交车出行来说，上网路段费用由到达相应站点的步行时间和在站点的候车时间两部分构成。上网路段费用可表示为：

$$G_{a_1}^m = \text{vot} \cdot T_{a_1}^m, \quad \forall m \in M_u, \quad a_1 \in A_1 \quad (7\text{-}54)$$

式中，$G_{a_1}^m$ 表示上网路段费用；vot 为时间价值；$T_{a_1}^m$ 表示上网时间，其表示如下：

$$T_{a_1}^m = \begin{cases} T_{a_1}, & m = 1 \\ T_{a_1}^{\text{walk}} + T_{a_1}^{\text{wait}}, & m = 2 \text{ 或 } 3 \end{cases} \quad (7\text{-}55)$$

式中，T_{a_1} 为小汽车在上网路段的行驶时间；$T_{a_1}^{\text{walk}}$ 和 $T_{a_1}^{\text{wait}}$ 表示出行者在上网路段的步行时间和等待时间，假定 T_{a_1}、$T_{a_1}^{\text{walk}}$ 和 $T_{a_1}^{\text{wait}}$ 均为定值。

2) 车辆行驶费用

车辆行驶包括城市内部交通网络上的车辆行驶和城际交通网络上的车辆行驶。对于城市内部行驶路段的费用主要包括考虑拥挤的时间费用，对于城际交通行驶路段的费用则包括时间费用、货币费用以及舒适度损耗等。

(1) 城市交通网络中的车辆行驶费用。

小汽车在行驶路段上的费用可通过 BPR 函数确定,其货币费用主要是燃油费。公交车和地铁在行驶路段上的时间相对固定,考虑交通拥挤会导致路段时间延长,其费用同样可由 BPR 函数来表示,其货币费用为票价,假设地铁和公交车均采用单一票价。城市交通网络的行驶路段费用可表示如下:

$$G_{a_2}^m = \text{vot} \cdot T_{a_2}^m + P_{a_2}^m, \quad \forall m \in M_u, \quad a_2 \in A_u \tag{7-56}$$

式中,$G_{a_2}^m$ 表示城市交通网络上行驶路段费用;$T_{a_2}^m$ 和 $P_{a_2}^m$ 分别表示城市交通方式 m 在行驶路段上的时间和货币费用,可分别表示为:

$$T_{a_2}^m = \begin{cases} t_{a_2}^0 \{1 + \alpha_m [(x_{a_2}^m + x_{a_2}^{m_0})/C_{a_2}^m]^{\beta_m}\}, & m=1 \\ t_{a_2}^m \{1 + \alpha_m [(x_{a_2}^m + x_{a_2}^{m_0})/C_{a_2}^m]^{\beta_m}\}, & m=2 \text{ 或 } 3 \end{cases} \tag{7-57}$$

$$P_{a_2}^m = \begin{cases} p_s \cdot l_{a_2}, & m=1 \\ p^m, & m=2 \text{ 或 } 3 \end{cases} \tag{7-58}$$

式中,$t_{a_2}^0$ 为小汽车在路段 a_2 上的零流时间;$t_{a_2}^m$ 为交通方式 m 在路段 a_2 上的固定行驶时间;$x_{a_2}^{m_0}$ 为交通方式 m 在路段 a_2 上的既有交通量;$x_{a_2}^m$ 为路段 a_2 上的城市群出行量;$C_{a_2}^m$ 为路段 a_2 的通行能力;α_m 和 β_m 为阻滞系数;p_s 表示小汽车单位里程的燃油费用;l_{a_2} 为路段 a_2 的长度;p^m 为交通方式 m 的票价。

(2) 城际交通网络中的车辆行驶费用。

对于小汽车来说,其城际交通的车辆行驶费用同样可通过 BPR 函数来表示,其货币费用为燃油费和通行费。对于城际铁路和城际客车来说,车辆运行时间固定,但乘客数量的增加会使得舒适度损耗增大,因此可以对行驶时间进行放大来表示舒适度损耗,货币费用为票价。城际交通网络中的行驶路段费用可表示为:

$$G_{a_2}^m = \text{vot} \cdot T_{a_2}^m + P_{a_2}^m, \quad \forall m \in M_i, \quad a_2 \in A_i \tag{7-59}$$

式中,$G_{a_2}^m$ 表示城际交通网络上行驶路段费用;$T_{a_2}^m$ 和 $P_{a_2}^m$ 分别表示城市群交通方式 m 在行驶路段 a_2 上的时间和货币费用,分别表示为:

$$T_{a_2}^m = \begin{cases} t_{a_2}^0 \{1 + \alpha [(x_{a_2}^m + x_{a_2}^{m_0})/C_{a_2}^m]^{\beta}\}, & m = \text{car} \\ T_m \cdot (1+\rho), & m = \text{train 或 bus} \end{cases} \tag{7-60}$$

$$P_{a_2}^m = \begin{cases} p_s \cdot l_{a_2} + r_{a_2}, & m = \text{car} \\ p^m, & m = \text{train 或 bus} \end{cases} \tag{7-61}$$

式中,r_{a_2} 为路段 a_2 的通行费;T_m 为交通方式 m 在路段 a_2 上的运行时间;ρ 为惩罚系数,计算如下:

$$\rho = \begin{cases} 0, & x_{a_2}^m \leqslant \lambda C_{a_2}^m \\ b \cdot (x_{a_2}^m - \lambda C_{a_2}^m)/\lambda C_{a_2}^m, & \lambda C_{a_2}^m < x_{a_2}^m \leqslant C_{a_2}^m \\ b \cdot (x_{a_2}^m - \lambda C_{a_2}^m)/\lambda C_{a_2}^m + c \cdot (x_{a_2}^m - C_{a_2}^m)/C_{a_2}^m, & x_{a_2}^m > C_{a_2}^m \end{cases} \tag{7-62}$$

式中,λ、b 和 c 为参数。

3) 换乘费用

对于小汽车来说,换乘时间主要是在换乘路段上的行驶时间;对于公共交通来说,换乘时间由换乘步行时间和换乘等待时间构成;舒适度损耗与换乘时间相关,假设舒适度损耗与等待时间成正比。换乘路段费用可表示为:

$$G_{a_3}^m = \text{vot} \cdot (T_{a_3}^m + S_{a_3}^m), \quad \forall a_3 \in A_3, \quad m \in M_u \cup M_i \tag{7-63}$$

式中,$G_{a_3}^m$ 表示换乘费用;$T_{a_3}^m$ 和 $S_{a_3}^m$ 分别表示换乘时间和舒适度损耗,可表示为:

$$T_{a_3}^m = \begin{cases} T_{a_3}, & m=1 \text{ 或 car} \\ T_{a_3} + T_{a_3}^{\text{wait}}, & m=2 \text{ 或 3 或 train 或 bus} \end{cases} \tag{7-64}$$

$$S_{a_3}^m = \gamma \cdot T_{a_3}^m \tag{7-65}$$

式中,T_{a_3} 和 $T_{a_3}^{\text{wait}}$ 分别表示换乘步行时间和等待时间;γ 表示惩罚系数。

4) 下网路段费用

小汽车的下网路段费用是下网行驶时间。地铁和公交车的下网时间是指由站点到达目的地的步行时间。下网路段费用可表示为:

$$G_{a_4}^m = \text{vot} \cdot T_{a_4}^m, \quad \forall m \in M_u, \quad a_4 \in A_4 \tag{7-66}$$

式中,$G_{a_4}^m$ 表示下网路段费用;$T_{a_4}^m$ 表示下网时间,可表示如下:

$$T_{a_4}^m = \begin{cases} T_{a_4}, & m=1 \\ T_{a_4}^{\text{walk}}, & m=2 \text{ 或 3} \end{cases} \tag{7-67}$$

式中,T_{a_4} 为小汽车的下网行驶时间;$T_{a_4}^{\text{walk}}$ 表示出行者在下网路段的步行时间。

在多模式交通超网络中,超路径费用可表示为组成该超路径的所有路段费用之和,即:

$$G_{rs}^p = \sum_a G_a \cdot \delta_{a,p}^{rs}, \quad \forall r, s, p \in P_{rs} \tag{7-68}$$

式中,G_{rs}^p 表示 O-D 对 rs 间超路径 p 上的出行费用;G_a 表示路段 a 上的费用;$\delta_{a,p}^{rs}$ 为路段-路径关联变量。

7.5.3 基于产业关联度的出行需求模型

城市群出行需求的生成机制在于城市间的社会经济联系,这种联系表现为不同城市的不同部门或行业之间的、相互依存、相互促进的关联性,这种关系在经济学上被称为产业关联度(芮明杰,2005)。

重力模型是最常见的一种出行空间分布模型,它将与交通生成相关的因素作为两地运输需求的引力因素,将两地间的运输阻力作为两地运输需求的阻力因素。在此,基于重力模型,引入城市产业关联度,构建了如下的城市群出行需求模型:

$$q_{rs} = Q_{i_r j_s} \frac{(P_r \cdot P_s)^T \cdot (E_r \cdot E_s)^U}{f(\mu_{rs})}, \quad \forall i, j, r, s \tag{7-69}$$

式中,q_{rs} 是由城市群城市小区 r 至城市小区 s 的 O-D 需求量;$Q_{i_r j_s}$ 为小区 r 所在城市 i 与小区 s 所在城市 j 之间的产业关联度,其计算可参考本章文献[33]、文献[38];P_r、P_s 分别表示小区 r、s 的人口数;E_r、E_s 分别表示小区 r、s 的人均收入;T、U 为模型参数;μ_{rs} 表示 O-D 对

rs 之间的最小期望出行费用,可根据下式计算:

$$\mu_{rs} = -\frac{1}{\theta_1}\ln\sum_{m_c\in M_c}\exp(-\theta_1\mu_{rs}^{m_c}), \quad \forall r,s \tag{7-70}$$

式中,θ_1 为校正参数;M_c 为出行模式的集合;$\mu_{rs}^{m_c}$ 为 O-D 对 rs 之间出行模式 m_c 的最小期望出行费用,由下式计算:

$$\mu_{rs}^{m_c} = -\frac{1}{\theta_2}\ln\sum_{p\in P_{rs}^{m_c}}\exp(-\theta_2 G_{rs}^p), \quad \forall r,s,m_c\in M_c \tag{7-71}$$

式中,θ_2 为校正参数;$P_{rs}^{m_c}$ 为 O-D 对 rs 之间出行模式 m_c 的超路径集合;G_{rs}^p 表示 O-D 对 rs 之间超路径 p 上的出行费用,由式(7-68)计算。

7.5.4 城市群多模式交通超网络流量分配模型

城市群多模式交通网络的用户平衡问题包含了两类平衡机制,即出行模式的选择平衡与出行路径的选择平衡。假定出行者对模式的选择和路径的选择均存在随机因素,且广义出行费用的理解误差相互独立并服从 Gumbel 分布,采用 Logit 模型来描述出行者对于不同出行模式及路径的选择行为。在随机用户平衡状态下,超网络中没有出行者能够通过单方面改变出行模式和出行路径来降低其估计出行费用,同时,对出行模式和路径的选择概率均满足如下关系:

$$q_{rs}^{m_c} = q_{rs}\frac{\exp(-\theta_1\mu_{rs}^{m_c})}{\sum_{m_c\in M_c}\exp(-\theta_1\mu_{rs}^{m_c})}, \quad \forall m_c\in M_c, \ r\in R, \ s\in S \tag{7-72}$$

$$f_{rs}^p = q_{rs}^{m_c}\frac{\exp(-\theta_2 G_p^{rs})}{\sum_{p\in P_{rs}^{m_c}}\exp(-\theta_2 G_p^{rs})}, \quad \forall p\in P_{rs}, \ m_c\in M_c, \ r\in R, \ s\in S \tag{7-73}$$

式中,$q_{rs}^{m_c}$ 为 O-D 对之间出行模式 m_c 的交通需求量;P_{rs} 为 O-D 对之间有效超路径的集合;$P_{rs}^{m_c}$ 为 O-D 对之间交通模式子网 m_c 中的路径集合;f_{rs}^p 为 O-D 对之间有效超路径 p 上的流量。

同时,O-D 需求量和超路径流量满足以下约束条件:

$$\sum_{p\in P_{rs}^{m_c}}f_{rs}^p = q_{rs}^{m_c}, \quad \forall m_c\in M_c, \ r\in R, \ s\in S \tag{7-74}$$

$$\sum_{m_c\in M_c}q_{rs}^{m_c} = q_{rs}, \quad \forall r\in R, \ s\in S \tag{7-75}$$

$$f_{rs}^p \geq 0, \quad \forall r\in R, \ s\in S, \ p\in P_{rs} \tag{7-76}$$

$$q_{rs}^{m_c} > 0, \quad \forall m_c\in M_c, \ r\in R, \ s\in S \tag{7-77}$$

$$q_{rs} > 0, \quad \forall r\in R, \ s\in S \tag{7-78}$$

采用如下变分不等式模型描述城市群多模式超网络随机用户平衡问题:

$$\sum_{rs}\left\{\sum_{m_c\in M_c}\left[\sum_{p\in P_{rs}^{m_c}}(\hat{G}_{rs}^p(f^*,q^*)(f_{rs}^p - f_{rs}^{p*})) + \frac{1}{\theta_1}\ln\frac{q_{rs}^{m_c*}}{q_{rs}^*}(q_{rs}^{m_c} - q_{rs}^{m_c*})\right] - D_{rs}^{-1}(q_{rs}^*)(q_{rs} - q_{rs}^*)\right\} \geq 0 \tag{7-79}$$

式中,$\hat{G}_{rs}^p(f^*,q^*) = G_{rs}^p(f^*,q^*) + 1/\theta_2\cdot\ln f_{rs}^{p*}/q_{rs}^{m_c*}$;$D_{rs}^{-1}(\cdot)$ 表示城市群 O-D 需求量函数的反函数;带"*"的变量为变分不等式的解,可行域 $\Omega = \{$式(7-74)~式(7-78)$\}$。

采用连续平均法求解上面的城市群多模式交通网络随机平衡问题,该算法包含内外两个迭代循环,外层循环为交通需求的迭代平衡,内层循环为交通流量的平衡分配。算法具体步骤如下:

步骤1:初始化。按照 $G_a^0 = G_a(0)$, $\forall a$,确定有效路径的集合 P_{rs}^0 并得到各条有效路径的费用 $\{G_{rs}^{k0}\}$;分别计算出行模式 m_c 的最小期望出行费用 $\mu_{rs}^{m_c}$ 和 O-D 对之间的最小期望出行费用 μ_{rs},然后根据式(7-69)计算 O-D 对之间的出行需求量 $\{q_{rs}^{(N)}\}$,设迭代次数 $N=1$。

步骤2:根据下面的算法,计算 O-D 对之间的出行需求量为 $\{q_{rs}^{(N)}\}$ 时的平衡解 $\{x_a\}$:

步骤2.1:对于 O-D 对之间的出行需求量 $\{q_{rs}^{(N)}\}$ 以及各条路径的费用 $\{G_{rs}^{kN-1}\}$,根据 Logit 模型对集合 P_{rs}^{N-1} 中的有效路径进行流量加载,得到各路段的流量 $\{x_a^n\}$,设迭代次数 $n=1$。

步骤2.2:更新各路段的阻抗: $G_a^n = G_a(x_a^n)$, $\forall a$,确定有效路径的集合 P_{rs}^N,并得到各条有效路径的费用 $\{G_{rs}^{kN}\}$。

步骤2.3:根据 Logit 模型进行流量加载,得到辅助路段流量 $\{y_a^{(n)}\}$。

步骤2.4:更新路段流量 $x_a^{(n+1)}$, $x_{a'}^{(n+1)} = x_a^{(n)} + 1/n[y_a^{(n)} - x_a^{(n)}]$。

步骤2.5:收敛检验。如果满足 $\sqrt{\sum_a [x_a^{(n+1)} - x_a^{(n)}]^2} \cdot [\sum_a x_a^{(n)}]^{-1} \leq \varepsilon_x$,其中 ε_x 是预先设定的误差限值,则 $\{x_a^{(n+1)}\}$ 就是要求的平衡解 $\{x_a\}$,转步骤3;否则,令 $n=n+1$,返回步骤2.2。

步骤3:计算出行模式 m_c 的最小期望出行费用 $\mu_{rs}^{m_c}$ 和 O-D 对之间的最小期望出行费用 μ_{rs},然后根据式(7-69)计算 O-D 对之间的出行需求量 $\{q_{rs}^{(N)'}\}$。

步骤4:更新 O-D 对之间的出行需求量 $\{q_{rs}^{(N+1)}\}$, $\{q_{rs}^{(N+1)}\} = q_{rs}^{(N)} + 1/N[q_{rs}^{(N)'} - q_{rs}^{(N)}]$。

步骤5:收敛检验。如果满足 $\sqrt{\sum_{rs}[q_{rs}^{(N+1)} - q_{rs}^{(N)}]^2} \cdot [\sum_{rs} q_{rs}^{(N)}]^{-1} \leq \varepsilon_q$,其中 ε_q 是预先设定的误差限值,算法结束,否则,令 $N=N+1$,返回步骤2。

7.5.5 算例分析

以图 7-9 所示的城市群多模式交通超网络为例对模型和算法进行分析,各交通方式的基本信息如表 7-13 ~ 表 7-18 所示。

城际交通方式基本信息　　　　　　　　　　　表 7-13

交通方式	路段	$t_{a_2}^m(t_{a_2}^0)$(h)	$C_{a_2}^m$[人(veh)/h]	l_{a_2}(km)	$x_{a_2}^{m0}$(veh)
小汽车	24	1	2000	100	400
城际铁路	25	0.5	1000	90	—
城际客车	26	1.5	600	100	—

地铁基本信息　　　　　　　　　　　表 7-14

路段	$t_{a_2}^m$(h)	$C_{a_2}^m$(人/h)	$x_{a_2}^{m0}$(人/h)	路段	$t_{a_2}^m$(h)	$C_{a_2}^m$(人/h)	$x_{a_2}^{m0}$(人/h)
16	0.063	3000	500	39	0.038	3000	500
17	0.063	3000	600	40	0.025	3000	500
18	0.050	3000	500	41	0.063	3000	600
19	0.063	3000	700	42	0.063	3000	600

公交车基本信息　　　　　　　　　　　　　　　　　　　　表7-15

路段	$t_{a_2}^m$(h)	$C_{a_2}^m$(人/h)	$x_{a_2}^{m0}$(人/h)	路段	$t_{a_2}^m$(h)	$C_{a_2}^m$(人/h)	$x_{a_2}^{m0}$(人/h)
20	0.075	1000	300	43	0.056	1000	300
21	0.113	1000	400	44	0.075	1000	300
22	0.038	1000	300	45	0.094	1000	400
23	0.075	1000	300	46	0.094	1000	300

小汽车出行信息　　　　　　　　　　　　　　　　　　　　表7-16

路段	$t_{a_2}^0$(h)	$C_{a_2}^m$(veh/h)	l_{a_2}(km)	$x_{a_2}^{m0}$(veh)	路段	$t_{a_2}^0$(h)	$C_{a_2}^m$(veh/h)	l_{a_2}(km)	$x_{a_2}^{m0}$(veh)
4	0.125	2000	5	300	27	0.075	1800	3	600
5	0.125	1800	5	600	28	0.075	2000	3	800
6	0.100	1700	4	500	29	0.075	1800	3	200
7	0.125	2000	5	800	30	0.100	2000	4	800
8	0.050	1800	2	600	31	0.075	1700	3	500
9	0.150	2000	6	800	32	0.050	1800	2	600
10	0.150	1800	2	600	33	0.125	2000	5	800
11	0.100	1700	4	300	34	0.050	2000	2	800
12	0.100	2000	4	300	35	0.075	1800	3	600
13	0.100	2000	4	400	36	0.125	1800	5	600
14	0.125	1700	5	200	37	0.125	1800	5	600
15	0.125	1800	5	300	38	0.100	2000	4	800

换乘路段出行信息　　　　　　　　　　　　　　　　　　　表7-17

路段	T_{a_3}(h)	$T_{a_3}^{wait}$(h)	路段	T_{a_3}(h)	$T_{a_3}^{wait}$(h)
47	0.083	—	54	0.083	—
48	0.167	0.500	55	0.167	0.200
49	0.133	0.500	56	0.167	0.050
50	0.200	0.500	57	0.250	0.167
51	0.083	0.333	58	0.083	0.200
52	0.167	0.333	59	0.167	0.050
53	0.250	0.333	60	0.250	0.167

上/下网路段出行信息　　　　　　　　　　　　　　　　　表7-18

路段	$T_{a_1}(T_{a_1}^{walk})$(h)	$T_{a_1}^{wait}$(h)	路段	$T_{a_4}(T_{a_4}^{walk})$(h)	$T_{a_4}^{wait}$(h)
1	0.083	—	61	0.083	—
2	0.250	0.050	62	0.250	—
3	0.167	0.167	63	0.167	—

城市群出行需求量模型 $q_{rs}=D_{rs}(\mu_{rs})$ 中出行阻抗函数 $f(\mu_{rs})$ 采用幂函数的形式 $f(\mu_{rs})=\mu_{rs}^\omega$，其中 $\omega=1.6, Q_{ij}=0.668, T=0.39, U=0.48, P_r=3\times10^4$ 人，$P_s=2.4\times10^4$ 人，$E_r=3.6\times10^3$ 元，$E_s=3.2\times10^3$ 元。

模型中的其他相关参数取值为:$p_s=0.6$ 元/km,$p_2=1$ 元,$p_3=2$ 元,$r_{24}=10$ 元,$vot=20$ 元/h,$p_{train}=54$ 元,$p_{bus}=36$ 元,$\sigma=0.2$,$U_{max}=2$,$\gamma=0.2$,$b=0.1$,$c=0.2$,$\lambda=0.8$,$\theta_1=0.8$,$\theta_2=1$,$\alpha=0.15$,$\beta=4$,$\alpha_1=0.15$,$\beta_1=4$,$\alpha_2=\alpha_3=0.1$,$\beta_2=\beta_3=2$,$\varepsilon_x=1\times10^{-4}$,$\varepsilon_q=1\times10^{-3}$。

首先,分析算法的收敛性。图 7-10 给出了城市群多模式交通超网络中的 O-D 需求量随迭代次数的收敛情况,由于算例中仅设置了一个 O-D 对,收敛速度较快,经过 17 次迭代计算后趋于稳定;在最后一次交通需求的迭代计算中,以超网络中路段 1 和路段 62 的流量变化情况反映算法的收敛性,如图 7-11 所示,经过 48 次迭代计算后,路段流量趋于稳定,可见,算法具有较好的收敛性。

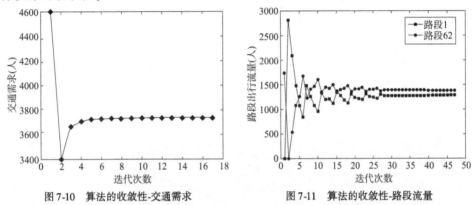

图 7-10 算法的收敛性-交通需求　　　图 7-11 算法的收敛性-路段流量

图 7-12 给出了该算例的交通超网络均衡路段流量的计算结果,可以看出,对于城际交通方式的选择,约有 27.68% 的出行者选择小汽车,48.27% 的出行者选择城际铁路,24.05% 的出行者选择城际客车。

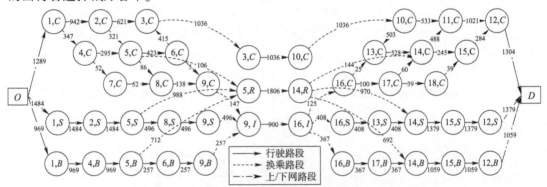

图 7-12 超网络路段流量分配结果

图 7-13 显示了产业关联度的变化对于不同城际交通方式的流量、分担率及负荷度等指标的影响,可以看出,由于算例中城际铁路和城际客车的运输能力配置较小,所以随着产业关联度的不断加强,这两种城市群交通方式的分担率有下降的趋势;随着产业关联度的加强,城际铁路和城际客车这两种交通方式分担率下降的原因是这两种交通方式的负荷度已经达到饱和甚至过饱和。

此外,随着起讫点交通小区的人口和人均收入的变化,各种城市群交通方式的流量、分担率、负荷度也发生变化,图 7-14～图 7-19 以城市群交通方式分担率为例,显示了起讫点交通小区的人口以及人均收入的变化对小汽车、城际铁路和城际客车三种城市群交通方式分担率的影响。可以看出,随着起讫点交通小区的人口和人均收入的增加,小汽车的分担率呈上升趋势,而城际铁路和城际客车的分担率呈下降趋势,这主要是由于城际铁路和城际客车的运输能力已经趋于饱和或过饱和,相应的出行成本随之增加,已经不能满足城市群旅客的出行需求,因而部分旅客选择小汽车进行城市群出行。

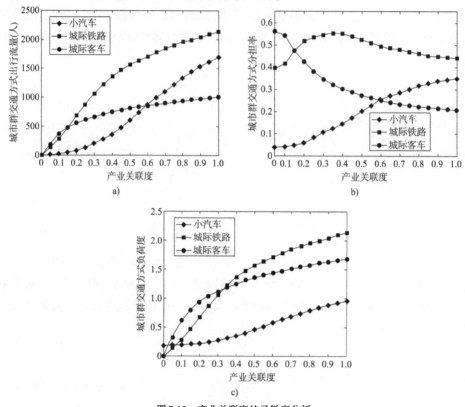

图 7-13 产业关联度的灵敏度分析

a) 对交通方式流量的影响;b) 对交通方式分担率的影响;c) 对交通方式负荷度的影响

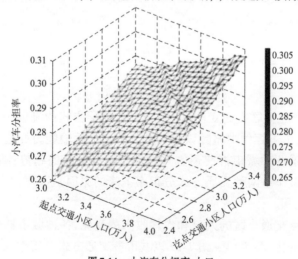

图 7-14 小汽车分担率-人口

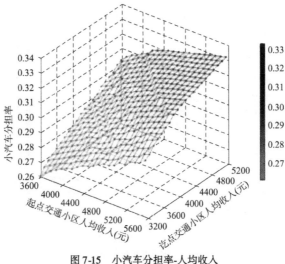

图 7-15 小汽车分担率-人均收入

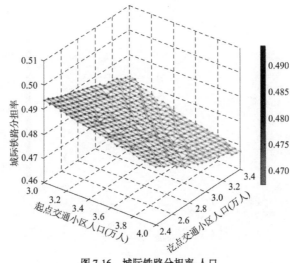

图 7-16 城际铁路分担率-人口

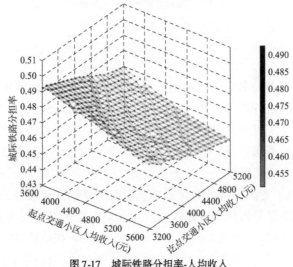

图 7-17 城际铁路分担率-人均收入

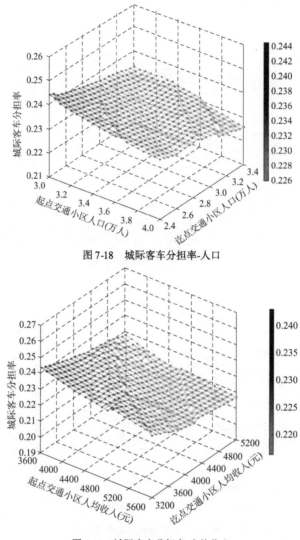

图 7-18　城际客车分担率-人口

图 7-19　城际客车分担率-人均收入

7.6　本章小结

　　交通网络的流量是人的出行活动和路网设施相互耦合而产生的宏观现象,网络交通流模型研究就是揭示人的出行规律以及交通需求在网络上的实现机制。早期的网络交通流理论只针对单模式交通系统,尽管后来有些学者将该理论扩展到多模式交通系统中,并考虑了多模式交通系统中的换乘因素,提出了相关模型与算法,但仍存在诸多问题,需要进一步改进和完善。本章首先介绍了网络交通流理论的基本概念和方法,基于第 6 章的多模式交通超网络理论,分别提出了考虑换乘的多模式交通超网络流量分配模型及算法、考虑距离因素的多模式交通超网络流量分配模型及算法以及面向城市群多模式交通系统的网络流量分配模型与算法,并通过简单算例对这些模型和算法进行了说明和验证分析。

本章参考文献

[1] ABDULAAL M, LEBLANC L J. Methods for combining modal split and equilibrium assignment models[J]. Transportation science, 1979, 13(4): 292-314.

[2] ABRAHAMSSON T, LUNDQVIST L. Formulation and estimation of combined network equilibrium models with applications to Stockholm[J]. Transportation science, 1999, 33(1): 80-100.

[3] AKAMATSU T. Cyclic flows, Markov process and stochastic traffic assignment[J]. Transportation research part B: methodological, 1996, 30(5): 369-386.

[4] BECKMANN M, MCGUIRE C B, WINSTEN C B. Studies in the economics of transportation [M]. New Haven: Yale University Press, 1956.

[5] BELL M G H. Alternatives to Dial's logit assignment algorithm[J]. Transportation research part B: methodological, 1995, 29(4): 287-295.

[6] BEM-AKIVA M, LERMAN S R. Discrete choice analysis: theory and application to travel demand[M]. Cambridge: The MIT Press, 1985.

[7] BURRELL J E. Multiple route assignment and its application to capacity restraint[C]. Heidelberg: Springer, 1968.

[8] DANTZIG G B. Discrete-variable extremum problems[J]. Operations research, 1957, 5(2): 266-288.

[9] DIAL R B. A probabilistic multipath traffic assignment problem which obviates path numeration[J]. Transportation research, 1971, 5(2): 83-111.

[10] FERNANDEZ E, DECEA J, FLORIAN M, et al. Network equilibrium models with combined modes[J]. Transportation science, 1994, 28(3): 182-192.

[11] FISK C. Some developments in equilibrium traffic assignment[J]. Transportation research part B: methodological, 1980, 14(3): 243-255.

[12] FLORIAN M, NGUYEN S. A combined trip distribution modal spilt and trip assignment model[J]. Transportation research, 1978, 12(4): 241-246.

[13] FRIESZ T L. An equivalent optimization problem for combined multi class distribution, assignment and modal split which obviates symmetry restrictions[J]. Transportation research part B: methodological, 1981, 15(5): 361-369.

[14] HUANG H J, BELL M G H. A study on logit assignment which excludes all cyclic flows [J]. Transportation research part B: methodological, 1998, 32(6): 401-412.

[15] LAM W H K, HUANG H J. A combined trip distribution and assignment model for multiple user classes[J]. Transportation research part B: methodological, 1992, 26(4): 275-287.

[16] LAM W H K, LI Z C, WONG S C, et al. Modeling an elastic-demand bimodal transport network with park-and-ride trips[J]. Tsinghua science and technology, 2007, 12(2): 158-166.

[17] LO H K, YIP C W, WAN K H. Modeling transfer and non-linear fare structure in multi-mo-

dal network[J]. Transportation research part B:methodological,2003,37(2):149-170.

[18] KHAMSI M A,KIRK W A. An introduction to metric spaces and fixed point theory[M]. New York:John Wiley & Sons,Inc,2001.

[19] MCFADDEN D. A method of simulated moments for estimation of discrete response models without numerical integration[J]. Econometria,1989,57(5):995-1026.

[20] MOORE E F. The shortest path through a maze[C]// Proceedings of an International Symposium on the Theory of Switching,Cambridge,Massachusetts,2-5 April 1959,285-292.

[21] MURCHLAND J D. Road network traffic distribution in equilibrium[M]. Meisenheim am Glan:Anton Hain Verlag,1970.

[22] POWELL W B,SHEFFI Y. The convergence of equilibrium algorithms with predetermined step sizes[J]. Transportation science,1982,16(1):45-55.

[23] SAFWAT K N A,MAGNANTI T L. A combined trip generation,trip distribution,modal split and trip assignment model[J]. Transportation science,1988,22(1):14-30.

[24] SHEFFI Y. Urban transportation networks:equilibrium analysis with mathematical programming methods[M]. Eagle wood Cliffs:Prentice Hall,1985.

[25] SI B F,ZHONG M,ZHANG H Z,et al. An improved Dial's algorithm for logit-based traffic assignment within a directed acyclic network[J]. Transportation planning and technology,2010,33(2):123-137.

[26] WARDROP J G. Some theoretical aspects of road traffic research[C]. Proceedings of Institution of Civil Engineers (Part Ⅱ),1952:325-378.

[27] WU Z X,LAM W H K. A network equilibrium model for congested multi-mode transport network with elastic demand[C]. Proc. 7th Conf. Hong Kong Society for Transportation Studies,2002,119-126.

[28] 黄海军,李志纯.组合出行方式下的混合均衡分配模型及求解算法[J].系统科学与数学,2006,26(3):352-361.

[29] 黄海军.城市交通网络动态建模与交通行为研究[J].管理学报,2005,2(1):18-22.

[30] 李志纯,黄海军.弹性需求下的组合出行模型与求解算法[J].中国公路学报,2005,18(3):94-98.

[31] 李志纯,黄海军.随机交通分配中有效路径的确定方法[J].交通运输系统工程与信息,2003,3(1):28-32.

[32] 李军,辛松歆,蔡铭.基于拓扑处理的Logit型网络加载算法[J].中国公路学报,2005,18(4):87-90.

[33] 刘海洲.基于产业关联度的都市圈轨道交通客流预测方法优化研究[D].重庆:重庆交通大学,2008.

[34] 芮明杰.产业经济学[M].上海:上海财经大学出版社,2005.

[35] 四兵锋,高自友.交通运输网络流量分析与优化建模[M].北京:人民交通出版社,2013.

[36] 四兵锋,钟鸣,高自友.城市混合交通条件下路段阻抗函数的研究[J].交通运输系统工程与信息,2008,8(1):68-73.

[37] 汪勤政,四兵锋.换乘约束下城市多方式交通分配模型与算法[J].交通运输系统工程与信息,2017,17(4):159-165,181.

[38] 徐璞.城市群多方式旅客运输网络能力优化建模及算法研究[D].北京:北京交通大学,2019.

[39] 周豪,四兵锋,汪勤政.考虑距离因素的多方式交通超级网络均衡配流模型及算法[J].山东科学,2018,31(3):66-75.

第 8 章
多模式交通网络系统优化模型

8.1 概　　述

在多模式交通系统中,包括交通拥挤、空气污染、噪声污染及能源消耗等在内的交通车辆使用成本与交通系统运行状态密切相关。当交通系统处于某种状态时,出行量的增加会对既有网络出行成本产生影响。比如,在道路中每增加一单位的车辆都会使道路上已有车辆的行驶时间单调增加,并且增加幅度会随着车辆数的增加而递增。同时,不同交通方式出行带来的交通成本具有差异性。例如,公交车作为大运量交通工具,在运行的过程中可承载较多乘客,进而使得公交车出行的人均成本远远小于小汽车出行的人均成本,而自行车出行具有绿色环保的特点,对网络出行成本的影响很小。基于此,交通管理部门可以对不同交通方式制定差异化的管理策略,从而优化整个交通系统的运行效率。

对于一般商品而言,完全竞争市场可以通过价格机制将相对"过剩的商品"重新配置给有需求的消费者,从而实现供需均衡。对交通系统而言,这种相对"过剩的商品"就等效于在某时段某些交通资源的空闲能力。由于交通能力具有空间上的不可转移性和时间上的不可存储性,完全靠"市场的力量"来调节交通供需关系显得心有余而力不足。因此,多模式交通网络系统优化属于以稳定社会、保证经济正常发展、追求社会效益为目标的社会管理范畴,其主要对象是各种出行需求以及所形成的网络交通流,通过认识网络交通流运作规律,调控出行需求的时空分布,并最大限度地利用现有交通资源,以达到科学管理交通的目的。

国内外在交通系统管理方面做了大量研究,包括土地使用与网络设计、财政补贴、拥挤收费、停车管理等,其中拥挤收费的研究成果尤为丰富(Verhoef,2002;Yang 等,2004;Zhang 和 Ge,2004;Yang 和 Huang,2005;Liu 等,2010;Guo 和 Yang,2010)。拥挤收费最直接的社会效益是减少路网总的交通拥堵,同时,拥挤收费得到的收入还可以用来改善交通基础设施和运营条件。然而,拥挤收费也存在诸多问题,例如,收入较高的出行者会从中受益,而收入较低的出行者则要承担更多的出行成本,从而产生社会公平性问题。另外,大部分交通系统管理的目标是减少整个路网的交通拥堵,忽略了出行者由于承担更多的出行成本而带来的社会损失。近年来,由于世界性环境问题,交通研究者和决策者逐渐认识到城市交通对社会环境造成的巨大负面影响,国内外学者开始对交通系统的社会外部性进行深入研究(Bickel 等,2006;Shepherd,2008;Wismans 等,2013;Bigazzi 和 Figliozzi,2013)。这些研究在一定程度上加深了我们对交通系统与社会生态系统之间关系的认识,但目前对多模式交通网络系统优化方面的理论研究还远远不够。

8.2　交通拥堵分析

从经济学角度而言,交通设施为一种"准公共资源",拥堵性是其基本特征之一。比如,当路段交通量比较小时,不存在拥堵现象,道路中的车辆能够自由行驶,行驶车辆之间不会对彼此产生影响;随着交通量的不断增长,当其超出道路能力时,车辆之间会相互干扰,从而降低行驶速度,此时,就会产生拥堵。

从交通工程学的角度来讲,交通拥堵是指道路交通密度达到一定程度时,车辆之间出现相互干扰,造成车速下降,导致车辆出行延误,从而使出行成本增加。如图 8-1 所示,当道路交通流为自由流时,车速为最大车速 v_{max}。随着交通密度的增加,车辆之间的相互干扰增大,使得车速不断降低。当交通量达到道路能力 C 时,道路交通达到饱和。随着车辆继续进入该路段,交通密度不断增大,此时,车速和流量同时下降,道路空间使用效率也随之下降。可以认为,交通拥挤是从 B 点开始发生的。

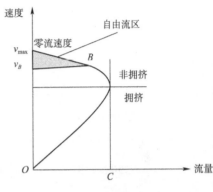

图 8-1　交通拥挤示意图

8.3　交通外部性

外部性的概念最早来自马歇尔的《经济学原理》,庇古在其《福利经济学》一书中对外部性问题进行了深入探讨。外部性又称为溢出效应,是指一个经济主体(包括厂商或个人)的经济活动对他人和社会造成的非市场化的影响,即社会成员(包括组织和个人)从事经济活动时,其成本与后果不完全由该行为人承担。外部性分为正外部性和负外部性。正外部性是某个经济主体的活动使他人或社会受益,而受益者无须花费成本;负外部性是某个经济主体的活动使他人或社会受损,而造成负外部性的主体却没有为此承担代价。

随着社会经济的不断发展,人们的出行方式更加趋于机动化和多样化。机动化出行给人们带来很大便利,这是交通系统正外部性的体现,但也衍生了一系列社会问题,最为突出的是机动车保有量急速增长和交通建设相对滞后所引起的交通供需关系失衡问题。交通供需关系失衡一方面大大降低了交通系统的运行效率,另一方面破坏了不同交通方式之间的公平性,产生了巨大社会外部性成本,主要表现为交通对环境的影响,以及出行者之间、出行者与非出行者之间诸如交通拥堵、环境污染等社会公平性等问题。有学者针对交通外部性进行了大量研究(Rothengatter 等,1993;Johansson-Stenman 和 Martinsson,2006;Wismans 等,2013),基于这些研究成果,分别对小汽车、公交车、自行车这三种交通出行方式的交通外部性进行介绍。

1) 小汽车出行的外部性

小汽车出行成本包括三部分,即内部性成本、内部化的部分外部性成本和无法内部化的外部性成本。其中内部性成本包括车辆生产成本、道路设施的修建和维护成本、车辆使用费用等成本;外部性成本(表8-1)主要包括四方面,即小汽车出行的环境成本、交通拥堵成本、交通事故成本以及土地开发成本,其中交通拥堵成本包括出行者的时间延误和由交通拥挤造成的额外燃油费用。

小汽车出行外部性成本分析　　　　　　　　表8-1

成本类型		内部化的部分外部性成本		无法内部化的外部性成本
		对使用者	对社会其他成员	
环境成本	尾气排放污染	对身体健康及其他利益的损害	对身体健康及其他利益的损害	无人支付的部分环境成本
	噪声污染			
	能源消耗			
	动植物系统			
交通拥堵成本		使用者的时间损失成本	由此造成的其他成员的时间损失成本	由其他交通部门引起的成本
交通事故成本		自身的交通事故损失和由保险支付的费用	由保险支付的部分费用	未支付的事故成本
土地开发成本		养路费、过桥费和燃油税等	—	由他人支付的部分成本

对于小汽车使用者来说,其主要关注小汽车出行的内部性成本,因为这部分成本需要使用者进行支付。对于外部性成本,一部分可以通过内部化转化为内部性成本,由小汽车使用者直接承担;而大部分无法内部化的外部性成本则无人进行支付,这一部分无人支付的外部性成本需要社会群体成员共同承担。

2)公交车出行的外部性

公交车出行的成本和小汽车出行的成本基本类似,也包括内部性成本和外部性成本,其中内部性成本包括车辆生产成本、公交场站等设施的建设成本以及公交企业运营成本等,这些成本由公交公司承担,而公交车出行者的直接成本主要是票价,公交企业则以乘客的票务收入来作为其运营成本的补充。公交车出行的外部性成本则包括环境外部性成本、乘客出行延误的时间成本以及额外燃油消耗成本、交通事故的成本等。值得注意的是,公交车作为一种大运量的交通工具,每辆公交车能够承载的乘客远远多于一辆小汽车承载的乘客,这样,平均到每个乘客的外部性成本会远远低于乘坐小汽车的外部性成本。

3)自行车出行的外部性

自行车出行成本构成较为简单,只有自行车的生产成本及自行车的维修成本。在多模式交通系统中,自行车作为绿色环保的交通工具,没有污染物排放。同时,自行车不需要燃油,因此,也不存在环境外部性成本。但自行车平均速度较慢,自行车出行的外部性成本只有交通拥堵带来的时间延误成本。

交通外部性因素的存在使得交通整体运行效率大大降低,从交通管理的角度来说,交通管理部门可以通过经济手段或行政手段来合理控制交通网络流量的时空分布，从而达到优化交通系统的社会外部性成本的目的，实现多模式交通网络系统的整体最优。其中经济手段是通过价格机制来调整出行过程中的社会外部性成本，其本质是把社会外部性成本内部化；而行政手段则是政府采取管制或强制性的政策措施，来控制由交通出行行为产生的负外部性。表 8-2 给出了一些常见的交通管理中的经济手段和行政手段。

交通管理中的经济手段和行政手段　　　　　　表 8-2

控制对象	经济手段		行政手段	
	直接手段	间接手段	直接手段	间接手段
尾气排放	排污费、车辆税	汽车税收差异	制定排放标准	检查排放系统
交通拥堵	拥堵收费	停车收费、对低污染的交通方式实行补贴	汽车禁行区、限定行车路线、限定行车时间、停车限制	限制汽车使用类型、设置公共汽车专用道、实行非机动车出行便利措施

8.4　交通系统优化模型

在 Wardrop 提出交通网络平衡原则的同时，还提出了网络交通流分配的另一个原则，即系统最优原则(System Optimality)，简称 SO 原则，该原则可归纳为：在存在拥挤的交通网络中，交通量的分配目标应满足网络总费用最小的原则。换句话说，在系统最优的条件下，出行者不能通过改变自己的出行路径而降低网络的总费用。通常，称用户平衡原则为 Wardrop 第一原则，称系统最优原则为 Wardrop 第二原则。

对于一个交通网络，假定在某个流量状态下，路段流量为 $x_a, \forall a$，所对应的路段费用为 $t_a(x_a), \forall a$，则网络的总费用可表示为：

$$\tilde{Z}(\boldsymbol{x}) = \sum_a x_a t_a(x_a) \tag{8-1}$$

根据系统最优原则，网络交通流分配的目标是网络总费用最低，同时，网络流量满足基本约束条件。系统最优模型可表示为如下的数学优化模型：

$$\min \tilde{Z}(\boldsymbol{x}) = \sum_a x_a t_a(x_a) \tag{8-2a}$$

$$\text{s.t.} \quad \sum_k f_k^{rs} = q_{rs}, \quad \forall r, s \tag{8-2b}$$

$$x_a = \sum_r \sum_s \sum_k f_k^{rs} \cdot \delta_{a,k}^{rs}, \quad \forall a \tag{8-2c}$$

$$f_k^{rs} \geq 0, \quad \forall r, s, k \tag{8-2d}$$

可以看出，系统最优模型和 Beckmann 模型相比，只是目标函数不一样，约束条件完全相同。

根据式(8-1)可知，交通网络的系统总费用是路段流量 x_a 的一个函数，可以对该函数进行求导，即：

$$\frac{\partial \tilde{Z}}{\partial x_a} = \frac{\partial \sum_b x_b \cdot t_b(x_b)}{\partial x_a} = t_a(x_a) + x_a \cdot \frac{\partial t_a(x_a)}{\partial x_a} \tag{8-3}$$

式中，$\partial t_a(x_a)/\partial x_a$ 表示在路段 a 上新增的车辆对该路段已有流量 x_a 产生干扰而带来的花费时间的增量，可称其为路段边际费用，则 $x_a \cdot \dfrac{\partial t_a(x_a)}{\partial x_a}$ 表示路段 a 上的所有车辆产生的外部性成本之和。令：

$$\tilde{t}_a(x_a) = t_a(x_a) + x_a \cdot \dfrac{\partial t_a(x_a)}{\partial x_a} \tag{8-4}$$

则 $\tilde{t}_a(x_a)$ 实际上就是路段 a 上平均费用再加上路段 a 上的总的路段边际费用。

定理：在 Beckmann 模型中，如果将路段费用函数 $t_a(x_a)$ 用 $\tilde{t}_a(x_a)$ 替代，则 UE 问题就等价于 SO 问题。

证明：将 $\tilde{t}_a(x_a)$ 代入 Beckmann 模型中，则目标函数为如下形式：

$$\sum_a \int_0^{x_a} \tilde{t}_a(w)\mathrm{d}w = \sum_a \int_0^{x_a} \left[t_a(w) + w \cdot \dfrac{\partial t_a(w)}{\partial w} \right]\mathrm{d}w = \sum_a x_a t_a(x_a)$$

显然，通过求解 UE 问题就可以得到满足系统最优的路段流量。根据上面的证明过程，可以得出如下结论：当交通网络达到系统最优状态时，O-D 间所有被使用路径的总边际费用都相等，且不会低于不被使用路径上的总的边际费用。

此外，当网络上的拥挤程度很小时，即路段出行费用不受流量的影响时，可以将路段费用看作常数 t_a，即 $\partial t_a(x_a)/\partial x_a = 0$，$\tilde{t}_a(x_a) = t_a(x_a)$，则

$$\sum_a \int_0^{x_a} t_a \mathrm{d}w = \sum_a x_a t_a \tag{8-5}$$

在这种情况下，Beckmann 模型也等价于系统最优模型。也就是说，如果网络中不存在拥挤，UE 问题就是 SO 问题。

通常，交通管理部门的目标是交通网络中所有车辆总的出行费用最小，即系统最优。而交通网络中车辆的运行状态是由出行者来决定的，一般情况下，出行者可以根据自己的经验和信息，以自己出行费用最小为原则进行各种交通选择行为，也就是说，网络流量满足用户平衡原则。显然，满足用户平衡原则的网络流量不一定满足系统最优的目标，不过，交通管理部门可以通过制定一些交通管理政策或经济手段，改变出行者的出行费用，引导出行者的交通选择行为，从而达到系统最优的目标。

可以采用经济学理论对系统最优和用户平衡进行解释。如图 8-2 所示，MSC 为边际社会成本，MPC 为边际个人成本，D 表示需求，边际个人成本为出行者的认知成本，即总成本与交通量的比值。由均衡原理可知，社会最优均衡为需求与边际社会成本的交点 A，此时交通量为 Q_1，费用为 P_1；但对出行者而言，由于其认知成本小于边际社会成本，因此会继续出行，直至边际个人成本等于需求，即图中的点 B，此时的交通量为 Q_2，费用为 P_2。当交通量为 Q_1 时，社会总剩余为纵坐标轴、边际社会成本曲线 MSC 和需求曲线 D 围成的面积 S_1；当交通量为 Q_2 时，交通拥堵产生的负外部性造成的社会福利的减少为 ABC 的面积 S_2，此时的社会总剩余则变为由纵坐标轴、边际社会成本曲线 MSC 和需求曲线 D 围成的面积减去 ABC 的面积，即 $S_1 - S_2$。

可以看到，在 A 点时达到了系统最优平衡，但出行者基于自身利益的考虑会继续出行直至 B 点，此时达到了用户最优平衡。

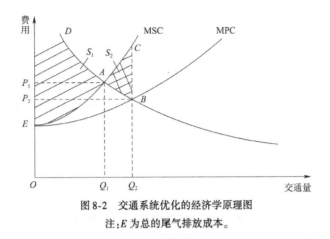

图 8-2 交通系统优化的经济学原理图

注：E 为总的尾气排放成本。

8.5 双层规划模型

在许多决策中会遇到一种双层规划问题，即多个群体共同参与一个决策，其中一方是决策层，而其他参与者是跟随层。决策层根据某种目标制定策略，追随者则根据决策层的策略，选择符合自身利益的行为。双层规划问题包含两个层次的优化任务，其中一个优化任务嵌套在另一个优化任务中，决策者优化问题称为上层优化问题，追随者优化问题称为下层优化问题。这两层问题都有各自的目标、约束条件以及决策变量，但两方并不是对等的。上层决策者完全了解下层追随者的行为，有权对决策过程中的资源进行分配，而下层追随者不完全了解上层决策者的信息，只能服从上层决策，在不违反上层决策的前提下，做出符合自身目标的决策。

图 8-3 给出了一般双层规划问题的基本结构。在上层优化问题的解空间中，任意决策变量都对应一个下层优化问题，下层优化问题则反映了下层追随者对上层决策的反应。用向量 x_u 表示上层决策变量，x_l 表示下层决策变量，(x_u, x_l^*) 表示上层问题的一个可行解，其中 x_l^* 表示下层追随者在上层决策条件下的最佳策略，即下层问题的最优解。

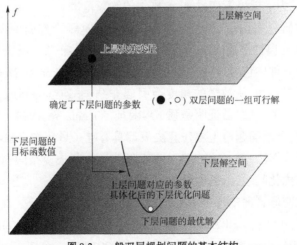

图 8-3 一般双层规划问题的基本结构

定义：给定上层问题的目标函数 $F:R^n \times R^m \rightarrow R$，下层问题的目标函数 $f:R^n \times R^m \rightarrow R$，双层规划问题可以表示为：

$$\min_{\boldsymbol{x}_u \in X_U, \boldsymbol{x}_l \in X_L} F(\boldsymbol{x}_u, \boldsymbol{x}_l) \tag{8-6a}$$

$$\text{s.t.} \quad \boldsymbol{x}_l \in \arg\min_{\boldsymbol{x}_l \in X_L}\{f(\boldsymbol{x}_u, \boldsymbol{x}_l) : g_j(\boldsymbol{x}_u, \boldsymbol{x}_l) \leq 0, \quad j=1,\cdots,J\} \tag{8-6b}$$

$$G_k(\boldsymbol{x}_u, \boldsymbol{x}_l) \leq 0, \quad k=1,\cdots,K \tag{8-6c}$$

也可以表示为如下形式：

$$\min_{\boldsymbol{x}_u \in X_U, \boldsymbol{x}_l \in X_L} F(\boldsymbol{x}_u, \boldsymbol{x}_l)$$

$$\text{s.t.} \quad G_k(\boldsymbol{x}_u, \boldsymbol{x}_l) \leq 0, \quad k=1,\cdots,K \quad (\text{上层优化问题}) \tag{8-7}$$

其中，$\boldsymbol{x}_l$ 通过求解以下下层优化问题得到：

$$\min_{\boldsymbol{x}_l \in X_L} f(\boldsymbol{x}_u, \boldsymbol{x}_l)$$

$$\text{s.t.} \quad g_j(\boldsymbol{x}_u, \boldsymbol{x}_l) \leq 0, \quad j=1,\cdots,J \quad (\text{下层优化问题}) \tag{8-8}$$

其中，$G_k:X_U \times X_L \rightarrow R, k=1,\cdots,K$ 表示上层约束条件；$g_j:X_U \times X_L \rightarrow R, j=1,\cdots,J$ 表示下层约束条件。

双层规划问题也可以采用下面的数学表达形式：

定义：令 $\psi:R^n \Rightarrow R^m$ 为集值映射：

$$\psi(\boldsymbol{x}_u) = \arg\min_{\boldsymbol{x}_l \in X_L}\{f(\boldsymbol{x}_u, \boldsymbol{x}_l) : g_j(\boldsymbol{x}_u, \boldsymbol{x}_l) \leq 0, j=1,\cdots,J\} \tag{8-9}$$

式中，$\psi(\boldsymbol{x}_u)$ 表示一个被下层优化问题约束的集合，即，$\psi(\boldsymbol{x}_u) \subset X_L, \boldsymbol{x}_u \subset X_U$。于是双层优化问题又可以表示为：

$$\min_{\boldsymbol{x}_u \in X_U, \boldsymbol{x}_l \in X_L} F(\boldsymbol{x}_u, \boldsymbol{x}_l) \tag{8-10a}$$

$$\text{s.t.} \quad \boldsymbol{x}_l \in \psi(\boldsymbol{x}_u) \tag{8-10b}$$

$$G_k(\boldsymbol{x}_u, \boldsymbol{x}_l) \leq 0, \quad k=1,\cdots,K \tag{8-10c}$$

式中，ψ 可以表示为下层决策变量 $\boldsymbol{x}_l$ 参数化的约束范围。

双层规划问题的研究有两个来源。第一个源头是博弈论方面的研究，Von Stackelberg(1952)使用了双层规划模型来描述决策行为和博弈过程。第二个源头是在数学规划领域，这类优化问题的约束条件中包含了一个内嵌的优化问题(Bracken 和 McGill,1973)。

由于双层规划的复杂性，从数学的角度会引起非凸、非连续等问题，即使是经过简化的双层问题也非常难以求解，已经被证明是强 NP-困难(Vicente 等,1994)问题。即便是最简单的线性双层规划问题，下层问题对上层任意决策都具有唯一最优解，也难以找到一个可以获取全局最优解的多项式算法(Deng,1998)。在求解实际大规模复杂问题中，通常将该问题简化为一个简单的单层优化问题，以获取近似最优解。

双层规划问题在交通管理中也很常见，例如，交通网络设计问题(高自友等,2000;Friesz 和 Shah,2001;Gao 等,2005;Lo 和 Szeto,2009)，道路拥挤收费问题(Verhoef,2002;Yang 等,2004;Zhang 和 Ge,2004;Yang 和 Huang,2005;Liu 等,2010;Guo 和 Yang,2010)等。

8.6 考虑社会成本的多模式交通系统优化模型

8.6.1 交通社会成本

1) 交通拥堵成本

在多模式交通系统中,交通拥堵会对不同交通方式的出行时间产生影响,可以用交通系统中所有出行者总的出行时间来反映交通拥堵程度,交通系统总出行时间等于各路段的各模式道路流量与其对应的出行时间的乘积之和,即:

$$Z = \sum_a \left(\sum_k x_a^k \cdot t_a^k + x_a^{\text{non-motor}} t_a^{\text{non-motor}} \right) \tag{8-11}$$

式中,Z 表示交通系统的总时间成本;x_a^k 表示路段 a 上选择第 k 种机动车的出行量;t_a^k 表示第 k 种机动车在路段 a 上的出行时间;$x_a^{\text{non-motor}}$ 表示路段 a 上选择非机动车的出行量;$t_a^{\text{non-motor}}$ 表示非机动车在路段 a 上的出行时间。

在多模式交通网络中,路段流量指单位时间内通过某断面的包括机动车和非机动车在内的各种车辆数,可将路网中的流量分为三类:①小汽车流量;②公交车流量;③自行车流量。其中,小汽车流量和公交车流量代表机动车流量,自行车流量代表非机动车流量。由于不同车辆的平均载客数不同,因此,选择不同出行方式的出行量所产生的道路流量也不同。

假定在多模式交通网络中,路段 a 上的出行量为 x_a,其中选择小汽车、公交车和自行车出行的比例分别为 p_a^{car}、p_a^{bus}、p_a^{bike},则各交通模式的道路流量可表示为:

$$v_a^{\text{car}} = \frac{x_a p_a^{\text{car}}}{A^{\text{car}}}, \quad v_a^{\text{bus}} = \frac{x_a p_a^{\text{bus}}}{A^{\text{bus}}}, \quad v_a^{\text{bike}} = \frac{x_a p_a^{\text{bike}}}{A^{\text{bike}}}, \quad \forall a \tag{8-12}$$

式中,v_a^{car}、v_a^{bus}、v_a^{bike} 分别表示这三种交通模式的道路流量;A^{car}、A^{bus} 和 A^{bike} 分别表示这三种交通方式的平均载客数。

路段 a 上的机动车标准车流量(Passenger Car Unit,PCU)v_a^{motor},可表示为:

$$v_a^{\text{motor}} = U_{\text{car}} \cdot v_a^{\text{car}} + U_{\text{bus}} \cdot v_a^{\text{bus}}, \quad \forall a \tag{8-13}$$

式中,U_{car} 和 U_{bus} 分别表示小汽车和公交车的 PCU 折算系数。

路段 a 上的自行车流量,也就是非机动车流量为:

$$v_a^{\text{non-motor}} = v_a^{\text{bike}}, \quad \forall a \tag{8-14}$$

对于不同类型的车辆来说,其交通特性及运行特点存在差异。例如,公交车在道路上会频繁地靠站停车,进而影响其他车辆的运行;小汽车行驶速度快,而自行车速度慢等。因此,不同交通方式车辆对道路流量产生的影响程度也各不相同。如果仅考虑机动车和非机动车之间的相互影响,则路段费用函数可表示为如下形式(Si 等,2008):

$$t_a^k = t_a^k(0) \left[1 + \alpha \left(\frac{v_a^{\text{motor}}}{C_a^{\text{motor}}} \right)^\beta \right] \left[1 + \gamma \left(\frac{v_a^{\text{non-motor}}}{C_a^{\text{non-motor}}} \right)^\varphi \right], \quad \forall k, a \tag{8-15}$$

$$t_a^{\text{non-motor}} = t_a^{\text{non-motor}}(0) \left[1 + \alpha \left(\frac{v_a^{\text{non-motor}}}{C_a^{\text{non-motor}}} \right)^\beta \right] \left[1 + \gamma \left(\frac{v_a^{\text{motor}}}{C_a^{\text{motor}}} \right)^\varphi \right], \quad \forall a \tag{8-16}$$

式中，$t_a^k(0)$ 和 $t_a^{\text{non-motor}}(0)$ 分别表示路段 a 上第 k 种机动车和非机动车的零流时间；C_a^{motor} 和 $C_a^{\text{non-motor}}$ 分别表示路段 a 上机动车和非机动车的通行能力；α、β、γ 和 φ 为参数。

2）尾气排放成本

在多模式交通系统中，自行车不需要燃油，没有污染物排放。因此，车辆排放成本只针对机动车。机动车的尾气排放物包括很多种，主要有碳氢化合物（HC）、一氧化碳（CO）、氮氧化物（NO_x）、微粒等。各种排放物的排放量会受到车辆行驶速度、道路条件等因素的影响。一般情况下，车辆在实际交通环境中行驶状态较复杂，在不同区域、不同等级的道路上，不同车辆怠速、加速、减速和等速的行驶状态都会有差异，因此，不同类型车辆在不同交通状态下的排放量也各不相同。

选取具有代表性的 HC、CO、NO_x 这三个指标作为车辆排放测度，分析机动车排放成本与车辆运行状态之间的关系。根据文献（王炜等，2002），考虑机动车行驶的特点，拟合不同类型机动车在单位时间内的排放量函数曲线为如下形式：

$$\begin{cases} P_{\text{HC}}^k(V_a^k) = \alpha_1^k (V_a^k)^{\beta_1^k} \\ P_{\text{CO}}^k(V_a^k) = \alpha_2^k (V_a^k)^{\beta_2^k} \\ P_{\text{NO}_x}^k(V_a^k) = \alpha_3^k (V_a^k)^2 + b_3^k V_a^k + c_3^k \end{cases} \quad (8\text{-}17)$$

式中，$P_{\text{HC}}^k(V_a^k)$、$P_{\text{CO}}^k(V_a^k)$ 和 $P_{\text{NO}_x}^k(V_a^k)$ 分别表示第 k 种机动车在单位时间内的 HC 排放量、CO 排放量及 NO_x 排放量；V_a^k 表示第 k 种机动车在路段 a 上的平均速度；α_1^k，α_2^k，α_3^k，β_1^k，β_2^k，b_3^k 和 c_3^k 表示相关参数。

由于路段长度 L_a 是固定的，根据车辆在路段上的运行时间，可以计算出平均速度，而车辆数可用路段流量表示，基于此，整个交通系统总的尾气排放成本 E 可表示如下：

$$E = \sum_k \sum_a v_a^k \cdot \left[\alpha_1^k \left(\frac{L_a}{t_a^k} \right)^{\beta_1^k} + \alpha_2^k \left(\frac{L_a}{t_a^k} \right)^{\beta_2^k} + \alpha_3^k \left(\frac{L_a}{t_a^k} \right)^2 + b_3^k \cdot \frac{L_a}{t_a^k} + c_3^k \right] \quad (8\text{-}18)$$

3）燃油消耗成本

在车辆行驶过程中，燃油消耗主要取决于车辆性能、行驶工况（包括速度、挡位、加速度过程等）和交通状况，而行驶工况又取决于实际的道路和交通条件。从车辆性能上看，主要包括发动机功率、转速、传动效率等；从道路条件来说，主要有道路坡度和平整度等；从交通状况上看，主要包括交通量、道路等级、交叉口类型和控制方式等。

通常，交通系统的燃油消耗计算有两种方法，一种是从微观上分析汽车燃油消耗与发动机转速、发动机输出功率的关系，建立汽车燃油消耗微观模型，分析道路交通设施与车辆行驶状态的关系，进而可以分析不同道路设施下汽车的燃油消耗规律；另一种方法是从宏观上分析汽车燃油消耗与车辆里程、车辆行程时间等的关系，建立燃油消耗的宏观预测模型。

王炜等（2002）考虑了路段长度、车辆行驶速度及行驶时间等因素，构建了用以计算不同类型机动车行驶燃油消耗成本的宏观能耗模型，该模型形式如下：

$$Q_a^k = A^k \exp(B^k \cdot L_a) \cdot [1 + D^k \cdot \exp(C^k \cdot V_a^k)] \quad (8\text{-}19)$$

式中，Q_a^k 表示第 k 种类型机动车在路段 a 上的百公里燃油消耗；A^k、B^k、C^k、D^k 为参数。

根据式(8-19),可以计算出整个交通系统的燃油消耗总成本。同尾气排放成本的分析类似,采用不同交通模式的路段流量 v_a^k 以及出行时间 t_a^k 来表示,交通系统总的油耗成本 R 可表示如下:

$$R = \sum_a \sum_k v_a^k \cdot Q_a^k \cdot \frac{L_a}{100} = \sum_a \sum_k v_a^k \cdot A^k \exp(B^k \cdot L_a) \cdot \left[1 + D^k \cdot \exp\left(C^k \cdot \frac{L_a}{t_a^k}\right)\right] \cdot \frac{L_a}{100} \tag{8-20}$$

8.6.2 多模式交通网络优化模型

将出行时间、尾气排放成本和燃油消耗成本这三个指标作为多模式交通系统的社会成本进行多模式交通网络系统优化,采用多目标的双层规划方法来描述该问题。在这个双层规划问题中,上层决策者为交通管理部门,下层决策者为出行者,各项管理措施(例如交通价格 λ)作为决策变量。交通管理部门通过实施交通管理措施来影响出行者的交通选择行为,而出行者则根据交通管理措施自主地进行出行选择。

考虑社会成本的多模式交通网络系统优化的双层规划模型如下:

$$(U) \quad \min f(\boldsymbol{\lambda}) = [Z(\boldsymbol{\lambda}), E(\boldsymbol{\lambda}), R(\boldsymbol{\lambda})]^T \tag{8-21}$$

$$Z(\boldsymbol{\lambda}) = \sum_a \left\{ \sum_k x_a^k(\boldsymbol{\lambda}) \cdot t_a^k[\boldsymbol{x}(\boldsymbol{\lambda})] + x_a^{\text{non-motor}}(\boldsymbol{\lambda}) t_a^{\text{non-motor}}[\boldsymbol{x}(\boldsymbol{\lambda})] \right\}$$

$$E(\boldsymbol{\lambda}) = \sum_k \sum_a v_a^k(\boldsymbol{\lambda}) \cdot \left\{ \alpha_1^k \left(\frac{L_a}{t_a^k[\boldsymbol{x}(\boldsymbol{\lambda})]} \right)^{\beta_1^k} + \alpha_2^k \left(\frac{L_a}{t_a^k[\boldsymbol{x}(\boldsymbol{\lambda})]} \right)^{\beta_2^k} + \alpha_3^k \left(\frac{L_a}{t_a^k[\boldsymbol{x}(\boldsymbol{\lambda})]} \right)^2 + b_3^k \cdot \frac{L_a}{t_a^k[\boldsymbol{x}(\boldsymbol{\lambda})]} + c_3^k \right\}$$

$$R(\boldsymbol{\lambda}) = \sum_a \sum_k v_a^k(\boldsymbol{\lambda}) \cdot A^k \exp(B^k \cdot L_a) \cdot \left(1 + D^k \cdot \exp\left\{ C^k \cdot \frac{L_a}{t_a^k[\boldsymbol{x}(\boldsymbol{\lambda})]} \right\} \right) \cdot \frac{L_a}{100}$$

式中,$\boldsymbol{\lambda} = [\lambda_1^1, \cdots, \lambda_1^w, \lambda_2^1, \cdots, \lambda_k^w, \lambda_{\text{non-motor}}^1, \cdots, \lambda_{\text{non-motor}}^w]^T$ 为决策变量,表示管理措施指标,比如交通价格;反应函数 $\boldsymbol{x}(\boldsymbol{\lambda})$ 由下层多模式交通网络流量分配模型给出。

采用如下变分不等式模型来描述考虑机非相互干扰的多模式交通网络流量分配问题(Si 等,2008),即,寻找 $(\boldsymbol{x}^*, \boldsymbol{q}^*) \in \Omega$ 满足如下关系:

$$\boldsymbol{t}(\boldsymbol{x}^*)^T(\boldsymbol{x} - \boldsymbol{x}^*) + \boldsymbol{g}(\boldsymbol{q}^*)^T(\boldsymbol{q} - \boldsymbol{q}^*) \geq 0 \tag{8-22}$$

$$\Omega = \left\{ (\boldsymbol{x}, \boldsymbol{q}) \,\middle|\, \sum_n f_k^{wn} = q_k^w, \sum_n f_{\text{non-motor}}^{wn} = q_{\text{non-motor}}^w, \sum_k q_k^w + q_{\text{non-motor}}^w = q^w, f_k^{wn} \geq 0, f_{\text{non-motor}}^{wn} \geq 0, \right.$$
$$\left. x_a^k = \sum_w \sum_n f_k^{wn} \delta_{a,n}^w, x_a^{\text{non-motor}} = \sum_w \sum_n f_{\text{non-motor}}^{wn} \delta_{a,n}^w, \forall k, w, n, a \right\}$$

式中,$\boldsymbol{x}$ 和 $\boldsymbol{q}$ 分别表示如下列向量:

$$\boldsymbol{x} = [x_1^1, \cdots, x_a^1, x_1^2, \cdots, x_a^k, x_1^{\text{non-motor}}, \cdots, x_a^{\text{non-motor}}]^T \tag{8-23}$$

$$\boldsymbol{q} = [q_1^1, \cdots, q_1^w, q_2^1, \cdots, q_k^w, q_{\text{non-motor}}^1, \cdots, q_{\text{non-motor}}^w]^T \tag{8-24}$$

$\boldsymbol{t}$ 和 $\boldsymbol{g}$ 分别为如下的函数向量:

$$\boldsymbol{t}(\boldsymbol{x}) = [t_1^1(\boldsymbol{x}), \cdots, t_a^1(\boldsymbol{x}), t_1^2(\boldsymbol{x}), \cdots, t_a^k(\boldsymbol{x}), t_1^{\text{non-motor}}(\boldsymbol{x}), \cdots, t_a^{\text{non-motor}}(\boldsymbol{x})]^T \tag{8-25}$$

$$\boldsymbol{g}(\boldsymbol{q}) = [g_1^1(\boldsymbol{q}), \cdots, g_1^w(\boldsymbol{q}), g_2^1(\boldsymbol{q}), \cdots, g_k^w(\boldsymbol{q}), g_{\text{non-motor}}^1(\boldsymbol{q}), \cdots, g_{\text{non-motor}}^w(\boldsymbol{q})]^T \tag{8-26}$$

式中 f_k^{wn} 和 $f_{\text{non-motor}}^{wn}$ 分别表示 O-D 对 w 之间第 n 条路径上使用第 k 种机动车和非机动车的出行者数量;q_k^w 和 $q_{\text{non-motor}}^w$ 分别表示 O-D 对 w 之间选择第 k 种机动车和非机动车的出行需

求量；$\delta_{a,n}^w$ 为交通网络中路段与路径之间的相关系数，若路段 a 在 O-D 对 w 之间第 n 条路径上，其取值为 1，否则为 0。

可以证明，上述模型中函数 g_k^w 和 $g_{\text{non-motor}}^w$ 采用如下对数形式，则不同方式之间的需求分离满足 Logit 形式（Si 等, 2008）：

$$g_k^w(x) = \frac{1}{\theta}\ln x + \lambda_k^w, \quad \forall k, w \tag{8-27a}$$

$$g_{\text{non-motor}}^w(x) = \frac{1}{\theta}\ln x + \lambda_{\text{non-motor}}^w, \quad \forall k, w \tag{8-27b}$$

式中，θ 为参数。

还可以证明，下层模型的最优解，即各种方式的交通需求在不同路径之间的分配关系，满足如下用户平衡条件（Si 等, 2008）：

$$\mu_k^w - c_k^{wn} \begin{cases} =0, f_k^{wn} > 0 \\ \leq 0, f_k^{wn} = 0 \end{cases}, \quad \forall w, k, n \tag{8-28a}$$

$$\mu_{\text{non-motor}}^w - c_{\text{non-motor}}^{wn} \begin{cases} =0, f_{\text{non-motor}}^{wn} > 0 \\ \leq 0, f_{\text{non-motor}}^{wn} = 0 \end{cases}, \quad \forall w, n \tag{8-28b}$$

式中，c_k^{wn} 和 $c_{\text{non-motor}}^{wn}$ 分别表示 O-D 对 w 之间第 n 条路径上第 k 种机动车和非机动车的出行时间；μ_k^w 和 $\mu_{\text{non-motor}}^w$ 分别表示稳定状态下 O-D 对 w 之间第 k 种机动车和非机动车的出行时间。

8.6.3 求解算法

采用基于灵敏度分析的算法来进行求解双层规划问题（Tobin 和 Friesz, 1988）。该算法的基本思想为：假定 λ 的初始值为 λ^0，若其他条件不变，通过求解下层问题可得出城市多模式交通网络的路段流量 $x_a^{k*}(\lambda^0)$。通过变分不等式的灵敏度分析可得出路段流量对 λ 的近似导数关系 $\nabla_\lambda x_a^k$。通过泰勒展开式将反应函数线性近似为：

$$x_a^k(\lambda) = x_a^{k*}(\lambda^0) + (\nabla_\lambda x_a^k)^T(\lambda - \lambda^0) \tag{8-29}$$

将式（8-29）代入上层问题中，则上层规划转化为单层多目标优化问题，用已有方法求解，求出最优解（即新的 λ 值），再一次求解下层问题，重复上面的思路，又得到一组新的 λ 值。如此重复计算，最后有望得到双层规划的最优解。算法具体步骤如下：

步骤 1：初始化。设置初始的 $\lambda^{(n)}$，设置迭代次数 $n = 1$。

步骤 2：基于 $\lambda^{(n)}$，求解下层变分不等式模型，得出多模式交通网络的均衡流量 $\boldsymbol{x}^{(n)}$ 和路段阻抗 $\boldsymbol{t}^{(n)}$，$\forall a, k$。

步骤 3：通过灵敏度分析方法和泰勒展开式（8-29）得到 $\boldsymbol{x}^{(n)}$ 的线性近似式。

步骤 4：将反应函数的线性近似式代入上层问题中，求解上层的多目标规划问题得到新的参数值 $\lambda^{(n)}$。

步骤 5：收敛判断。如果 $\lambda^{(n+1)} \approx \lambda^{(n)}$ 或者 $n = m$，那么算法停止；否则，令 $n = n + 1$，转到步骤 2，其中 m 表示预先设定的最大迭代次数。

在上述算法的步骤 2 中，要求解一个变分不等式问题。目前求解该问题的常用方法是对角化算法,该算法的主要思路是:每次迭代都求解一个数学优化问题,且阻抗函数用当前的解进行对角化,然后采用 Frank-Wolfe 算法或 MSA 算法来求解这个对角化后的交通网络平衡配流问题。对于多模式交通网络流量分配问题来说,在第 i 次迭代中要解的优化问题可表示为如下形式:

$$Z(\boldsymbol{x},\boldsymbol{q}) = \sum_w \sum_k \int_0^{q_k^w} g_k^w(\omega) \mathrm{d}\omega + \sum_k \sum_a \int_0^{x_a^k} t_a^k(x_a^{1(i)}, x_a^{2(i)}, \cdots, \omega, x_a^{\text{non-motor}(i)}) \mathrm{d}\omega +$$
$$\sum_w \int_0^{q_{\text{non-motor}}^w} g_{\text{non-motor}}^w(\omega) \mathrm{d}\omega + \sum_a \int_0^{x_a^{\text{non-motor}}} t_a^{\text{non-motor}}(x_a^{1(i)}, x_a^{2(i)}, \cdots, x_a^{k(i)}, \omega) \mathrm{d}\omega$$
(8-30a)

$$\text{s.t.} \quad (\boldsymbol{x},\boldsymbol{q}) \in \Omega \tag{8-30b}$$

上述算法的步骤 4 中要对上层多目标规划问题进行求解,有很多种经典的算法,比如约束法、功效系数法、分层序列法和评价函数法等。在这里,采用评价函数法中极大模理想点法进行求解。该算法的基本思想(胡毓达,1990)是:为使各个目标函数均尽可能地极小化,先分别求出各目标函数的极小值,然后让各目标尽量接近各自的极小值来获得它的解。

首先,将上层目标函数改写为:

$$\begin{cases} \min f_1(\lambda) = Z(\lambda) \\ \min f_2(\lambda) = E(\lambda) \\ \min f_3(\lambda) = R(\lambda) \end{cases} \tag{8-31}$$

极小化各个单目标函数得到其最优解 $\lambda^i(i=1,2,3)$,即

$$f_i(\lambda^i) = \min_{\lambda \in \Omega} f_i(\lambda), \quad i = 1, 2, 3 \tag{8-32}$$

如果 λ^i 均相同,则记 $\lambda^* = \lambda^i$,因 λ^i 是 $f_i(\lambda)$ 的最优解,故有

$$f_i(\lambda^*) = f_i(\lambda^i) \leqslant f_i(\lambda), \quad \forall \lambda \in \Omega \tag{8-33}$$

这说明 λ^* 为模型的绝对最优解,因而 $\lambda^* = \lambda^i(i=1,2,3)$ 即为所求的最优解。

一般情况下,各个 $\lambda^i(i=1,2,3)$ 不全相同,记 $f_i^* = f_i(\lambda^i), i=1,2,3$,由于各个最小值 f_i^* 分别对应目标 f_i 最理想的值,故通常把 $f^* = (f_1^*, f_2^*, f_3^*)^\mathrm{T}$ 叫作模型的理想点。利用极小化理想点法,构造如下形式的评价函数:

$$u(f) = \|f - f^*\|_\infty^\omega \triangleq \max_{1 \leqslant i \leqslant 3} \{\omega_i | f_i - f_i^* |\} \tag{8-34}$$

利用极大模理想点法求解上层多目标规划的具体步骤如下:

步骤 1:求理想点。求解上层问题的三个目标函数的极小点和极小值:$f_i^* = f_i(\lambda^i) = \min_{\lambda \in \Omega} f_i(\lambda), i=1,2,3$。

步骤 2:检验各极小点。如果理想点是绝对最优点,即若 $\lambda^1 = \lambda^2 = \lambda^3$,则输出绝对最优解 $\lambda^* = \lambda^i(i=1,2,3)$;如果理想点不是绝对最优点,即若 $\lambda^1, \lambda^2, \lambda^3$ 不全相等,则转入下一步。

步骤 3:确定权系数。给出表示各目标 f_i 逼近其极小值 $f_i^*(i=1,2,3)$ 重要程度的权系数 $\omega_i > 0 (i=1,2,3)$。

步骤 4:求解如下极小化问题。设最优解为 $(\tilde{\lambda}, u)^\mathrm{T}$,输出 $\tilde{\lambda}$。

$$\min u$$
$$\text{s.t.} \quad \lambda \in \Omega$$
$$\omega_i [f_i(x) - f_i^*] \leq u, \quad i = 1, 2, 3 \tag{8-35}$$
$$u \geq 0$$

8.6.4 算例分析

通过一个简单的算例来说明前面所提出的相关模型及其算法的应用,本算例的多模式交通网络的基本结构如图 8-4 和图 8-5 所示,该网络中共有 9 个节点,12 条路段。在本算例中,假定只有一个 O-D 对,即从 1 到 9,O-D 对 1 到 9 之间有三种交通方式,即小汽车($k=1$)、公交车($k=2$)和自行车($k=3$)。模型中所用到的参数取值为:$\alpha=0.15$,$\beta=4$,$\gamma=0.1$,$\varphi=4$,$\theta=0.5$。

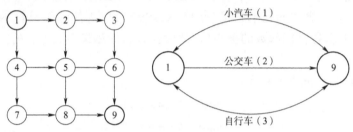

图 8-4 基本道路网络　　图 8-5 多模式交通

不同路段的数据由表 8-3 给出,不同交通方式的 PCU 折算系数、平均载客数、价格费用及方便舒适性因素的数据由表 8-4 给出。

不同路段相关数据　　表 8-3

路段	$t_a^{1(0)}$ (h)	$t_a^{2(0)}$ (h)	$t_a^{3(0)}$ (h)	c_a^{motor} (P·h^{-1})	$c_a^{\text{non-motor}}$ (P·h^{-1})	L_a (km)
(1,2)	0.111	0.178	0.261	1000	600	6
(2,3)	0.128	0.194	0.278	700	400	4
(1,4)	0.100	0.167	0.250	1500	800	8
(2,5)	0.106	0.172	0.256	700	400	4
(3,6)	0.089	0.156	0.239	700	400	4
(4,5)	0.078	0.144	0.228	1000	600	6
(5,6)	0.094	0.161	0.244	1000	600	6
(4,7)	0.133	0.200	0.283	900	500	5
(5,8)	0.111	0.178	0.261	700	400	4
(6,9)	0.144	0.211	0.294	700	400	4
(7,8)	0.094	0.161	0.244	900	500	5
(8,9)	0.100	0.167	0.250	900	500	5

不同交通方式的相关数据　　表 8-4

交通方式	PCU 折算系数	平均载客(人/车)	价格费用(元)	方便舒适性因素
小汽车	1	4	20	10
公交车	1.5	20	5	5
自行车	—	1	0	1

尾气排放模型和燃油消耗模型的相关参数取值为经过试验模拟的结果(王炜,2002),不同交通方式的尾气排放模型和燃油消耗模型分别表示如下:

(1)小汽车的尾气排放模型:

$$\begin{cases} P_{HC}^1(v_a^1) = 68.7252(v_a^1)^{-0.7760} \\ P_{CO}^1(v_a^1) = 1229.80(v_a^1)^{-0.9314} \\ P_{NO_x}^1(v_a^1) = 0.0002(v_a^1)^2 - 0.0176v_a^1 + 2.0514 \end{cases}$$

(2)公交车的尾气排放模型:

$$\begin{cases} P_{HC}^2(v_a^2) = 102.890(v_a^2)^{-0.7093} \\ P_{CO}^2(v_a^2) = 901.487(v_a^2)^{-0.8367} \\ P_{NO_x}^2(v_a^2) = 0.0006(v_a^2)^2 - 0.0556v_a^2 + 5.2588 \end{cases}$$

(3)小汽车的燃油消耗模型:

$$Q_a^1 = 14.32\exp(-0.0003L_a) \cdot [1 + 4.75\exp(-0.18V_a^1)]$$

(4)公交车的燃油消耗模型:

$$Q_a^2 = 15.68\exp(-0.00073L_a) \cdot [1 + 2.82\exp(-0.14V_a^2)]$$

在本算例中,假定非机动车出行的价格 $\lambda_{non-motor}^w = 0$,双层规划模型中的决策变量为 $\lambda = [\lambda_{car}, \lambda_{bus}]^T$,即交通管理部门通过调整小汽车和公交车的价格来引导出行者的交通选择,从而改变多模式交通需求的网络分布状态,进而降低多模式交通系统的各种社会成本。

表 8-5 给出了当 O-D 对 1 到 9 之间总的出行需求量为 $q^{19} = 10000/(P \cdot h^{-1})$ 时,在初始条件下,路段上不同交通方式的均衡流量分配及相应的路段出行时间。

不同交通方式的路段流量及时间　　表 8-5

路段	$x_a^1(P \cdot h^{-1})$	$x_a^2(P \cdot h^{-1})$	$x_a^3(P \cdot h^{-1})$	$t_a^1(h)$	$t_a^2(h)$	$t_a^3(h)$
(1,2)	1.3268	4.05223	1380.26	0.112214	0.179947	0.265283
(1,4)	1374.61	4113.87	3125.88	0.10969	0.183183	0.28516
(2,3)	0	0	293.128	0.128014	0.194022	0.278047
(2,5)	1.3268	4.05223	1087.13	0.108259	0.175666	0.264184
(3,6)	0	0	293.128	0.08901	0.156018	0.23904
(4,5)	1373.26	4109.78	1849.47	0.082934	0.153108	0.244387
(4,7)	1.3484	4.08738	1276.42	0.135206	0.203318	0.290042
(5,6)	1.3268	32.8121	1687.2	0.096296	0.164932	0.252939
(5,8)	1373.26	4081.02	1249.4	0.127918	0.20513	0.295967
(6,9)	1.3268	32.8121	1980.33	0.177793	0.260517	0.397492
(7,8)	1.3484	4.08738	1276.42	0.09556	0.163671	0.250072
(8,9)	1374.61	4085.11	252582	0.130559	0.218033	0.354793

下面来分析决策变量 λ 的变化对整个交通系统中不同交通方式的交通分担量、燃油消耗成本、尾气排放成本以及出行时间成本的影响。图 8-6 给出了当 $q^{rs} = 10000/PCU$，公交车票价在 1~15 元之间变化，小汽车出行费用在 5~30 元之间变化时，各种交通方式的分担率及交通社会成本随着价格变动而变化呈现的变化规律。可以看出：

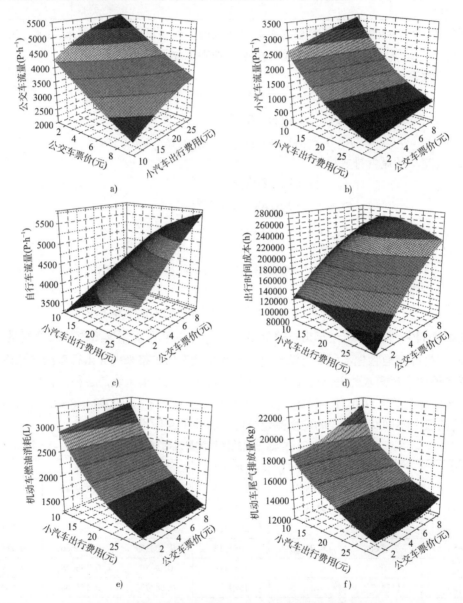

图 8-6 价格因素变化引起交通方式分担率及交通社会成本的变化
a)公交车分担率变化；b)小汽车分担率变化；c)自行车分担率变化；d)总时间成本的变化；e)燃油消耗成本的变化；f)尾气排放成本的变化

（1）随着公交车票价的上涨，公交车分担率明显减少；随着小汽车出行费用的提高，小汽车分担率明显减少，公交车分担率有明显的上升；当公交车票价和小汽车出行费用很低时，出行者选择自行车的数量较少，但随着小汽车出行费用和公交车票价的不断提高，越来越多的出行者选择自行车出行；若公交车票价和小汽车出行费用同时上调，则公交车的分担率将有所减少，但减少速度远小于只提高公交车票价的速度。

（2）当公交车票价上涨时，系统的时间成本会明显上升；当小汽车出行费用增加时，系统总时间变化不是很明显；当公交车票价较低时，增加小汽车的出行费用，就会减少系统总时间，但当公交车票价较高时，增加小汽车的出行费用，系统总出行时间费用则会呈现出先减后增的变化趋势。

（3）当小汽车出行费用增加时，系统的燃油消耗成本急剧降低，而当公交车票价上升时，系统的燃油消耗成本变化并不明显；在小汽车出行费用很低的条件下，随着公交车票价的上升，系统的燃油消耗成本将会增加，而当小汽车出行费用较高时，提高公交车票价则会导致燃油消耗成本稍微下降。

（4）随着小汽车出行费用的增加，系统的尾气排放成本会急剧下降；而随着公交车票价的上涨，尾气排放成本的变化则不明显。

综上所述，在多模式交通系统中，小汽车出行费用对交通系统的社会成本影响最大，想要降低多模式交通系统的综合社会成本，必须合理控制小汽车出行量。

8.7 考虑公平性的停车换乘设施选址系统优化模型

停车换乘（简称 P&R）有助于引导小汽车出行者换乘到公共交通，而公共交通的人均车辆尾气排放量较少，因此，合理的 P&R 设施选址会更有益于保护环境，增加社会福利（Gan 和 Wang,2013；Karamychev 和 Reeven,2011；Lu 和 Guo,2015）。然而，由于停车换乘而增加的社会福利在不同出行群体间的分配存在差异，从而产生社会公平问题，P&R 设施作为社会公共资源，其规划应尽量考虑这种社会公平性问题（Martens,2016）。

8.7.1 系统优化目标

合理的 P&R 设施选址有助于引导更多的小汽车出行者换乘到承载率较高、人均污染物排放量较低的公共交通。这一方面有助于缓解城市交通系统拥堵，提高交通系统的运行性能；另一方面能够减少交通系统运行对环境产生的负面影响。此外，还关系到对不同出行者影响的差异性，即交通公平问题。

1）交通拥堵

所有出行者在道路上的出行时间花费与交通流量直接相关，该指标在一定程度上可反映交通系统的运行状况或拥堵程度，用 z_1 表示，其计算如下：

$$z_1 = \sum_m \sum_a c_{m,a} x_{m,a} \tag{8-36}$$

式中，$c_{m,a}$ 和 $x_{m,a}$ 分别表示多模式交通系统中第 m 种交通方式在路段 a 上的行驶时间和流量。

2）尾气排放

以车辆排放的一氧化碳（CO）量来表征交通系统对环境产生的负面影响（Alexopoulos,1993），单个车辆通过路段 a 的 CO 排放量 $e_{m,a}$ 可表示如下（Penic 和 Upchurch,1992）：

$$e_{m,a} = \rho_m t_{m,a} \exp\left(\frac{\rho d_{m,a}}{t_{m,a}}\right), \quad \forall m, a \tag{8-37}$$

式中，ρ_m、ρ 为 CO 排放计算系数，其取值与交通方式相关；$t_{m,a}$ 和 $d_{m,a}$ 分别为交通方式 m 在路段 a 上的行驶时间与长度。

整个交通系统 CO 总排放量 z_2 可表示为：

$$z_2 = \sum_m \sum_a e_{m,a} \cdot \frac{x_{m,a}}{\psi_m} \tag{8-38}$$

式中，ψ_m 为交通方式 m 的车辆平均载客数。

3）交通公平性

相比于设立 P&R 设施前的交通系统，P&R 措施通过鼓励小汽车出行者换乘承载率更高的公共交通进入拥堵区域，在减少交通系统拥堵的同时，有利于提高公共交通的载客率，进而有助于降低多模式交通系统的社会成本。从公平性的角度来说，这种由社会成本降低而产生的福利，应该使每个出行者受益（Martens，2016）。然而，系统中不同出行者的个体出行成本的变化存在差异，可能有一部分出行者的个体成本降低，但另一部分出行者的个体成本没有变化甚至还会增加（四兵锋和林兴强，2007），从而出现交通公平性问题。

将交通系统中的出行者按照起、终点划分为不同 O-D 对，以均衡状态下 O-D 对的最短超路径费用来代表出行者的出行费用，则 P&R 设施选址对 O-D 对 rs 间的出行费用的影响可表示为（Lo 和 Szeto，2009）：

$$g^{rs} = \frac{C^{rs}}{C^{rs'}}, \quad \forall r, s \tag{8-39}$$

式中，C^{rs} 和 $C^{rs'}$ 分别表示 P&R 设施选址后与选址前 O-D 对 rs 间的最短超路径费用的确定项。当 $g^{rs} < 1$ 时，说明 P&R 设施的设立减少了 O-D 对 rs 间的出行费用，使其受益；当 $g^{rs} = 1$ 时，P&R 设施的设立对 O-D 对 rs 无影响；当 $g^{rs} > 1$ 时，P&R 设施的设立反而使 O-D 对 rs 间的出行费用增加，导致其受损。

根据 Meng 和 Yang（2002）的研究，在同一个方案下，O-D 对不同的出行者受益或受损程度是有较大差异的。考虑到交通公平的原则，作为公共交通资源的 P&R 设施（假设在政府投资的情况下），应当尽量减小这种差异程度。可以用 g^{rs} 的方差来表示 P&R 设施选址对不同出行者影响的差异程度，即交通系统公平性，表示如下：

$$z_3 = \frac{\sum_r \sum_s (g^{rs} - \bar{g})^2}{W} \tag{8-40}$$

式中，$\bar{g}$ 为所有 g^{rs} 的均值；W 为交通系统中 O-D 对的数量。

8.7.2 停车换乘设施选址系统优化模型

P&R 设施选址问题即在适当地点为原交通超网络中小汽车网络与公共交通网络间增加换乘节点，以形成新的交通超网络。出行者面对新的交通超网络，其出行选择可能会发生变化，进而使不同交通方式的需求发生改变，整个交通网络流量产生新的分布状态。而这种新的流量分布状态反过来又会影响 P&R 设施选址方案的效果。这种相互反馈的关系可用双层规划模型来描述。

交通总阻抗最小意味着网络的总体拥挤水平最低,即出行者选择了行驶时间较短、舒适度较高的交通方式,然而不同交通方式的排放特征不同,此时的总污染物排放量不一定是最小的,交通总阻抗与总污染物排放量两个目标并不一致;此外,交通总阻抗与总污染物排放量目标中均未涉及网络中出行个体间利益变化的差异性指标,上述目标最优下的 P&R 设施选址方案,不一定能为交通网络中所有出行者带来尽量公平的影响。为在改善交通运行状态的同时,兼顾交通可持续发展目标,有必要在同时考虑以上三个目标的前提下对 P&R 选址问题进行研究。此外,考虑到城市规划等因素,不可能所有位置都可用于设施选址,而且设施建设需要一定经济成本,而通常投资预算是有限的,本书设定有限备选点与投资预算两个选址约束条件。综上,P&R 选址的上层模型可表示为多目标模型:

$$\min Z(\boldsymbol{y}, x(\boldsymbol{y})) = (z_1, z_2, z_3) \tag{8-41a}$$

$$\text{s.t.} \quad y_t = \begin{cases} 1, \text{在 } t \text{ 点设立停车换乘设施} \\ 0, \text{不在 } t \text{ 点设立停车换乘设施} \end{cases}, \quad \forall t \in P \tag{8-41b}$$

$$\sum_t y_t h_t \leq N \tag{8-41c}$$

在该模型中,式(8-41a)~式(8-41c)为上层模型,式(8-41a)为目标函数,该函数包含 z_1、z_2 和 z_3 三个目标;$\boldsymbol{y}$ 为上层模型的决策变量,有 $\boldsymbol{y} = (\cdots, y_t, \cdots)^T$,$y_t$ 表示是否在 t 点设立 P&R 设施;式(8-41b)表示选址决策变量 y_t 的含义,P 代表备选点集合;式(8-41c)表示投资约束,式中 h_t 为 t 点设立 P&R 设施所需的投资额,N 为计划的总投资额;$x(\boldsymbol{y})$ 表示网络流量分布为选址方案的隐函数。

上层模型的优化目标中涉及超网络中的路段流量等参量,其求解首先需要解决 P&R 选址方案与这些参量的映射关系 $x(\boldsymbol{y})$,这种关系可以通过多模式交通网络配流模型来表达。基于多模式交通超网络,可将多模式交通网络流量分配问题转化为一般性的交通网络流量分配问题。

通常,出行者倾向于选择自己估计的费用最小的路径完成出行,然而路径的通行能力有限,随着其承载流量的增加,拥堵程度会增加,该路径的费用可能不再是最小的,导致出行者会重新选择其他路径,从而又会引起路径流量的变化。如此往复,直到任何出行者不能通过单方面的超路径改变行为来降低自己估计的费用,即网络达到随机用户平衡状态。如果出行费用中的随机误差项相互独立且服从 Gumbel 分布,可采用如下 Logit 模型描述 O-D 对 rs 间的出行者对第 k 条有效超路径的选择概率 p_k^{rs}(四兵锋和林兴强,2007):

$$p_k^{rs} = \frac{\exp(-\theta C_k^{rs})}{\sum_k \exp(-\theta C_k^{rs})}, \quad \forall r, s, k \tag{8-42}$$

构造如下数学优化模型描述满足 Logit 模型的多模式交通超网络配流问题:

$$\min F(\boldsymbol{x}) = \frac{1}{\theta} \sum_r \sum_s \sum_k f_k^{rs} \ln f_k^{rs} + \sum_a \int_0^{x_a} c_a(\omega) d\omega \tag{8-43a}$$

$$\text{s.t.} \quad \sum_k f_k^{rs} = q^{rs}, \quad \forall r, s \tag{8-43b}$$

$$f_k^{rs} \geq 0, \quad \forall k, r, s \tag{8-43c}$$

$$x_a = \sum_r \sum_s \sum_k f_k^{rs} \delta_{a,k}^{rs}, \quad \forall a \tag{8-43d}$$

在该模型中,$\boldsymbol{x}$ 为下层模型的决策变量,有 $\boldsymbol{x} = (\cdots, x_a, \cdots)^T$,其中 x_a 泛指所有类型弧 a 的

客流量;$\theta(\theta \geq 0)$为 Logit 模型参数;f_k^{rs}表示 O-D 对 rs 间第 k 条有效超路径上的流量;q^{rs}表示 O-D 对 rs 间的交通需求。

8.7.3 求解算法

上面提出的双层规划模型为 0-1 非线性多目标规划模型,隐函数 $x(y)$ 的非线性特征导致求解较为困难,且模型求解过程中目标函数计算耗时较长,考虑到非支配排序遗传算法(NSGA-Ⅱ)(Deng,1998)相较于其他多目标进化算法优化速度更快,因此,采用基于 NSGA-Ⅱ算法来设计模型的求解算法。

该算法的主要思路是将至少有一个目标不劣于其他解的解放入 Pareto 解集中,基于遗传算法对 Pareto 解集中的解进行不断迭代优化,来获取更优的解。此外,随着网络规模的增大,求解模型耗费的时间会大幅增加,占用大量时间,为避免多次重复计算染色体的适应度(计算过程涉及模型的求解),在算法执行过程中采用一种"记录-搜索"的方式来提高算法执行效率。具体求解步骤如下:

步骤 1:初始化。输入初始网络、O-D 需求、P&R 备选点及对应的停车换乘弧、弧段函数中与交通方式相关的参数取值、算法结束条件等数据,建立空集合 B、空集合 U。

步骤 2:基于初始网络,求解下层模型得出 P&R 选址前各 O-D 对间的最短超路径费用。

步骤 3:令每个染色体代表一种选址方案(即一个解),染色体长度等于备选点个数,采用 0-1 编码方式(图 8-7)对染色体编码。随机生成一定规模的染色体,将染色体解码后,筛选符合投资约束的 n 个不重复可行解,组成规模为 n 的种群 $pop0$。

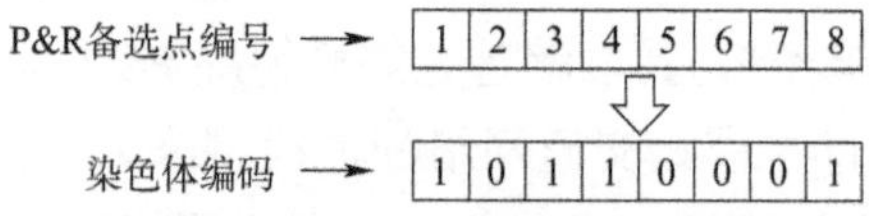

图 8-7 染色体自然数编码示意图

步骤 4:遗传算子操作,筛选符合投资约束的 n 个不重复可行解,组成种群 $pop1$,合并 $pop0$ 与 $pop1$ 得到 $pop2$。

步骤 5:计算 $pop2$ 中所有染色体的适应度:

步骤 5.0:搜索 U 中是否存在当前染色体,若存在,则读取染色体适应度,继续搜索下一条染色体,否则转到步骤 5.1。

步骤 5.1:染色体解码,得到对应的选址方案 y。

步骤 5.2:基于初始网络,构建选址方案 y 对应的多模式交通超网络。

步骤 5.3:基于上述超网络求解下层模型,得出上层模型目标函数计算所需的弧段费用及网络流量分布、弧段通行时间等。

步骤 5.4:根据式(8-36)~式(8-40),结合步骤 2 的计算结果,计算得到染色体对应的交通总阻抗、污染物排放量及交通系统公平性三个目标函数值。

步骤 5.5:对上述目标函数值取倒数计算得到适应度值,将染色体及其适应度记录于 U。

步骤 6:依据染色体的适应度值,对 $pop2$ 中的解进行非支配排序(Deb 等,2000),得到非支配排序集 $P=(P_1,P_2,\cdots,P_I)$。

步骤 7:令 $B=B\cup P_1$,去掉 B 中被支配的解。

步骤 8：按照非支配排序，将 pop2 中的非支配解依次放入 pop3，直到放到 P_i 层时，种群规模超出 n。

步骤 9：计算 P_i 层中染色体间的聚集距离（Tamaki 等，1995）。将聚集距离较大的染色体放入 pop3，直到种群规模达到 n。

步骤 10：对 pop3 进行遗传算子操作，并筛选 n 个符合投资约束的不重复可行解，与 pop3 合并组成种群 pop4。

步骤 11：检查是否满足算法结束条件，若满足，则输出 B，否则，令 pop2 = pop4，返回步骤 5。

需要指出的是，在上述算法中，步骤 5.3 对于下层模型即式（8-43a）~式（8-43d）的求解可采用连续平均算法（汪勤政和四兵锋，2017），此处不再赘述。

对于得到的 Pareto 最优解集 B，结合具体应用场景，可采用常见的加权法、约束法等进一步获得综合最优解，也可兼顾 P&R 设施运营机构的利益，依据 P&R 流量大小选取最终的应用方案。

8.7.4 算例分析

基于 Sioux Falls 网络分别构造地面公交网络与城市轨道交通网络，各子网拓扑结构如图 8-8 所示。本算例中超网络包含 70 个节点、221 条弧段，弧段属性数据及 O-D 对的需求数据分别参照文献（Leblanc 等，1975；Liu 等，2018）设置。具体参数取值见表 8-6 与表 8-7。

图 8-8 中还显示了各子网节点在空间上的关联关系，如节点 25 与节点 48 可表示地面公交网络与城市轨道交通网络的换乘节点。未设置 P&R 设施的情况下，图 8-8 中所有灰色标记节点仅承担单一模式的交通功能，即小汽车网络与地面公交网络/城市轨道交通网络之间不存在换乘；当部分灰色标记节点设置 P&R 设施后，小汽车网络与地面公交网络/城市轨道交通网络之间可以实现换乘。如在节点 1 设置 P&R 设施，因上文提到的子网节点在空间上的关联关系，相当于为节点 1 和节点 25、节点 1 和节点 48 提供了连通关系，此时出行者可通过节点 1、节点 25 和节点 48 在多种交通方式间换乘。

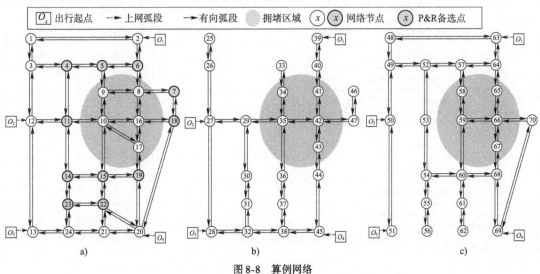

图 8-8 算例网络

a) 小汽车网络；b) 地面公交网络；c) 城市轨道交通网络

参数取值1　　　　　　　表 8-6

编号	参数符号	含义	取值
1	$H_{\max}$	设定的最大换乘次数	2
2	γ	扩展系数	1.2
3	η	对步行时间的心理感知放大系数	1.1
4	τ	价格-时间转换系数	2.5
5	$h_t(t \in T)$	t 点设立 P&R 设施的投资额(万元)	5
6	N	P&R 设施总投资额(万元)	20
7	$\theta(\theta \geq 0)$	Logit 模型参数	20
8	n	NSGA-Ⅱ算法中的种群规模	50
9	ρ	CO 排放计算系数	0.008493
10	N	NSGA-Ⅱ算法最大迭代次数	1500

参数取值2　　　　　　　表 8-7

编号	参数符号	含义	不同交通方式参数取值		
			小汽车 ($m=1$)	地面公交 ($m=2$)	城市轨道 ($m=3$)
11	t_r^{m,i_r}	从起点 r 到达交通子网络 m 中的节点 (m,i_r) 所需的平均步行时间(min)	2	3	5
12	t_{m,i_s}^s	从交通子网络 m 中的节点 (m,i_s) 到达终点 s 所需的平均步行时间(min)	2	3	5
13	$t_{m_1,i}^{m_2,i}$	从交通子网络 m_1 换乘到其他交通方式的平均步行时间(min) $m_1=1$	—	4	5
		$m_1=2$	4	—	3
		$m_1=3$	5	3	—
14	α_m	BPR 函数参数	0.15	0	0
15	β_m	BPR 函数参数	4	0	0
16	u_m	标准车辆折算系数	1	—	—
17	ψ_m	单个车辆的平均载客数(人)	2	—	—
18	$C_m^{\max}$	能够提供的最大客流运输能力(人)	—	1000	1300
19	ϕ_m	车内拥挤函数参数	0	0.15	0.1
20	σ_m	车内拥挤函数参数	0	4	4
21	κ_m	基础费用(元)	10	1	3
22	π_m	单位距离的价格增长率(元/km)	0.6	1	2
23	ζ_m	除运行时间外与交通方式相关的其他时间费用(min)	2	5	4
24	ρ_m	CO 排放计算系数	11.063927	0	0

上表中部分参数设定基于以下假设：

(1) 小汽车均为燃油车，其行驶过程中会排放污染物，地面公交与城市轨道交通在行驶过程中均不产生污染物排放。因此有 $\rho_1 = 11.063927, \rho_2 = \rho_3 = 0$。

(2) 小汽车运行网络车辆间存在拥挤效应，地面公交、城市轨道交通的时刻表相对固定，其网络弧段运行时间费用为常数。因此有 $\alpha_1 = 0.15, \alpha_2 = \alpha_3 = 0$。

(3) 小汽车车内不存在拥挤，地面公交、城市轨道交通车内存在拥挤。因此有 $\phi_1 = 0$，$\phi_2 = 0.15, \phi_3 = 0.1$。

因本算例对备选点投资额相等的设定，染色体可采用自然数编码，以提高求解效率；经多次测试，遗传算子采用锦标赛选择算子、不变位交叉法算子与基本位变异算子(变异概率为 0.1)。

由 Pareto 解集 B 在算法中的含义可知，B 中元素在算法迭代过程中会不断更新寻优。当解的质量达到一定优化程度时则停止更新，此时 B 即为算法求解得到的 Pareto 最优解集。图 8-9 给出了随算法迭代，Pareto 最优解集中解的个数的变化。可以看到，算法在约 400 次迭代之后，该集合中元素个数不再变化；通过进一步检验发现该集合中元素组成也不再发生变化，并能够保持稳定直到算法结束，说明算法具有较好的收敛性。

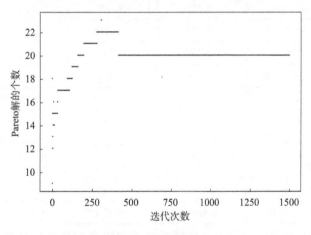

图 8-9 算法收敛性

考虑到本算例规模较小，可行解数量为 $C_{11}^4 = 330$ 个，因此可采用穷举法验证算法的有效性。穷举法所得出的 Pareto 解集包含 22 个解，NSGA-Ⅱ算法搜索得到的 Pareto 解集包含 20 个解，与穷举法得出的解一致，说明 NSGA-Ⅱ算法能够在有限的步骤内搜索到 90% 以上的 Pareto 最优解，最终求解得到的优化方案是有效的。

最终优化得到的 Pareto 最优解集中包含 20 个解，按照交通总阻抗目标值升序排列，如表 8-8 所示。相比于原交通网络，平均而言，P&R 措施使得交通总阻抗减小了 0.31%，污染物排放量减少了 7.32%。所有 P&R 选址方案中，60% 的方案在不同程度上有助于交通总阻抗的减小，95% 的方案对于减少污染物排放有效果。一部分 P&R 选址方案下出现交通总阻抗增多的情况，是因为在减少污染物排放目标的驱动下，更多出行者选择零排放的地面公交与城市轨道交通出行，然而公共交通车内仍然存在因乘客量增多而产生的拥挤费用，致使交通总阻抗反而增多。

Pareto 最优解集　　　　　　　　　　　　　表 8-8

方案编号	选址方案	交通总阻抗（变化比例）	污染物排放量（变化比例）	用户不公平程度	P&R 流量
0	原网络	1.7078×10^6	3.66×10^6	—	—
1	[4,6,7,15]	-0.99%	-6.40%	2.9×10^{-3}	3325
2	[5,6,15,18]	-0.89%	-3.61%	1.9×10^{-4}	1050
3	[5,6,18,22]	-0.88%	-6.00%	2.9×10^{-4}	1825
4	[5,7,11,14]	-0.88%	-7.20%	2.8×10^{-3}	3150
5	[5,7,11,22]	-0.85%	-7.56%	2.9×10^{-3}	2125
6	[4,6,7,14]	-0.82%	-6.78%	1.5×10^{-3}	3175
7	[5,6,15,23]	-0.71%	-7.59%	3.1×10^{-4}	1400
8	[5,7,14,23]	-0.62%	-8.07%	2.8×10^{-3}	1175
9	[5,19,22,23]	-0.58%	-8.79%	2.1×10^{-4}	1100
10	[5,11,19,23]	-0.54%	-6.19%	2.0×10^{-4}	1125
11	[5,15,19,22]	-0.43%	-9.49%	2.7×10^{-4}	1100
12	[4,19,22,23]	-0.25%	-10.28%	2.3×10^{-4}	1050
13	[4,5,6,23]	-0.24%	-3.21%	1.4×10^{-4}	1750
14	[15,18,19,22]	0.03%	1.14%	1.4×10^{-4}	1750
15	[4,14,15,22]	0.12%	-9.33%	1.9×10^{-4}	4000
16	[4,11,14,23]	0.20%	-6.85%	1.3×10^{-4}	1400
17	[4,15,18,23]	0.40%	-10.25%	2.1×10^{-4}	1350
18	[4,5,11,23]	0.47%	-11.06%	4.4×10^{-4}	400
19	[4,5,14,15]	0.64%	-9.15%	1.3×10^{-4}	3750
20	[4,5,18,23]	0.65%	-9.70%	2.1×10^{-4}	1325

虽然更多的 P&R 流量一定程度上意味着交通网络中有更多的公共交通流量与更少的小汽车流量,但由表 8-8 的分析可知,P&R 流量与解的目标之间无必然联系。对于交通总阻抗目标,考虑到公共交通的车内拥挤也会增加出行费用,因此并非公共交通的流量越多,系统的总费用就越小;对于污染物排放目标,除小汽车流量外,其计算还涉及弧段的长度与通行时间,某些弧段(如长度较长、通行时间较短)小汽车流量的减少,要比另一些弧段减少更多的污染物排放量,而 P&R 流量的统计并不涉及弧段的属性;对于公平性目标,其计算主要依据出行者间的差异程度,与 P&R 流量无直接关联。

为更加直观地对比 Pareto 解集中各方案目标值间的关系,基于以上数据,Pareto 最优解集图示如图 8-10 所示。图中标记了 Pareto 解集中部分选址方案,其中方案 1[4,6,7,15] 对应最小的网络总阻抗 1.69×10^6;方案 18[4,5,11,23] 对应最少的污染物排放量 3.26×10^6;方案 16[4,11,14,23] 对应最小的用户不公平程度 1.3×10^{-4}。由图 8-10 可知,不同目标之间无直接关联,侧面说明在 P&R 选址中同时优化这几个目标的必要性。

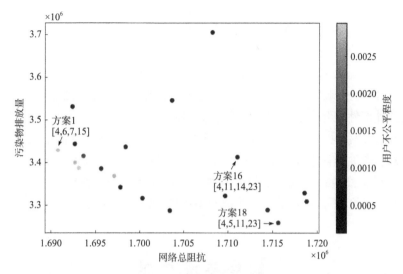

图 8-10 Pareto 最优解集图示

就以上三个方案,以某下网弧段为例,对其流量分配迭代过程作图,如图 8-11 所示。网络达到均衡状态时,相比于未添加 P&R 设施的情况,方案 1、方案 18、方案 16 中,进入该终点的流量中,小汽车方式的分担率均有不同程度的降低。其他路段上也有类似的情况,可见根据模型和算法计算得到的 P&R 设施选址方案是有效的。

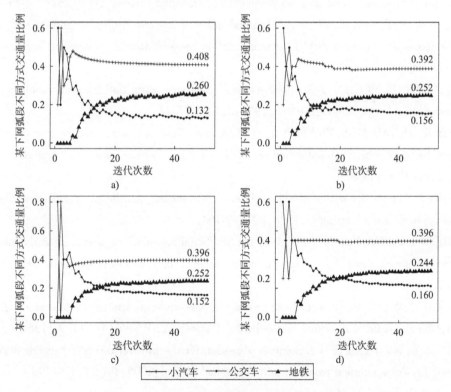

图 8-11 不同方案下某下网弧段各方式交通量分担对比

a)未添加 P&R 设施;b)方案 1[4,6,7,15];c)方案 18[4,5,11,23];d)方案 16[4,11,14,23]

8.8 本章小结

多模式交通系统优化的目标就是要多种交通方式相互协调,使各种交通方式发挥各自的作用,满足不同的出行需求,并满足交通可持续发展要求。本章围绕多模式交通出行的供需关系及交通外部性展开了研究,给出了交通拥堵的经济学解释以及交通外部性的基本概念,介绍了交通系统优化模型以及双层规划模型的相关知识,在此基础上,分析了包括交通拥堵、尾气排放、燃油消耗以及社会公平性等在内的多模式交通网络综合成本,构建了基于社会成本的多模式交通系统优化多目标规划模型以及考虑公平性的停车换乘设施选址的多目标优化模型,给出了求解算法,并通过算例对模型和算法的有效性进行了分析和验证。

本章参考文献

[1] ALEXOPOULOS A, ASSIMACOPOULOS D, MITSOULIS E. Model for traffic emissions estimation[J]. Atmospheric environment part B:urban atmosphere,1993,27(4):435-446.

[2] BICKEL P,FRIEDRICH R,LINK H,et al. Introducing environmental externalities into transport pricing:measurement and implications[J]. Transport reviews,2006,26(4):389-415.

[3] BIGAZZI A Y, FIGLIOZZI M A. Marginal costs of freeway traffic congestion with on-road pollution exposure externality[J]. Transportation research part A:policy and practice,2013,57:12-24.

[4] BRACKEN J, MCGILL J T. Mathematical programs with optimization problems in the constraints[J]. Operations research,1973,21(1):37-44.

[5] DED K, AGRAWAL S, PRATAP A, et al. A fast elitist non-dominated sorting genetic algorithm for multi-objective optimization:NSGA-Ⅱ[J]. Lecture notes in computer science,2000,19(17):849-858.

[6] DENG X. Complexity issues in bilevel linear programming:multilevel optimization:algorithms and applications[J]. springer,1998,20,149-164.

[7] FRIESZ T L,SHAH S. An overview of nontraditional formulations of static and dynamic equilibrium network design[J]. Transportation research part B:methodological,2001,35(1):5-21.

[8] GAN H C,WANG Q. Emissions impacts of the park-and-ride strategy:a case study in Shanghai,China[J]. Procedia-social and behavioral sciences,2013,96(1):1119-1126.

[9] GAO Z Y,WU J J,SUN H J. Solution algorithm for the bi-level discrete network design problem[J]. Transportation research part B:methodological,2005,39(6):479-495.

[10] GUO X L, YANG H. Pareto-improving congestion pricing and revenue refunding with multiple user classes[J]. Transportation research part B:methodological,2010,44(8-9):972-982.

[11] JOHANSSON-STENMAN O, MARTINSSON P. Honestly, why are you driving a BMW? [J]. Journal of economic behavior & organization, 2006, 60(2): 129-146.

[12] KARAMYCHEV V, REEVEN P V. Park-and-ride: good for the city, good for the region? [J]. Regional science & urban economics, 2011, 41(5): 455-464.

[13] LEBLANC L J, MORLOK E K, PIERSKALLA W P. An efficient approach to solving the road network equilibrium traffic assignment problem [J]. Transportation research, 1975, 9(5): 309-318.

[14] LIU S Y, TRIANTIS K P, SARANGI S. A framework for evaluating the dynamic impacts of a congestion pricing policy for a transportation socioeconomic system [J]. Transportation research part A: policy and practice, 2010, 44(8): 596-608.

[15] LIU Z Y, CHEN X Y, MENG Q, et al. Remote park-and-ride network equilibrium model and its application [J]. Transportation research part B: methodological, 2018, 117: 37-62.

[16] LO H K, SZETO W Y. Time-dependent transport network design under cost-recovery [J]. Transportation research part B: methodological, 2009, 43(1): 142-158.

[17] LU X S, GUO R Y. A bi-objective model for siting park-and-ride facilities with spatial equity constraints [J]. Promet traffic & transportation scientific journal on traffic & transportation research, 2015, 27(4): 301-308.

[18] MARTENS K. Transport justice: designing fair transportation systems [M]. New York: Routledge, 2016.

[19] MENG Q, YANG H. Benefit distribution and equity in road network design [J]. Transportation research part B: methodological, 2002, 36(1): 19-35.

[20] PENIC M A, UPCHURCH J. TRANSYT-7F: enhancement for fuel consumption, pollution emissions and user costs [J]. Transportation research record, 1992, 1360: 104-111.

[21] ROTHENGATTER W. Externalities of transport [A]. Polakj, Heerrtje A. European transport economics [C]. Oxford: Blackwell Publishers, 1993.

[22] SI B F, LONG J C, GAO Z Y. Optimization model and algorithm for mixed traffic of urban road network with flow interference [J]. Science in China series E: technological sciences, 2008, 51(12): 2223-2232.

[23] SHEPHERD S P. The effect of complex models of externalities on estimated optimal tolls [J]. Transportation, 2008, 35: 559-577.

[24] TAMAKI H, MORI M, ARAKI M, et al. Multi-criteria optimization by genetic algorithms: a case of scheduling in hot rolling process [C] //Fushimi M, Tone K. Proceedings of the 3rd Conference of the Association of Asian-Pacific Operational Research Societies within IFORS. Singapore: World Scientific, 1995: 374-381.

[25] TOBIN R L, FRIESZ T L. Sensitivity analysis for equilibrium network flow [J]. Transportation science, 1988, 22(4): 242-250.

[26] VERHOEF E T. Second-best congestion pricing in general networks: heuristic algorithms for

finding second-best optimal toll levels and toll points[J]. Transportation research part B: methodological,2002,36(8):707-729.

[27] VICENTE L,SAVARD G,JÚDICE J. Descent approaches for quadratic bilevel programming [J]. Journal of optimization theory and applications,1994,81(2):379-399.

[28] VON STACKELBERG H. The theory of the market economy[M]. New York:Oxford University Press,1952.

[29] WISMANS L,BERKUM E,BLIEMER M. Effects of optimizing externalities using cooperating dynamic traffic management measures on network level[J]. Journal of intelligent transportation systems,2013,17(1):65-77.

[30] YANG H,MENG Q,LEE D H. Trial-and-error implementation of marginal-cost pricing on networks in the absence of demand functions[J]. Transportation research part B:methodological,2004,38(6):477-493.

[31] YANG H,HUANG H J. Mathematical and economic theory of road pricing[M]. Amsterdam:Elsevier Press,2005.

[32] ZHANG H M,GE Y E. Modeling variable demand equilibrium under second-best road pricing[J]. Transportation research part B:methodological,2004,38(8):733-749.

[33] 高自友,宋一凡,四兵锋. 城市交通连续平衡网络设计:理论与方法[M]. 北京:中国铁道出版社,2000.

[34] 胡毓达. 实用多目标最优化[M]. 上海:上海科学技术出版社,1990.

[35] 四兵锋,林兴强. 交通信息条件下道路和停车选择 SUE 模型及算法[J]. 管理科学学报,2007,10(2):19-25.

[36] 王炜,项乔君,常玉林,等. 城市交通系统能源消耗与环境影响分析方法[M]. 北京:科学出版社,2002.

[37] 汪勤政,四兵锋. 换乘约束下城市多方式交通分配模型与算法[J]. 交通运输系统工程与信息,2017,17(4):159-165,181.

第 9 章

基于瓶颈模型的城市多模式通勤出行模型

9.1 概 述

随着社会经济的不断发展,私人汽车保有量大幅上升,有限的道路资源无法满足日益增长的小汽车出行需求,城市交通日益拥堵。在限购、车牌摇号及尾号限行等一系列政策下,交通拥堵仍然没有得到有效缓解。公共交通作为一种绿色、高效、经济的交通工具,已得到我国各大、中城市的重视,优先发展公共交通已成为普遍共识,大力发展公共交通是缓解城市交通拥堵的主要途径。而交通拥堵经常发生在道路出入口匝道、桥涵洞、收费站等具有通过能力限制的路段,这种路段被学者统一称为"交通瓶颈"。交通瓶颈的存在是拥堵产生的一大原因,在早晚高峰等有大量出行需求的时段尤其明显。

经典瓶颈模型由诺贝尔经济学奖获得者 Vickrey 于 1969 年首次提出,是所有出行者在具有相同出行成本的前提下内生出发时间选择模型。模型中假设居住区与工作区之间有且只有一条公路,道路中存在一个具有优先通行能力的瓶颈地段(如收费站、出入口匝道、桥洞等),除瓶颈地段外,其他地段均具有足够大的通行能力。由于瓶颈能力的限制,早高峰巨大的出行需求会导致拥堵,部分经历漫长排队的出行者则无法在期望时刻到达目的地。通勤者的出行成本由基本行驶时间费用、计划延误费用组成。因此,所有出行者均需在两个费用中寻求平衡点,通过调整自己的出发时间获得最小的出行成本。模型在达到最终均衡时,所有出行者的出行费用相等,任何人均无法通过单方面改变自身出发时间使自身的出行费用降低。

虽然瓶颈模型能够形象地描述早晚高峰的通勤行为特征,但模型中存在诸多严格的假设,如不考虑排队长度对通行能力的影响、出行者均乘小汽车出行、每天的出行需求为固定值以及所有出行者具有相同的属性等。由于假设过于简单,该模型并不能完全地描述早晚高峰期间通勤者的出行特征。因此,许多不同领域的学者不断地在瓶颈模型的基础上提出并拓展多个研究方向,使模型更贴近实际,新的模型理论能够更好地被运用到现实生活中去。按可供选择的出行方式数量可以将现有的瓶颈模型研究分为两类,分别为单模式瓶颈模型(只考虑小汽车出行)以及多模式瓶颈模型(增加公交车、地铁以及停车换乘等出行方式)。

本章考虑小汽车和公交车两种出行模式,分别针对模式混合、模式分离、模式分时段混合三种情况,建立基于高峰期通勤交通的瓶颈模型,通过数学解析方法分析均衡模式下的费用,分配出行时间。

9.2 小汽车和公交车模式混合的通勤交通模型

生活区 H 和工作区 W 之间有一条公路连接,每天清晨有 N 个出行者需要从生活区 H 出发,经由该条公路,根据自身需求选择小汽车或公交车去出行终点的工作区 W 上班。所有从生活区 H 到工作区 W 的出行者都有相同的期望到达时间 t_w。这条公路的尽头有一个瓶颈,瓶颈路段的通行能力为固定值 s。如果车辆(包括小汽车和公交车)的到达率超过瓶颈路段的通行能力,就会出现排队现象。假定每天早高峰有 N_1 个出行者选择驾驶小汽车出行(根据模型中的假设知每辆小汽车搭乘一位乘客,即每天早高峰道路上会有 N_1 辆小汽车),N_2 个出行者选择通过公交车完成通勤出行($N = N_1 + N_2$)。

9.2.1 小汽车出行成本

每天早晨均有 N_1 个出行者选择通过小汽车完成工作通勤。小汽车方式的出行成本主要包括:出行方式固定成本(燃油费、汽车折旧费、保养费、停车费等)、出行时间成本(自由流固定行驶时间和高峰期拥堵在瓶颈路段的排队等待时间)、计划延误的成本(早到或者迟到的惩罚费用)等。选择小汽车出行的出行者需要承担的出行成本为:

$$C_1(t) = \alpha[T_1 + T_w^c(t)] + \delta_c(t) + p_1 \tag{9-1}$$

式中,$C_1(t)$ 为 t 时刻乘坐小汽车到达瓶颈路段的出行者的出行成本;T_1 为小汽车自由流行驶时间(生活区至拥堵区);$T_w^c(t)$ 为 t 时刻到达瓶颈路段的出行者需要面临的排队等待时间;α 为出行者单位出行时间成本;$\delta_c(t)$ 为 t 时刻到达瓶颈路段的出行者对应计划延误的成本;p_1 为小汽车的固定成本(燃油费、保养费、汽车折旧费等)。

计划延误的成本是根据实际到达目的地时刻与工作开始时刻的时间差以及单位时间惩罚成本系数得到,分为早到和迟到两个部分;现有期望到达时刻为 t_w,则有计划延误成本的函数为:

$$\delta_c(t) = \begin{cases} \beta[t_w - t - T_w^c(t)], & t < \hat{t}_c \\ \gamma[T_w^c(t) + t - t_w], & t \geq \hat{t}_c \end{cases} \tag{9-2}$$

式中,β 为单位早到时间成本;γ 为单位迟到时间成本;t_w 为官方工作开始时刻(期望到达目的地时刻);$\hat{t}_c$ 为可准时在 t_w 到达工作区的到达瓶颈路段的时刻。

由于车型较长,参与排队的公交车等同于 λ 辆小汽车在排队。f 为公交车的发车频率,则相邻两辆公交车之间的发车间隔为 $1/f$,显然 $\lambda f < s$ 成立,否则瓶颈路段将完全被公交车占用。

在最终均衡状态下,相同出行方式的出行者具有相等的费用,且任意一个出行者不能通过单方面更改自己的出行时间来降低个人出行费用,即 $\dfrac{\mathrm{d}C_1(t)}{\mathrm{d}t} = 0$。最早和最晚出发的出行者刚好可以避免拥堵且不需要排队,即到达便可直接通过瓶颈路段且具有相同的出行成本,有 $C(t_c^e) = C(t_c^l)$,其中 t_c^e 为瓶颈路段开始排队的时刻,t_c^l 为瓶颈路段结束排队的时刻。可得:

$$\alpha T_1 + \beta(t_w - t_c^e) + p_1 = \alpha T_1 + \gamma(t_c^l - t_w) + p_1 \tag{9-3}$$

在$[t_c^e, t_c^l]$中，瓶颈路段的车辆通过率为s，累计通过的小汽车和公交车数量分别为N_1和$\lambda(t_c^l - t_c^e)f$，得到$[t_c^e, t_c^l]$通过瓶颈路段的车辆数为：

$$(t_c^l - t_c^e)s = N_1 + \lambda(t_c^l - t_c^e)f \tag{9-4}$$

结合式(9-3)、式(9-4)和$\hat{t}_c$的定义，$\hat{t}_c + T_w^c(\hat{t}_c) = t_w$，容易得到：

$$t_c^e = t_w - \frac{\psi}{\beta}, \quad t_c^l = t_w + \frac{\psi}{\gamma}, \quad \hat{t}_c = t_w - \frac{\psi}{\alpha} \tag{9-5}$$

其中，$\psi = \frac{\beta\gamma}{\beta+\gamma}\left(\frac{N_1}{s-\lambda f}\right)$。根据上述表达式，将$t_c^e, t_c^l, \hat{t}_c$代入式(9-3)，可得均衡状态下，所有出行者的出行费用均为：

$$C_1 = \alpha T_1 + \psi + p_1 \tag{9-6}$$

结合式(9-1)、式(9-2)以及$C_1(t) = C(t_c^e) = C(t_c^l)$得到$t$时刻到达瓶颈路段车辆的排队等待时间：

$$T_w^c(t) = \begin{cases} \dfrac{\beta}{\alpha-\beta}(t - t_c^e), & t \in [t_c^e, \hat{t}_c) \\ \dfrac{\gamma}{\alpha+\gamma}(t_c^l - t), & t \in [\hat{t}_c, t_c^l] \\ 0, & \text{其他} \end{cases} \tag{9-7}$$

$Q(t)$为t时刻瓶颈路段的队长，瓶颈路段的通行能力为s，因此有：

$$T_w^c(t) = \frac{Q(t)}{s} \tag{9-8}$$

公交车一直保持稳定的发车频率f，且每趟公交车保持相同的速度行驶，故公交车在瓶颈路段的到达率和公交车的发车频率相同。$r(t)$为车辆在瓶颈路段的到达率。

$$Q(t) = \begin{cases} \int_{t_c^e}^{t}[r(t) + \lambda f]dt - s(t - t_c^e), & t \in [t_c^e, t_c^l] \\ 0, & \text{其他} \end{cases} \tag{9-9}$$

结合式(9-8)和式(9-9)有$T_w^c(t) \cdot s = \int_{t_c^e}^{t}[r(t) + \lambda f]dt - s(t - t_c^e)$，两边对$t$求导，得到小汽车在瓶颈路段的到达率：

$$r(t) = \begin{cases} \dfrac{\alpha}{\alpha-\beta}s - \lambda f, & t \in [t_c^e, \hat{t}_c) \\ \dfrac{\alpha}{\alpha+\gamma}s - \lambda f, & t \in [\hat{t}_c, t_c^l] \end{cases} \tag{9-10}$$

以上除了包括公交模式流量的换算，与经典公路瓶颈模型相同。

在$[t_c^e, t_c^l]$时段内，瓶颈路段持续排队，故瓶颈路段的车辆通过率为瓶颈路段的通行能力；其他时段假设只有发车频率为f的公交车在连接生活区H和工作区W的公路上行驶，车辆在工作区W的到达率为：

$$R(t) = \begin{cases} s, & t \in [t_c^e, t_c^l] \\ \lambda f, & \text{其他} \end{cases} \quad (9\text{-}11)$$

在$[t_c^e, \hat{t}_c]$时段内,考虑两辆相继出发的公交车分别于t_1和(t_1+1/f)离开生活区 H 到达瓶颈路段,到达工作区 W 的时间分别为$t_1+T_w^e(t_1)$和$t_1+1/f+T_w(t_1+1/f)$,结合式(9-10),得到两辆车到达工作区 W 的时间间隔(车头时距)为$\dfrac{\alpha}{(\alpha-\beta)f}$。同理,在$[\hat{t}_c, t_c^l]$时段内,相继到达瓶颈路段的公交车到达工作区 W 的时间间隔(车头时距)为$\dfrac{\alpha}{(\alpha+\gamma)f}$。所以,得到公交车在工作区 W 的到达率为:

$$R_b(t) = \begin{cases} \dfrac{\alpha-\beta}{\alpha}f, & t \in [t_c^e, t_w) \\ \dfrac{\alpha+\gamma}{\alpha}f, & t \in [t_w, t_c^l] \\ f, & \text{其他} \end{cases} \quad (9\text{-}12)$$

由式(9-12)可知,排队产生时段内的早些时候公交车的到达率小于该时段晚些时候公交车的到达率。更进一步,由于$\gamma > \alpha > \beta$,排队产生时段内的早些时候公交车的到达率小于发车频率f,该时段晚些时候公交车的到达率大于发车频率的两倍($2f$)。根据式(9-11)和式(9-12)得到小汽车在工作区 W 的到达率为:

$$R_c(t) = \begin{cases} s - \dfrac{\alpha-\beta}{\alpha}\lambda f, & t \in [t_c^e, t_w) \\ s - \dfrac{\alpha+\gamma}{\alpha}\lambda f, & t \in [t_w, t_c^l] \\ 0, & \text{其他} \end{cases} \quad (9\text{-}13)$$

由式(9-13)得到,排队产生时段内的早些时候小汽车的工作区 W 到达率大于该时段晚些时候小汽车的工作区 W 到达率。两种交通模式的出行者在混合条件下的拥堵累积消散示意图如图9-1所示。

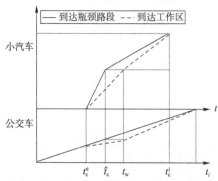

图9-1 小汽车与公交车模式混合的拥堵累积消散示意图

9.2.2 公交车出行成本

接下来讨论选择公交车通勤的出行成本。公交车的出行成本主要包括:出行方式固定成本(公交车票价)、出行时间成本(自由流固定行驶时间和高峰期拥堵在瓶颈路段的排队等待时间)、计划延误的成本(早到或者迟到的惩罚费用)以及车厢内身体拥挤惩罚成本等。所以,乘坐编号为i的公交车的出行者需要承担的出行总费用可以表示为:

$$C_2(i) = \alpha[T_2 + T_w^e(t_i)] + \delta(t_i) + [T_2 + T_w^e(t_i)]g(n_i) + p_2 \quad (9\text{-}14)$$

式中,T_2为公交车自由流行驶时间(生活区至拥堵区);t_i为编号为i的公交车到达瓶颈路段的时间；n_i 为乘坐编号为 i 的公交车的人数；p_2 为公交车票价；$g(n_i)$ 为拥挤函数，表示一辆承载 n_i 个乘客的公交车上单位时间身体拥挤惩罚系数。随着乘客人数的增加，拥挤程度会加剧，因此有 $g'(n_i)>0, n_i \geqslant 0$，车内没有乘客时，身体拥挤惩罚成本为 0，即 $g(0)=0$。为了得到模型的解析解，令 $g(n_i)=c \cdot n_i$，$g(n_i)$ 随着 n_i 单调递增，且 $g(0)=0$。

将不同时刻发出的公交车按时间序列进行编号，定义公交车班次编号集合为 $i \in \Phi = \{a, \cdots, 2, 1, 0, -1, -2, \cdots, -b\}$，早高峰期间 N_2 个乘客可以根据自身需求选择任意一辆公交车，其中 a、b 足够大，以保证乘客可以根据自身选择合适的出发时间以期达到最低的出行成本，$N_2 = \sum n_i$。集合中数字代表公交车编号，其中 $i=0$ 代表该辆公交车可以准时在 t_w 时刻到达目的地，即在 $\hat{t}_b$ 时刻到达瓶颈路段。根据排队论中的先进先服务理论，编号 $i>0$ 的公交车均会在期望到达时刻之前到达，也就相应地承担早到的惩罚费用。同样地，编号 $i<0$ 的车辆则需承担晚到的惩罚费用。在该模型中，公交车保持匀速行驶，不存在超车，所以只有编号为 0 的公交车会在期望时间到达工作区。根据编号规则以及相邻两辆公交车之间的发车间隔，可以得到编号为 i 的公交车到达瓶颈路段对应的时刻 t_i 为：

$$t_i = \hat{t}_b - i/f, \quad i \in \Phi \tag{9-15}$$

每一位选择通过公交车出行的乘客在选择乘坐公交的时间时，总是会尽可能地减少自己的出行成本。公交通勤者会通过选择一个出发较早或者较晚的公交车来错开过多的出行人群，以此来避免产生过高的车厢内乘客身体拥挤惩罚成本以及过长的瓶颈路段内排队等待的时间，从而达到较低的出行总成本。被选择的公交为 $|R|$ 趟（$|R| \leqslant a+b+1$），每一趟都有与之对应的公交编号且出行成本相同。剩下没有被选择的公交车次（$a+b+1-|R|$）的出行成本更高。这种均衡状态，可以用下式表示：

$$\begin{cases} C_2(i) = C_2, & n_i > 0 \\ C_2(i) \geqslant C_2, & \text{其他} \end{cases}, \quad i \in Z \tag{9-16}$$

容易证明如下定理：

定理 1：均衡状态下，给定 N_1, p_2 和 f，如果 $N_2 > 0$，在 $[t_c^e, t_c^l]$ 时段内，至少存在一趟公交非空驶，即存在 $t_i \in [t_c^e, t_c^l]$，使 $n_i > 0$。

定理 2：均衡状态下，给定 N_1, p_2 和 f，如果在 $[t_c^e, t_c^l]$ 时段内存在一趟公交非空驶，则 $[t_c^e, t_c^l]$ 时段内所有公交都非空驶，即任意 $t_m \in [t_c^e, t_c^l]$，使 $n_m > 0$。

由定理 1 和定理 2 可知，在 $[t_c^e, t_c^l]$ 时段到达瓶颈路段的公交车都是非空驶的。但是，在之前和在之后到达瓶颈路段的公交车也可能是非空驶的，所以我们需要确定这些车次和对应客流大小。令 R 为非空驶公交班次编号集合，$R = \{i | n_i > 0, i \in \Phi\}$，对应 $|R|$ 为运送 N_2 的总班次。将式（9-4）、式（9-6）、式（9-7）和式（9-9）代入式（9-14），结合 $C_2(i) = C_2$，得到：

$$C_2 - p_2 - \alpha T_2 - [T_2 + T_w^c(t_i)]g(n_i) = \begin{cases} \beta(\psi/\alpha + i/f), & t_i < t_c^e \\ \psi, & t_i \in [t_c^e, t_c^l] \\ -\gamma(\psi/\alpha + i/f), & t_i > t_c^l \end{cases} \tag{9-17}$$

使 $\bar{a}$ 和 $-\bar{b}$ 分别为被出行者选择的最早和最晚公交班次的编号，故有 $g(n_{\bar{a}}) = g(n_{-\bar{b}}) = 0$，结合式（9-17）得到：

$$\bar{a} = \left[\left(\frac{C_2 - p_2 - \alpha T_2}{\beta} - \frac{\psi}{\alpha}\right)f\right]^+ - 1 \qquad (9\text{-}18)$$

$$\bar{b} = \left[\left(\frac{C_2 - p_2 - \alpha T_2}{\gamma} + \frac{\psi}{\alpha}\right)f\right]^+ - 1 \qquad (9\text{-}19)$$

式中，$[x]^+$ 为不小于 x 的最小整数。显然，非空驶公交的总班次 $|R| = \bar{a} + \bar{b} + 1$。

令 $\underline{a}$ 和 $-\underline{b}$ 分别为 $[t_c^e, t_c^l]$ 时段内最早和最晚到达瓶颈路段的公交班次，根据定理 1 和定理 2 以及式(9-15)得到：

$$\underline{a} = \left[(t_0 - t_1^e)f\right]^- = \left(\frac{\alpha - \beta}{\alpha\beta}\psi f\right)^- \qquad (9\text{-}20)$$

$$\underline{b} = \left[(t_1^l - t_0)f\right]^- = \left(\frac{\alpha + \gamma}{\alpha\gamma}\psi f\right)^- \qquad (9\text{-}21)$$

式中，$[x]^-$ 为不超过 x 的最大整数。结合式(9-17)，均衡状态下，得到乘坐编号为 i 公交车的人数：

$$n_j = \begin{cases} 0, & \bar{a} < i \leq a \\ \dfrac{C_2 - p_2 - \alpha T_2 - \beta(\psi/\alpha + j/f)}{cT_2}, & \underline{a} < i \leq \bar{a} \\ \dfrac{C_2 - p_2 - \alpha T_2 - \psi}{c[T_2 + T_w(t_j)]}, & -\underline{b} \leq i \leq \underline{a} \\ \dfrac{C_2 - p_2 - \alpha T_2 + \gamma(\psi/\alpha + j/f)}{cT_2}, & -\bar{b} \leq i < -\underline{b} \\ 0, & -b \leq i < -\bar{b} \end{cases} \qquad (9\text{-}22)$$

9.3 小汽车与公交车模式分离的通勤交通模型

生活区 H 和工作区 W 之间有一条公路连接，每天清晨有 N 个出行者需要从生活区 H 出发，经由该条公路，根据自身需求选择小汽车或公交车去出行终点的工作区 W 上班。所有通勤者都有相同的期望到达时间 t^*。这条公路的尽头有一个瓶颈，瓶颈路段的通行能力为固定值 s。假定每天早高峰有 N_1 个出行者选择驾驶小汽车出行（根据模型中的假设知每辆小汽车搭乘一位乘客，即每天早高峰道路上会有 N_1 辆小汽车），N_2 个出行者选择通过公交车完成通勤出行（$N = N_1 + N_2$）。

小汽车与公交车模式完全分离时，即为设置全时段公交专用道的场景，小汽车与公交车从物理上被分隔开。由于运营成本等相关因素的设置，不会过快地调度公交车，导致公交系统会产生拥堵，降低运营效率，故公交车的到达率小于公交专用道的通行能力，不受公交专用道瓶颈限制。由于公交专用道通行能力足够，所以公交车不会出现排队现象。在这种情况下，对于小汽车，其符合经典瓶颈模型的排队时间和出行成本；对于公交车，虽然不存在排队现象，但要考虑公交车内的拥挤和车辆容量限制。

9.3.1 小汽车出行成本

选择小汽车出行的出行者需要承担的出行成本为：

$$C_1(t) = \alpha[T_1 + T_w^c(t)] + \delta_c(t) + p_1 \quad (9\text{-}23)$$

式中，$C_1(t)$ 为 t 时刻乘坐小汽车到达瓶颈路段的出行者的出行成本；T_1 为小汽车自由流行驶时间（生活区至拥堵区）；$T_w^c(t)$ 为 t 时刻到达瓶颈路段的出行者需要面临的排队等待时间；α 为出行者单位出行时间成本；$\delta_c(t)$ 为 t 时刻到达瓶颈路段的出行者对应计划延误的成本；p_1 为小汽车的固定成本（燃油费、保养费、汽车折旧费等）。

在 $[t_c^e, t_c^l]$ 中，瓶颈路段的车辆通过率为 s，累计通过的小汽车数为 N_1，得到 $[t_c^e, t_c^l]$ 通过瓶颈路段的车辆数为：

$$N_1 = (t_c^l - t_c^e)s \quad (9\text{-}24)$$

根据式 (9-23) 有 $C(t_c^e) = C(t_c^l)$，再结合式 (9-24) 和对 $\hat{t}_c$ 的定义 $\hat{t}_c + T_w^c(\hat{t}_c) = t_w$，得到：

$$t_c^e = t_w - \frac{\gamma}{\beta+\gamma} \cdot \frac{N}{s}, \quad t_c^l = t_w + \frac{\beta}{\beta+\gamma} \cdot \frac{N}{s}, \quad \hat{t}_c = t_w - \frac{\beta\gamma}{\alpha(\beta+\gamma)} \cdot \frac{N}{s} \quad (9\text{-}25)$$

根据上述表达式，将 $t_c^e, t_c^l, \hat{t}_c$ 代入式 (9-23)，可得均衡状态下，所有出行者的出行费用均为：

$$C_1 = \frac{\beta\gamma}{\beta+\gamma} \cdot \frac{N_1}{s} \quad (9\text{-}26)$$

结合式 (9-23) 以及 $C_1(t) = C_1(t_c^e) = C_1(t_c^l)$，得到 t 时刻到达瓶颈路段车辆的排队等待时间：

$$T_w^c(t) = \begin{cases} \dfrac{\beta}{\alpha-\beta}(t-t_c^e), & t \in [t_c^e, \hat{t}_c) \\[6pt] \dfrac{\gamma}{\alpha+\gamma}(t_c^l - t), & t \in [\hat{t}_c, t_c^l] \\[6pt] 0, & \text{其他} \end{cases} \quad (9\text{-}27)$$

瓶颈路段的累计到达车辆为：

$$Q(t) = \int_{t_c^e}^{t} r(t)\mathrm{d}t, \quad t \in [t_c^e, t_c^l] \quad (9\text{-}28)$$

式中，$Q(t) = D(t) + s(t - t_c^e)$，$D(t) = s \cdot T_w(t)$，两边对 t 求导，得到到达率：

$$r(t) = \begin{cases} \dfrac{\alpha s}{\alpha-\beta}, & t \in [t_c^e, \hat{t}_c) \\[6pt] \dfrac{\alpha s}{\alpha+\gamma}, & t \in [\hat{t}_c, t_c^l] \end{cases} \quad (9\text{-}29)$$

可以得出出行者在高峰期的到达率分为两个阶段，分别为早到和迟到部分，两个阶段的到达率均为定值。两种交通模式的出行者在完全分离条件下的拥堵累积消散示意图如图 9-2 所示。

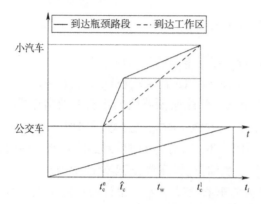

图 9-2 小汽车与公交车模式分离的拥堵累积消散示意图

9.3.2 公交车出行成本

公交车的出行成本主要包括：出行方式固定成本（公交车票价）、出行时间成本（自由流固定行驶时间和高峰期拥堵在瓶颈路段的排队等待时间）、计划延误的成本（早到或者迟到的惩罚费用）以及车厢内身体拥挤惩罚成本等。乘坐编号为 i 的公交车的出行者需要承担的出行总费用可以表示为：

$$C_2(i) = \alpha T_2 + \delta(t_i) + T_2 g(n_i) + p_2 \tag{9-30}$$

式中，T_2 为公交车自由流行驶时间（生活区至拥堵区）；t_i 为编号为 i 的公交车到达瓶颈路段的时间；n_i 为乘坐编号为 i 公交车的人数；$g(n_i)$ 为拥挤函数，表示一辆承载 n_i 个乘客的公交车上单位时间身体拥挤惩罚系数，$g(n_i) = c \cdot n_i$，$g(n_i)$ 随着 n_i 单调递增，且 $g(0) = 0$；p_2 为公交车票价。

计划延误成本的函数为：

$$\delta_b(t_i) = \begin{cases} \beta(t_w - t_i), & t_i \leq \hat{t}_b \\ \gamma(t_i - t_w), & t_i > \hat{t}_b \end{cases} \tag{9-31}$$

式中，$\hat{t}_b$ 为可准时在 t_w 到达目的地的公交车到达瓶颈路段的时刻。

将不同时刻发出的公交车按时间序列进行编号，定义公交车班次编号集合为 $i \in \Phi = \{a, \cdots, 2, 1, 0, -1, -2, \cdots, -b\}$，早高峰期间乘客可以根据自身需求选择任意一辆公交车，其中 a、b 足够大以保证 N_2 个乘客可以根据自身选择合适的出发时间以期达到最低的出行成本，$N_2 = \sum n_i$。集合中数字代表公交车编号，其中 $i = 0$ 代表该辆公交车可以准时在 t_w 时刻到达目的地，即在 $\hat{t}_b$ 时刻到达瓶颈路段。在该模型中，公交车保持匀速行驶，不存在超车，所以只有编号为 0 的公交车会在期望时间到达工作区。根据编号规则以及相邻两辆公交车之间的发车间隔，可以得到编号为 i 的公交车到达瓶颈路段对应的时刻 t_i 为：

$$t_i = \hat{t}_b - i/f, \quad i \in \Phi \tag{9-32}$$

每一位选择通过公交车出行的乘客在选择乘坐公交的时间时，总是会尽可能地减少自己的出行成本。公交通勤者会通过选择一个出发较早或者较晚的公交车来错开过多的出行人群，以此来避免过高的车厢内乘客身体拥挤惩罚费用，从而可以达到较低的出行总成本。

被选择的公交为 $|R|$ 趟($|R| \leqslant a+b+1$),每一趟都有与之对应的公交编号且出行成本相同。剩下没有被选择的公交车次($a+b+1-|R|$)的出行成本更高。这种均衡状态,可以用下式表示:

$$\begin{cases} C_2(i) = C_2, & n_i > 0 \\ C_2(i) \geqslant C_2, & \text{其他} \end{cases}, \quad i \in Z \tag{9-33}$$

出行者往往会选择出行成本最小的出行方式,故在均衡状态下,公交车出行和小汽车出行的出行成本是相等的,得到乘坐编号为 i 公交车的人数:

$$n_i = \begin{cases} \dfrac{C_2 - p_2 - \alpha T_2 - \beta i/f}{cT_2}, & i \geqslant 0 \\ \dfrac{C_2 - p_2 - \alpha T_2 + \gamma i/f}{cT_2}, & i < 0 \end{cases} \tag{9-34}$$

9.4 小汽车和公交车模式分时段混合的通勤交通模型

假设生活区 H 和工作区 W 之间有一条公路连接,每天清晨有 N 个出行者需要从生活区 H 出发,经由该条公路,根据自身需求选择小汽车或公交车去出行终点的工作区 W 上班。假定每天早高峰有 N_1 个出行者选择驾驶小汽车出行,N_2 个出行者选择通过公交车完成通勤出行($N = N_1 + N_2$)。

假设在公路的终点出口处有一段瓶颈路段(具有有限的通行能力 s)限制了道路的服务能力,其中瓶颈路段长度可忽略不计。高峰期会单独开辟部分道路资源为公交专用道,对应的通行能力为 s_b。小汽车和公交车模式分时段混合,即分时段启用公交专用道。公交专用道的启用使选择公交车出行的出行者具有快速通过瓶颈路段的特权,公交专用道的启用与关闭导致供小汽车出行者可用的道路资源随时间变化,这会对出行者的出行选择产生不可忽略的影响。当车辆在瓶颈路段的到达率超过瓶颈路段的固定通行能力时,即会出现排队现象,导致无法满足所有人按时到达的期望。因此,合理选择出行交通方式及出发时间可以最大限度地降低出行者的出行费用。

9.4.1 小汽车出行成本

每天早晨均有 N_1 个出行者选择通过小汽车完成工作通勤。

t 时刻乘坐小汽车到达瓶颈路段的出行者的出行成本可以表示为:

$$C_1(t) = \alpha [T_1 + T_w^c(t)] + \delta_c(t) + p_1 \tag{9-35}$$

计划延误分为早到和迟到两个部分;现有期望到达时刻为 t_w,则有计划延误成本的函数为:

$$\delta_c(t) = \begin{cases} \beta [t_w - t - T_w^c(t)], & t < \hat{i}_c \\ \gamma [T_w^c(t) + t - t_w], & t \geqslant \hat{i}_c \end{cases} \tag{9-36}$$

联立式(9-35)、式(9-36),易知在均衡状态下,t 时刻乘坐小汽车到达瓶颈路段的出行者需要面临的排队等待时间为:

$$T_w^c(t) = \begin{cases} \dfrac{\beta}{\alpha-\beta}(t-t_c^e), & t \in [t_c^e, \hat{t}_c) \\ \dfrac{\gamma}{\alpha+\gamma}(t_c^l - t), & t \in [\hat{t}_c, t_c^l] \\ 0, & \text{其他} \end{cases} \quad (9\text{-}37)$$

9.4.2 公交车出行成本

拥堵时段,公交车一直保持稳定的发车频率 f,则相邻两辆公交车之间的发车间隔为 $1/f$。到达瓶颈路段时,如果处于公交专用道启用时段,则公交车可以快速地通过瓶颈路段并立即到达目的地;如果处于公交专用道关闭时段,遇到排队时公交车则需与同时到达的小汽车一同排队等待通过。由于车型较长,参与排队的公交车等同于 λ 辆小汽车在排队。

将不同时刻发出的公交车按时间序列进行编号,定义公交车班次编号集合为 $i \in \Phi = \{a^+, \cdots, 2, 1, 0, -1, -2, \cdots, -a^+\}$,早高峰期间乘客可以根据自身需求选择任意一辆公交车,其中 a^+ 足够大以保证乘客可以根据自身选择合适的出发时间以期达到最低的出行成本。集合中数字代表公交车编号,其中 $i=0$ 代表该辆公交车可以准时在 t_w 时刻到达目的地,即在 $\hat{t}_b$ 时刻到达瓶颈路段。根据排队论中的先进先服务理论,早于 0 编号公交车发车的车辆均会在期望到达时刻之前到达,也就相应地承担早到的惩罚费用。同样地,晚于 0 编号发车的车辆则需承担晚到的惩罚费用。根据编号规则以及相邻两辆公交车之间的发车间隔可以得到编号为 i 的公交车到达瓶颈路段对应的时刻 t_i 为:

$$t_i = \hat{t}_b - i/f, \quad i \in \Phi \quad (9\text{-}38)$$

公交车的出行成本主要包括:出行方式固定成本(公交车票价)、出行时间成本(自由流固定行驶时间和高峰期拥堵在瓶颈路段的排队等待时间)、计划延误的成本(早到或者迟到的惩罚费用)以及车厢内身体拥挤惩罚成本等。因此,乘坐编号为 i 的公交车的出行者需要承担的出行总费用可以表示为:

$$C_2(i) = \alpha[T_2 + T_w^b(t_i)] + \delta_b(t_i) + [T_2 + T_w^b(t_i)] \cdot g(n_i) + p_2 \quad (9\text{-}39)$$

容易知道,当公交专用道未启用时,小汽车与公交车混合在一起并共用道路资源,拥堵时期同一时刻到达瓶颈路段的小汽车和公交车会共同排队等待通过。若公交车在瓶颈路段内等待过程中公交专用道开始启用,则出行者的排队时间会相应改变;同时,公交专用道的关闭会使公交车重新和小汽车竞争道路资源,排队时间也会发生相应变化。因此公交车在瓶颈路段内的排队时间由拥堵开始时刻 t_c^e 及公交专用道启用开始时刻 t_z^e 之间的相对大小关系决定,主要分为以下两种情况:

情景 1:当 $t_z^e \geq t_c^e$ 时,可以得到车辆的拥堵发生在专用道启用之后。此时两种交通模式在高峰期时段处于完全独立的状态,两种车型之间互不影响,且在非高峰期时段,只有公交车在道路上运行。因此所有公交车排队等待时间都不会受到专用道启停的影响。情景 1 与 9.3 节所述的小汽车与公交车模式分离的均衡结果一致,故本节不再赘述。

情景 2:当 $t_c^e < t_z^e$ 时,车辆的拥堵发生在专用道开启之前。专用道开启之前,道路上公交

车同小汽车竞争道路资源,同一时刻到达的公交车与小汽车具有相同的瓶颈路段内排队等待时间;已知可准时在专用道开启时刻到达目的地的车辆到达瓶颈路段时刻为 $\hat{t}_z^e$,则 $\hat{t}_z^e$ 为公交车排队时间变化分界点,在 $\hat{t}_z^e$ 之后到达瓶颈路段的均可以享受专用道的特权,排队时间自成一档;当公交专用道关闭之后,公交车需要重新参与排队,与同时到达瓶颈路段的小汽车有相同的排队等待时间。

那么,t_i 时刻到达瓶颈路段的公交车出行者面临的瓶颈路段内排队等待时间可表示为:

$$T_w^b(t_i) = \begin{cases} T_w^c(t_i), & t_i \notin (\hat{t}_z^e, t_z^l) \\ T_w^b(t_i), & t_i \in [t_z^e, t_z^l] \end{cases} \tag{9-40}$$

同理,选用公交车的出行者需要承担的计划延误成本 $\delta_b(t_i)$ 可由出发时间与排队等待时间以及期望到达时间推导获得,在 t_i 时刻到达瓶颈路段的公交车出行者需要承担的计划延误成本为:

$$\delta_b(t_i) = \begin{cases} \delta_c(t_i), & t_i \notin (\hat{t}_c, t_z^l) \\ \delta_b(t_i), & t_i \in [t_c^e, t_z^l] \end{cases} \tag{9-41}$$

联立式(9-38)~式(9-41),可以推导出在承载 n_i 位乘客的公交车内乘客单位时间需要承担的身体拥挤惩罚成本为:

$$g(n_i) = \frac{C_2 - p_2 - \alpha[T_2 + T_w^b(t_i)] - \delta_b(t_i)}{T_2 + T_w^b(t_i)} \tag{9-42}$$

又 $g(n_j) = c \cdot n_j$,故可以求得编号为 i 的公交车上乘客总数量为:

$$n_i = \frac{C_2 - p_2 - \alpha[T_2 + T_w^b(t_i)] - \delta_b(t_i)}{c[T_2 + T_w^b(t_i)]} \tag{9-43}$$

每一位选择通过公交车出行的乘客都会尽最大的可能通过选择一个出发较早或者较晚的公交车来错开过多的出行人群,以此来避免过高的车厢内身体拥挤惩罚成本以及过长的瓶颈路段内排队等待的时间,从而达到较低的出行总成本。根据9.2.2节的定理2,易知高峰期间到达的任意一辆公交车均会有人乘坐,即拥堵时段公交车不存在空车现象。

9.4.3 均衡模式解析

小汽车的拥堵时段(以下简称 P_2)随着出行总需求的增长而逐渐变长,同样地,出发时间和出行方式选择决策也依赖每天早高峰期间通勤出行总需求人数的增长。假定公交专用道开启时段(以下简称 P_1)对称设置在期望到达时间两侧,即满足 $t_z^e < t_w < t_z^l$。接下来,通过解析的方法分析随着出行总需求的增长而形成的不同种类的均衡场景。

1)均衡场景1

由于单位时间迟到的惩罚大于单位时间早到的惩罚($\gamma > \beta$)(Small,1982),出行者更倾向于接受早到而非迟到来避免过高的计划延误成本。由式(9-5),可推导得出 t_w 之前的拥堵时段部分时间长于 t_w 之后部分,即 $t_w - t_c^e > t_c^l - t_w$。

当 P_1 固定后,随着出行总需求的增长,P_2 逐渐向两端延伸,倾向于接受早到的行为特点使拥堵开始时刻先延伸至公交专用道开启时刻,假定达到临界的出行总需求为 N_e;继续增加需求时,拥堵结束时刻也会延伸至公交专用道关闭时刻,假定此时的出行总需求为 N_1;也就是说,当出行总需求满足 $(N_e \leq N \leq N_1)$ 时,小汽车的拥堵产生在公交专用道开启之前,该时段到达的公交车与小汽车混行且共同排队。当公交专用道开启之后,队伍中的公交车可以迅速通过,而小汽车仍需且不得不忍受更低的通行能力,此时小汽车的到达率也相应会比较低。小汽车的拥堵会在公交专用道关闭之前结束,此时段后到达的公交车不受小汽车的影响,到达即通过。

当出行总需求在两个临界点之间增长时,始终保持拥堵开始于公交专用道启用之前,且瓶颈路段中排队的队伍在专用道关闭之前已经完全疏散并到达目的地,即有 $t_c^e < t_z^e < t_c^1 < t_z^1$。根据已知的通行能力限制,可知在公交专用道开启之前服务小汽车的道路通行能力为 $(s-\lambda f)$,而当公交专用道启用之后,公交专用道对应通行能力为 s_b,故可供小汽车使用的部分道路通行能力为 $(s-s_b)$。同样,根据同一时间段内进出瓶颈地段的小汽车数量均衡可以得到:

$$N_1 = (s-\lambda f)(t_z^e - t_c^e) + (s-s_b)(t_c^1 - t_z^e) \tag{9-44}$$

结合式(9-44)以及 $C_1(t_c^e) = C_1(t_c^1)$,可得瓶颈路段拥堵开始时刻和结束时刻分别为:

$$t_c^e = \frac{(s-s_b)(\beta+\gamma)t_w - \gamma[N_1 - (s_b-\lambda f)t_z^e]}{\beta(s-s_b) + \gamma(s-\lambda f)} \tag{9-45}$$

$$t_c^1 = \frac{\beta[N_1 - (s_b-\lambda f)t_z^e] + (s-\lambda f)(\beta+\gamma)t_w}{\beta(s-s_b) + \gamma(s-\lambda f)} \tag{9-46}$$

根据费用均衡,也可以推导得出 $\hat{t}_c$ 和 $\hat{t}_z^e$ 的函数表达式如下:

$$\begin{cases} \hat{t}_c = \dfrac{(\alpha-\beta)t_w}{\alpha} + \dfrac{\beta\{(s-s_b)(\beta+\gamma)t_w - \gamma[N_1 - (s_b-\lambda f)t_z^e]\}}{\alpha[\beta(s-s_b) + \gamma(s-\lambda f)]} \\ \hat{t}_z^e = \dfrac{(\alpha-\beta)t_z^e}{\alpha} + \dfrac{\beta\{(s-s_b)(\beta+\gamma)t_w - \gamma[N_1 - (s_b-\lambda f)t_z^e]\}}{\alpha[\beta(s-s_b) + \gamma(s-\lambda f)]} \end{cases} \tag{9-47}$$

不同到达率的分界点由几个关键的时间节点组成:$t_c^e, \hat{t}_z^e, t_z^e, \hat{t}_c, \hat{t}_z^1, t_z^1, t_c^1$。显然,在此均衡模式下不需要考虑 $t_z^1, \hat{t}_z^1$,因为拥堵在瓶颈路段的队伍在公交专用道关闭之前已经疏散完毕,所有选择小汽车的出行者均在该时刻之前到达目的地。根据先进先服务的排队理论,易知 $t_c^e < \hat{t}_z^e < (t_z^e, \hat{t}_c) < t_c^1$,因此只需要考虑 $\hat{t}_c$ 与 t_z^e 之间的大小关系,从而确定整个拥堵期间的到达率函数表达式。由式(9-47)可以得出,当保持其他参数不变时,可准时到达目的地的小汽车到达瓶颈路段的时刻 $\hat{t}_c$ 随着出行总需求的增大而减小。所以根据总需求的变化,$\hat{t}_c$ 与 t_z^e 之间的大小关系也在变化。于此,将两个时刻的大小关系分为两种情况分别进行考虑,计算相应的到达率及其他相关参数。

(1)实例1: $t_z^e \leq \hat{t}_c$。

当出行总需求较少时,拥堵时段长度一般,此时没有太多人不得不为了降低出行成本而选择提前出发。此场景下,可准时在工作开始时刻到达目的地的小汽车在公交专用道启用之后到达瓶颈地段。时刻节点满足 $t_c^e < \hat{t}_z^e < t_z^e < \hat{t}_c < t_c^1$,此时可以得到小汽车在瓶颈地段的到达率为:

$$r_c(t) = \begin{cases} \dfrac{\alpha s}{\alpha - \beta} - \lambda f, & t \in [t_c^e, \hat{t}_z^e) \\ \dfrac{\alpha(s - s_b)}{\alpha - \beta} - \lambda f, & t \in [\hat{t}_z^e, t_z^e) \\ \dfrac{\alpha(s - s_b)}{\alpha - \beta}, & t \in [t_z^e, \hat{t}_c) \\ \dfrac{\alpha(s - s_b)}{\alpha + \gamma}, & t \in [\hat{t}_c, t_c^l] \end{cases} \qquad (9\text{-}48)$$

(2) 实例2: $t_z^e > \hat{t}_c$。

当出行总需求较多时, 拥堵时段长度进一步变大, 此时有一定数量的出行者不得不为了降低出行成本而提前出发。此场景下, 可准时在工作开始时刻到达目的地的小汽车在公交专用道启用之前到达瓶颈地段。此时有 $t_c^e < \hat{t}_z^e < \hat{t}_c < t_z^e < t_c^l$, 此时可以得到小汽车在瓶颈地段的到达率为:

$$r_c(t) = \begin{cases} \dfrac{\alpha s}{\alpha - \beta} - \lambda f, & t \in [t_c^e, \hat{t}_z^e) \\ \dfrac{\alpha(s - s_b)}{\alpha - \beta} - \lambda f, & t \in [\hat{t}_z^e, \hat{t}_c) \\ \dfrac{\alpha(s - s_b)}{\alpha + \gamma} - \lambda f, & t \in [\hat{t}_c, t_z^e) \\ \dfrac{\alpha(s - s_b)}{\alpha + \gamma}, & t \in [t_z^e, t_c^l] \end{cases} \qquad (9\text{-}49)$$

由假设知, 可准时到达的小汽车在公交专用道启用之后到达瓶颈路段, 即在专用道开启之前, 小汽车和公交车均处于拥挤排队的状态, 瓶颈路段满负荷服务, 此时小汽车在目的地的到达率为瓶颈路段的通行能力与公交车在目的地的到达率的差值。基于此, 需先求解公交车在目的地的到达率。

首先, 在拥堵发生之前以及公交专用道开启后最后一辆需要排队的公交车到达目的地之后, 道路上只有公交车, 公交车均处于自由流的状态, 没有拥堵。此时公交车在目的地的到达率即为公交车的发车频率 f。

其次, 当时间处在上述两个状态之间时, 可准时在专用道启用时刻到达目的地的车辆到达瓶颈路段时刻为关键节点。当 $t \in [t_c^e, t_z^e)$ 时, 同时到达的公交车与小汽车具有共同的等待时间, 此时两辆相邻的公交车到达目的地的间隔为实际发车间隔与两辆公交车排队时间差之和, 即 $\Delta t = 1/f + [T_w^b(t + 1/f) - T_w^b(t)]$。联立式(9-37)和式(9-40)可得此时段内公交车在目的地的到达率为 $[(\alpha - \beta)f]/\alpha$。

最后, 当公交专用道启用之后, 公交车开始快速通过, 在最后一辆需要排队的公交车通过瓶颈路段(假定分界点时刻为 t_b^{zd})之前, 专用道以满负荷能力 s_b 运行, 公交车在目的地的到达率即为 s_b/λ。拥堵开始时刻开始排队, 到公交专用道开启后公交车开始快速通过, 直至 t_b^{zd} 公交车排队长度为0, 有均衡表达式:

$$\int_{\hat{t}_z^e}^{t_z^e}(\lambda f) + \int_{t_z^e}^{t_b^{zd}}(\lambda f - s_b) = 0 \qquad (9\text{-}50)$$

求解可得到 $t_\mathrm{b}^\mathrm{zd} = (s_\mathrm{b} t_\mathrm{z}^\mathrm{e} - \lambda f \hat{t}_\mathrm{z}^\mathrm{e})/(s_\mathrm{b} - \lambda f)$，从而可得公交车在目的地到达率的函数表达式为：

$$R_\mathrm{b}(t) = \begin{cases} \dfrac{(\alpha-\beta)f}{\alpha}, & t \in [t_\mathrm{c}^\mathrm{e}, t_\mathrm{z}^\mathrm{e}) \\ \dfrac{s_\mathrm{b}}{\lambda}, & t \in [t_\mathrm{z}^\mathrm{e}, t_\mathrm{b}^\mathrm{zd}) \\ f, & \text{其他} \end{cases} \tag{9-51}$$

则此时可以得到小汽车在工作区的到达率为：

$$R_\mathrm{c}(t) = \begin{cases} s - \dfrac{\alpha-\beta}{\alpha}\lambda f, & t \in [t_\mathrm{c}^\mathrm{e}, t_\mathrm{z}^\mathrm{e}) \\ s - s_\mathrm{b}, & t \in [t_\mathrm{z}^\mathrm{e}, t_\mathrm{c}^\mathrm{l}) \end{cases} \tag{9-52}$$

由式(9-39)~式(9-42)可得，要求解早高峰期间有人搭乘公交车数量以及每辆公交车上搭乘的乘客数量，需要先得到不同时刻到达瓶颈路段的公交车需要承受的排队等待时间函数，根据公交车的到达率以及相关参数的表达式，有函数：

$$T_\mathrm{w}^\mathrm{b}(t_i) = \begin{cases} \dfrac{\beta(t_i - t_\mathrm{c}^\mathrm{e})}{\alpha-\beta}, & t_i \in [t_\mathrm{c}^\mathrm{e}, \hat{t}_\mathrm{z}^\mathrm{e}) \\ t_\mathrm{z}^\mathrm{e} - t_i + \dfrac{[\lambda f(t_i - \hat{t}_\mathrm{z}^\mathrm{e})]}{s_\mathrm{b}}, & t_i \in [\hat{t}_\mathrm{z}^\mathrm{e}, t_\mathrm{z}^\mathrm{e}) \\ \dfrac{[\lambda f(t_\mathrm{z}^\mathrm{e} - \hat{t}_\mathrm{z}^\mathrm{e}) + (\lambda f - s_\mathrm{b})(t_i - t_\mathrm{z}^\mathrm{e})]}{s_\mathrm{b}}, & t_i \in [t_\mathrm{z}^\mathrm{e}, t_\mathrm{b}^\mathrm{zd}] \\ 0, & \text{其他} \end{cases} \tag{9-53}$$

有了瓶颈路段中排队等待时间函数，容易得到计划延误成本函数为：

$$\delta_\mathrm{b}(t) = \begin{cases} \beta[t_\mathrm{w} - t - T_\mathrm{w}^\mathrm{b}(t)], & t < \hat{t}_\mathrm{b} \\ \gamma[T_\mathrm{w}^\mathrm{b}(t) + t - t_\mathrm{w}], & t \geq \hat{t}_\mathrm{b} \end{cases} \tag{9-54}$$

式中，$\hat{t}_\mathrm{b}$ 为可以准时到达目的地的公交车到达瓶颈路段对应的时刻。通过式(9-50)可以得到 $\hat{t}_\mathrm{b}$ 的函数表达式为：

$$\hat{t}_\mathrm{b} = \begin{cases} t_\mathrm{w}, & t_\mathrm{b}^\mathrm{zd} \leq t_\mathrm{w} \\ (s_\mathrm{b} t_\mathrm{w} + \lambda f \hat{t}_\mathrm{z}^\mathrm{e} - s_\mathrm{b} t_\mathrm{z}^\mathrm{e})/(\lambda f), & \text{其他} \end{cases} \tag{9-55}$$

对于公交车的累积出发与到达特性研究，需要考虑瓶颈路段中最后一辆需要排队的公交车到达目的地时是早到、刚好到达还是已经迟到，也就是需要得到 t_b^zd 与 t_w 之间的大小关系。这有助于我们更好地理解公交车的运行特性，从而可以更好地优化模型，以使公共交通更好地服务人们的出行。

当满足 $t_\mathrm{b}^\mathrm{zd} \leq t_\mathrm{w}$ 时，最后一辆排队公交车到达目的地时还未到工作开始时间，此均衡模式下，拥堵现象在公交专用道关闭之前已经消散，即专用道关闭之后，道路上只有选择公交车的出行者，因此 t_b^zd 之后到达瓶颈路段的公交车均无须排队；同样地，当 $t_\mathrm{b}^\mathrm{zd} > t_\mathrm{w}$ 时，瓶颈路段中拥堵的公交车较多，最后一辆需要排队的公交车到达目的地时已经迟到，后续到达的公交车无须排队。如图9-3与图9-4所示，分别描述了实例1和实例2下不同 t_b^zd 与 t_w 大小关系的累积出行到达示意图。

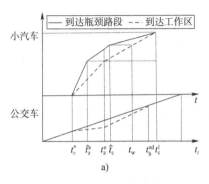 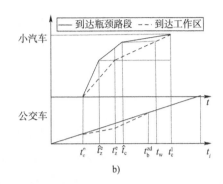

图9-3 实例1中不同情况的出行模式示意图
a)$t_b^{zd} > t_w$条件下；b)$t_b^{zd} \leq t_w$条件下

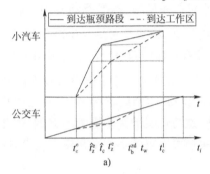 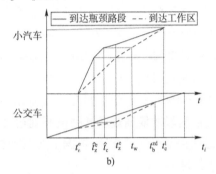

图9-4 实例2中不同情况的出行模式示意图
a)$t_b^{zd} \leq t_w$条件下；b)$t_b^{zd} > t_w$条件下

2) 均衡场景2

当出行总需求增长到一定数量时($N \geq N_l$)，P_2的长度会逐渐大于P_1，也就是说，高峰期的拥堵时段会覆盖整个公交专用道开启的时段，此时有$t_c^e < t_z^e < t_z^l < t_c^l$。高峰期拥堵时段，用于小汽车通行的部分道路的瓶颈一直以满负荷的能力服务。根据人数均衡可以得到如下公式：

$$(s-\lambda f)(t_z^e - t_c^e) + (s-s_b)(t_z^l - t_z^e) + (s-\lambda f)(t_c^l - t_z^l) = N_l \tag{9-56}$$

同样地，化简可以得到拥堵开始及结束的时刻有：

$$\begin{cases} t_c^e = t_w - \dfrac{\gamma[N_l + (t_z^l - t_z^e)(s_b - \lambda f)]}{(s-\lambda f)(\beta + \gamma)} \\ t_c^l = t_w + \dfrac{\beta[N_l + (t_z^l - t_z^e)(s_b - \lambda f)]}{(s-\lambda f)(\beta + \gamma)} \end{cases} \tag{9-57}$$

所有出行者在均衡状态下具有相同的出行费用，则分别在$t_c^e, \hat{t}_z^e, \hat{t}_c, \hat{t}_z^l$以及$t_c^l$时刻到达瓶颈路段的小汽车承担相等的费用，即有：

$$\begin{cases} \alpha[T_1 + (t_w - \hat{t}_c)] + p_1 = \alpha T_1 + \beta(t_w - t_c^e) + p_1 \\ \alpha[T_1 + (t_z^e - \hat{t}_z^e)] + \beta(t_w - t_z^e) + p_1 = \alpha T_1 + \beta(t_w - t_c^e) + p_1 \\ \alpha[T_1 + (t_z^l - \hat{t}_z^l)] + \gamma(t_z^l - t_w) + p_1 = \alpha T_1 + \gamma(t_c^l - t_w) + p_1 \end{cases} \tag{9-58}$$

代入式(9-49)中,可以得到$\hat{t}_c$, $\hat{t}_z^e$, $\hat{t}_z^l$的表达式如下:

$$\begin{cases} \hat{t}_c = t_w - \dfrac{\beta\gamma}{\alpha}\left[\dfrac{N_1 + (t_z^l - t_z^e)(s_b - \lambda f)}{(s - \lambda f)(\beta + \gamma)}\right] \\ \hat{t}_z^e = \dfrac{\alpha - \beta}{\alpha}(t_z^e - t_w) + \hat{t}_c \\ \hat{t}_z^l = \dfrac{\alpha + \gamma}{\alpha}(t_z^l - t_w) + \hat{t}_c \end{cases} \quad (9\text{-}59)$$

式(9-59)中,根据已知的参数大小关系容易得出三个时间节点满足$\hat{t}_z^e < \hat{t}_c < \hat{t}_z^l$,这也符合先进先服务的规则。同理,小汽车在瓶颈地段的到达率仍为分段线性函数,其中关键分段时刻节点为$t_c^e, \hat{t}_z^e, t_z^e, \hat{t}_c, \hat{t}_z^l, t_z^l, t_c^l$。根据假设以及已经得到的相关推导结果,可得参数间相对大小关系为$t_c^e < \hat{t}_z^e < (\hat{t}_c, t_z^e, \hat{t}_z^l) < t_z^l < t_c^l$。$\hat{t}_c$与$\hat{t}_z^l$的相对关系已知,需要判断专用道启用时刻$t_z^e$与两者的大小关系。由式(9-51)可知$\hat{t}_z^l$的大小与$\hat{t}_c$相关,又有$\hat{t}_c$与选择小汽车的出行总人数$N_1$相关,可以得到$\hat{t}_z^l$随着$N_1$的增长会逐渐减小;没有具体的数值无法确定具体大小关系,因此存在三种情况,即$t_z^e < \hat{t}_c < \hat{t}_z^l$, $\hat{t}_c < t_z^e < \hat{t}_z^l$, $\hat{t}_c < \hat{t}_z^l < t_z^e$。然而,$t_z^e \geq \hat{t}_z^l$意味着可以准时在公交专用道关闭时刻到达的车辆需要在公交专用道开启之前就达到瓶颈路段,需要经历整个公交专用道开启时段才能通过瓶颈路段并到达目的地,这与现实情况是极为不符的,因此在本书中不考虑这种情况。同样地,根据上述两种相对关系可以得到小汽车在瓶颈地段的到达率。

(1) 实例3: $t_z^e < \hat{t}_c < \hat{t}_z^l$。

同实例1,当出行需求不大,选择小汽车的人数相对不多时,可准时到达车辆在公交专用道启用之后到达瓶颈路段,经历较短的排队时间即可通过瓶颈路段。此时各时刻节点之间的大小关系为$t_c^e < \hat{t}_z^e < t_z^e < \hat{t}_c < \hat{t}_z^l < t_z^l < t_c^l$,根据公式可以推导得到整个高峰期小汽车在瓶颈路段的到达率为:

$$r_c(t) = \begin{cases} \dfrac{\alpha s}{\alpha - \beta} - \lambda f, & t \in [t_c^e, \hat{t}_z^e) \\ \dfrac{\alpha(s - s_b)}{\alpha - \beta} - \lambda f, & t \in [\hat{t}_z^e, t_z^e) \\ \dfrac{\alpha(s - s_b)}{\alpha - \beta}, & t \in [t_z^e, \hat{t}_c) \\ \dfrac{\alpha(s - s_b)}{\alpha + \gamma}, & t \in [\hat{t}_c, \hat{t}_z^l) \\ \dfrac{\alpha s}{\alpha + \gamma}, & t \in [\hat{t}_z^l, t_z^l) \\ \dfrac{\alpha s}{\alpha + \gamma} - \lambda f, & t \in [t_z^l, t_c^l] \end{cases} \quad (9\text{-}60)$$

(2) 实例4: $\hat{t}_c < t_z^e < \hat{t}_z^l$。

随着需求等增长,瓶颈路段的出行压力进一步加大,从而导致排队时间的延长。因而车辆不得不提早出发,甚至在公交专用道启用之前到达瓶颈路段开始排队,以期准时到达目的地。此时各时刻节点之间的大小关系为$t_c^e < \hat{t}_z^e < \hat{t}_c < t_z^e < \hat{t}_z^l < t_z^l < t_c^l$,根据分离模式下小汽车在瓶颈路段到达率[式(9-10)]和混合模式下小汽车在瓶颈路段的到达率[式(9-29)],可以

得到整个高峰期小汽车在瓶颈路段的到达率为:

$$r_c(t) = \begin{cases} \dfrac{\alpha s}{\alpha - \beta} - \lambda f, & t \in [t_c^e, \hat{t}_z^e) \\[6pt] \dfrac{\alpha(s - s_b)}{\alpha - \beta} - \lambda f, & t \in [\hat{t}_z^e, \hat{t}_c) \\[6pt] \dfrac{\alpha(s - s_b)}{\alpha + \gamma} - \lambda f, & t \in [\hat{t}_c, t_z^e) \\[6pt] \dfrac{\alpha(s - s_b)}{\alpha + \gamma}, & t \in [t_z^e, \hat{t}_z^l) \\[6pt] \dfrac{\alpha s}{\alpha + \gamma}, & t \in [\hat{t}_z^l, t_z^l) \\[6pt] \dfrac{\alpha s}{\alpha + \gamma} - \lambda f, & t \in [t_z^l, t_c^l] \end{cases} \quad (9\text{-}61)$$

公交车的发车频率保持不变,则其在瓶颈路段的到达率 $r_b(t) = f$。同样地,当小汽车与公交车混行时,无法直接得出小汽车在目的地的到达率,需要先求公交车的到达率再推算小汽车的到达率。

拥堵时段包含公交专用道开启时段,因此在拥堵前后时段道路上只有公交车,此时段到达的公交车无须排队;大量小汽车的到达导致发生拥堵,此时同时到达的小汽车与公交车共同排队,承担相同的排队等待时间;从可准时在专用道开启时刻,到达瓶颈路段时刻起,到专用道开启时刻($\hat{t}_z^e, t_z^e$),此时段到达的公交车在排队过程中获得公交专用道使用特权,排队时间将会大大缩短;公交专用道开启之后,到达的车辆在等待前方公交车通过后可迅速通过,直至最后一辆需要排队的公交车到达目的地[对应时刻为 $t_b^{zd} = (s_b t_z^e - \lambda f \hat{t}_z^e)/(s_b - \lambda f)$],其后在专用道关闭之前($t_b^{zd}, t_z^l$)到达的公交车均无须排队。本书中不考虑 $t_b^{zd} > t_z^l$ 的情况,因为此条件下意味着公交车形成的队列无法在公交专用道关闭之前完全消散,这与现实情况不太相符。公交专用道关闭后到拥堵结束前,同时到达的小汽车与公交车需要承担的排队时间相等。综上,可以得到不同时刻到达瓶颈路段的公交车面临的排队时间为:

$$T_w^b(t_i) = \begin{cases} \dfrac{\beta(t_i - t_c^e)}{\alpha - \beta}, & t_i \in [t_c^e, \hat{t}_z^e) \\[6pt] t_z^e - t_i + \dfrac{[\lambda f(t_i - \hat{t}_z^e)]}{s_b}, & t_i \in [\hat{t}_z^e, t_z^e) \\[6pt] \dfrac{[\lambda f(t_z^e - \hat{t}_z^e) + (\lambda f - s_b)(t_i - t_z^e)]}{s_b}, & t_i \in [t_z^e, t_b^{zd}) \\[6pt] \dfrac{\gamma(t_c^l - t_i)}{\alpha + \gamma}, & t_i \in [t_z^l, t_c^l] \\[6pt] 0, & \text{其他} \end{cases} \quad (9\text{-}62)$$

公交车到达瓶颈路段间隔不变,相邻两辆公交车到达目的地的时间差为发车间隔与排队时间差之和,即有 $\Delta t = 1/f + [T_w^b(t + 1/f) - T_w^b(t)]$。公交专用道关闭后到达的公交车重新与小汽车共同排队等待通过,由式(9-62)可知 t_z^l 时刻到达的公交车面临的排队时长为

$[\gamma(t_c^l - t_z^l)]/(\alpha+\gamma)$,则其需要在瓶颈路段等待该段时间后才能到达目的地,此时间段内没有公交车到达,车辆到达率为0。结合式(9-37)和式(9-40),可以得到不同时刻公交车在目的地的到达率为:

$$R_b(t) = \begin{cases} f, & t < t_c^e \\ \dfrac{(\alpha-\beta)f}{\alpha}, & t \in [t_c^e, t_z^e] \\ \dfrac{s_b}{\lambda}, & t \in [t_z^e, t_b^{zd}] \\ f, & t \in [t_b^{zd}, t_z^l] \\ 0, & t \in [t_z^l, t_b^{zl}] \\ \dfrac{(\alpha+\gamma)f}{\alpha}, & t \in [t_b^{zl}, t_c^l] \\ f, & t \geq t_c^l \end{cases} \tag{9-63}$$

式中,$t_b^{zl} = t_z^l + [\gamma(t_c^l - t_z^l)]/(\alpha+\gamma) = (\alpha \cdot t_z^l + \gamma \cdot t_c^l)/(\alpha+\gamma)$,为公交专用道关闭时刻到达瓶颈路段的公交车到达目的地对应的时刻。由已知的公交车的到达率,可以得到不同时刻小汽车在目的地的到达率为:

$$R_c(t) = \begin{cases} s - \dfrac{\alpha-\beta}{\alpha}\lambda f, & t \in [t_c^e, t_z^e] \\ s - s_b, & t \in [t_z^e, t_z^l] \\ s - \dfrac{\alpha+\gamma}{\alpha}\lambda f, & t \in [t_z^l, t_c^l] \end{cases} \tag{9-64}$$

与均衡场景2中的论述相同,因此,仍存在两个参数的大小关系会影响公交车相关变量的最终取值,即 t_b^{zd} 与 t_w 之间的大小关系。当 $t_b^{zd} \leq t_w$ 时,排队公交车在公交专用道开启后迅速通过,并很快处于自由流状态,公交专用道关闭之前到达的后续车辆均无须排队;当 $t_b^{zd} > t_w$ 时,公交专用道通过能力有限,短时间无法使队伍中及随后到达的车辆迅速通过,直到工作开始后某一刻才无须排队。图9-5及图9-6分别为实例3及实例4条件下两参数不同大小时的出行示意图。

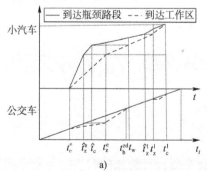 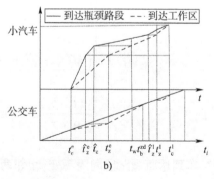

a)

b)

图9-5 实例3下不同情况的出行模式示意图

a)$t_b^{zd} \leq t_w$ 条件下;b)$t_b^{zd} > t_w$ 条件下

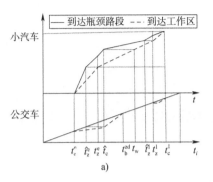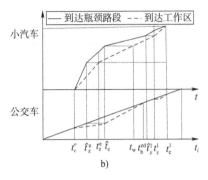

图 9-6 实例 4 下不同情况的出行模式示意图

a)$t_b^{zd} \leq t_w$ 条件下;b)$t_b^{zd} > t_w$ 条件下

9.5 本章小结

本章分别针对小汽车和公交模式混合、分离和分时段混合三种情况,分析由小汽车和公交车组成的高峰期出行模式均衡问题,基于用户平衡原理,建立早高峰出行方式选择的均衡模型;并对模型的早高峰通勤出行方式选择均衡问题以及出行特性进行深入研究,通过解析的方法得到最终均衡条件下的不同出行模式的出行人数、出行成本、不同时刻瓶颈路段及目的地的到达率、瓶颈路段内排队等待时间以及到达工作地后计划延误时间等相关变量的函数表达式,发现不同均衡模式下具有不同的出行特点。

本章参考文献

[1] HUANG H J,TIAN Q,YANG H,et al. Modal split and commuting pattern on a bottleneck-constrained highway[J]. Transportation research part E:logistics and transportation review,2007,43(5):578-590.

[2] TABUCHI T. Bottleneck congestion and modal split[J]. Journal of urban economic,1993,34(3):414-431.

[3] VICKREY W S. Congestion theory and transport investment[J]. The American economic review,1969,59(2):251-260.

[4] 邓瑶,李志纯. 基于活动的瓶颈模型和收费机制:研究进展评述[J]. 系统工程理论与实践,2020,40(8):2076-2089.

第 10 章 车联网等新技术环境下多模式混合交通流建模与分析

10.1 概　述

通信、传感、移动互联与计算机技术的快速发展给汽车行业带来了重大变化。车间通信、车路通信以及自动驾驶一直被认为是道路交通的发展方向。这一领域的发展将改变人类交通出行的模式,也将为智能、高效的交通系统管理提供新的技术与思路。基于此,一些国家和地区在这一领域启动了大量研发计划。如欧洲于 2008 年启动了 Drive C2X 项目;美国于 2009 年启动了 IntelliDrive(后更名为 Connected Vehicle)计划;我国《国务院关于印发"十三五"现代综合交通运输体系发展规划的通知》中明确指出"示范推广车路协同技术,推广应用智能车载设备,推进全自动驾驶车辆研发"。而一些城市,如北京、上海等已经设置可以进行互联车、自动车实验的道路区域。另外,一些汽车生产和互联网企业在技术层面开展了大量实验研究,如以谷歌和百度为代表的自动驾驶操纵解决方案提供商,以及以特斯拉和蔚来等为代表的成车厂商。

然而,所有新技术的发展与推广应用都是一个复杂而漫长的过程。美国工程院院士、美国交通运输委员会前执行主席、得克萨斯大学奥斯汀分校教授沃顿认为,产业化是个复杂的过程,难以有确切的时间表。美国西北大学交通研究中心教授 Mahmassani(2016)为 *Transportation Science* 创刊 50 周年撰写的特邀论文中也指出,互联车及自动车的市场占有率达到 100% 仍将是一个漫长的过程。在这一发展过程中,必然存在多种类型车辆混合行驶的新情况。

交通系统是综合人、车、道路与环境的复杂系统,新技术的发展则为交通系统引入了更多影响因素,从而形成了多样化的驾驶模式。2014 年,国际自动化工程师协会将驾驶模式分为 5 种类型,包括完全人类驾驶模式、机器辅助驾驶模式、部分自动驾驶模式、有条件自动驾驶模式以及高度自动驾驶模式。在这种环境下,道路交通将会由一般车辆构成的传统交通流转变成多种驾驶模式车辆混行的新型混合交通流。这给传统道路交通管理和优化带来了新的挑战。基于此,深入分析不同驾驶模式的行为机理,探索信息环境下多驾驶模式一体化模型构建方法,研究多驾驶模式异质交通流的动态特征,探索信息交互模式、车辆分布以及不同驾驶模式对交通拥堵产生、演化与消散的影响机理,进而发展新型交通管理和控制措施,是亟须深入研究的重要问题,具有重要的理论价值与现实意义。

10.2 基于智能交通信息的车辆跟驰模型

10.2.1 模型建立

在提出新的模型之前,首先介绍优化速度(OV)模型及相关扩展模型,从直观上认识车辆跟驰模型的扩展方法,以及智能交通信息对交通流稳定性的影响。OV模型的方程如下(Bando 等,1995):

$$\frac{\mathrm{d}v_n(t)}{\mathrm{d}t} = a[V(\Delta x_n(t)) - v_n(t)] \tag{10-1}$$

式中,a 表示敏感系数;$x_n(t)$ 和 $x_{n+1}(t)$ 分别表示车辆 n 及其前车 $n+1$ 在 t 时刻的位置;$\Delta x_n(t) = x_{n+1}(t) - x_n(t)$ 表示车辆 n 的车头距;$v_n(t) = \mathrm{d}x_n(t)/\mathrm{d}t$ 表示车辆 n 在 t 时刻的速度;$V(\cdot)$ 表示优化速度函数。

考虑到智能交通系统的应用,Hasebe 等(2003)对 OV 模型进行了彻底扩展,提出了考虑任意多辆前车和跟随车车头距信息的模型。模型的动力学方程为:

$$\frac{\mathrm{d}^2 x_n(t)}{\mathrm{d}t^2} = a[V(\Delta x_{n+p_+}(t), \cdots, \Delta x_{n+1}(t), \Delta x_n(t), \Delta x_{n-1}(t), \cdots, \Delta x_{n-p_-}(t)) - v_n(t)] \tag{10-2}$$

式中,p_+ 和 p_- 分别表示考虑前车和跟随车的数量;$\Delta x_{n+p_+}(t), \cdots, \Delta x_{n+1}(t)$ 和 $\Delta x_{n-1}(t), \cdots, \Delta x_{n-p_-}(t)$ 分别表示各辆前车和各辆跟随车的车头距。可以发现,如果 $p_+ = p_- = 0$,则模型等价于 OV 模型。该研究表明,考虑多辆前车或跟随车的车头距信息能够提高交通流的稳定性。

另外,基于 OV 模型,王涛等(2006)提出了考虑多辆前车速度差信息的车辆跟驰模型,称为多速度差(Multiple Velocity Difference,MVD)模型,其动力学方程为:

$$\frac{\mathrm{d}^2 x_n(t)}{\mathrm{d}t^2} = a[V(\Delta x_n(t)) - v_n(t)] + \sum_{j=1}^{p_2} \kappa_j \Delta v_{n+j-1}(t) \tag{10-3}$$

式中,$\Delta v_{n+j-1}(t) = v_{n+j}(t) - v_{n+j-1}(t)$;$\kappa_j$ 为速度差的权重系数;p_2 表示考虑速度差信息的前车数量。他们对模型进行了线性稳定性分析,得出了模型的线性稳定性条件,指出速度差信息能够明显提高模型的稳定性。

本节综合考虑多辆前车的车头距信息和速度差信息,建立新的车辆跟驰模型,命名为多车头距和速度差(Multiple Headway and Velocity Difference,MHVD)模型。其动力学描述如下:

$$\frac{\mathrm{d}^2 x_n(t)}{\mathrm{d}t^2} = a[V(\Delta x_n(t), \Delta x_{n+1}(t), \cdots, \Delta x_{n+p_1-1}(t)) - v_n(t)] + \sum_{j=1}^{p_2} \kappa_j \Delta v_{n+j-1}(t) \tag{10-4}$$

式中,$a = 1/\tau$ 表示敏感系数;$\kappa_j = \lambda_j/\tau$ 表示速度差的权重系数,λ_j 可以为常数或函数;p_1 和 p_2 分别表示考虑车头距信息和速度差信息的前车数量。通常,应该选取 $p_1 = p_2$,但是,为了研究不同数量车头距或速度差信息对模型特性的影响,下面的研究忽略这一条件的限制,

可以根据需要将 p_1 和 p_2 设置为不同的值。式(10-4)中,右侧第一项表示优化速度和当前速度差值对驾驶员的刺激,右侧第二项表示速度差因素对驾驶员的刺激。为了理论分析和数值模拟的需要,将多辆前车的车头距进行加权处理,则优化速度函数 $V(\cdot)$ 转化为:

$$V(\Delta x_n(t),\Delta x_{n+1}(t),\cdots,\Delta x_{n+p_1-1}(t))=V\left(\sum_{l=1}^{p_1}\beta_l\Delta x_{n+l-1}(t)\right) \tag{10-5}$$

式中,β_l 为车头距 $\Delta x_{n+l-1}(t)$ 的权重系数。优化速度函数采用典型形式,其表达式为:

$$V\left(\sum_{l=1}^{p_1}\beta_l\Delta x_{n+l-1}(t)\right)=\frac{1}{2}v_{\max}\left\{\tanh\left[\sum_{l=1}^{p_1}\beta_l\Delta x_{n+l-1}(t)-h_c\right]+\tanh(h_c)\right\} \tag{10-6}$$

式中,$v_{\max}$ 表示车辆的最大速度;h_c 表示车辆之间的安全距离。

需要说明的是,参数 β_l 和 κ_j 的取值在很大程度上影响模型的稳定性特征。因此,在理论分析和数值模拟之前,需首先确定这两个参数的性质和取值。

对于 β_l,假设其满足如下的性质:

(1) $\beta_l(l=1,2,\cdots,p_1)$ 是单调递减的函数,也就是说,距离当前车越远的车辆,其车头距信息对当前车的影响越小;

(2) $\sum_{l=1}^{p_1}\beta_l=1$。

因此,当 $p_1>1$ 时,选取 β_l 如下:

$$\beta_l=\begin{cases}\dfrac{6}{7^l}, & l\neq p_1 \\ \dfrac{1}{7^{p_1-1}}, & l=p_1\end{cases} \tag{10-7}$$

当 $p_1=1$ 时,$\beta_1=1$。

相似地,同样假定参数 $\kappa_j(j=1,2,\cdots,p_2)$ 为单调递减的函数,因为距离当前车越远的车,其速度差信息对当前车的影响越小。选取 κ_j 如下:

$$\kappa_j=\frac{\lambda_j}{\tau}=\frac{\lambda_0}{\tau}\left(\frac{1}{5}\right)^j,\quad j=1,2,\cdots,p_2 \tag{10-8}$$

式中,λ_0 为常数。

10.2.2 线性稳定性分析

交通流的稳定性研究主要考察小扰动在交通流中的演化过程。研究交通流模型的稳定性特征,能够明确影响驾驶员的各种交通状态和环境因素对交通流的影响,从而采取适当的管理或控制措施,以提高交通流的稳定性,抑制交通拥堵。本节在周期边界条件下对 MHVD 模型进行线性稳定性分析。

首先,将式(10-5)代入式(10-4),可得:

$$\frac{\mathrm{d}^2x_n(t)}{\mathrm{d}t^2}=a\left\{V\left[\sum_{l=1}^{p_1}\beta_l\Delta x_{n+l-1}(t)\right]-v_n(t)\right\}+\sum_{j=1}^{p_2}\kappa_j\Delta v_{n+j-1}(t) \tag{10-9}$$

显然,对于初始时分布均匀的交通流,车辆的车头距均为 h,最优速度为 $V(h,h,\cdots,h)$,此时式(10-4)的稳态解为:

$$x_n^0(t) = hn + V(h, h, \cdots, h)t, \quad h = L/N \tag{10-10}$$

式中，L 为路段长度；N 为总的车辆数。

假设对稳态交通流施加小扰动 $y_n(t)$，则模型的稳态解发生偏离，可得：

$$x_n(t) = x_n^0(t) + y_n(t) \tag{10-11}$$

将式（10-11）代入式（10-9），并进行线性化处理，得：

$$\frac{d^2 y_n(t)}{dt^2} = a\left[V'(h) \sum_{l=1}^{p_1} \beta_l (y_{n+l} - y_{n+l-1}) - \frac{dy_n(t)}{dt} \right] + \sum_{j=1}^{p_2} \kappa_j \left[\frac{dy_{n+j}(t)}{dt} - \frac{dy_{n+j-1}(t)}{dt} \right] \tag{10-12}$$

式中，$V'(h) = dV(\Delta x_n)/d\Delta x_n |_{\Delta x_n = h}$。为了简便，将 $V'(h)$ 记作 V'。

将 $y_n(t)$ 按 Fourier 模级数展开，即 $y_n(t) = A\exp(i\theta n + i\omega t)$，其中 $\theta = 2\pi k/N$，$(k = 0, 1, \cdots, N-1)$。将 $y_n(t)$ 代入式（10-12），并整理得：

$$\omega^2 + a\left\{ V' \sum_{l=1}^{p_1} \beta_l \exp(i\theta)[1 - \exp(-i\theta)] - i\omega \right\} + i\omega \sum_{j=1}^{p_2} \kappa_j \exp(i\theta j)[1 - \exp(-i\theta)] = 0 \tag{10-13}$$

进一步，为了得到模型的稳定性条件，首先分析式（10-13）中的变量 ω 具有实数解的条件。假定 $a_c(\theta)$ 为 a 的临界值，则 Fourier 模级数 $\exp(i\theta n + i\omega t)$ 可以分为三种不同的情况：①当 $a = a_c(\theta)$ 时，可以得到临界模式；②当 $a > a_c(\theta)$ 时，可以得到稳定模式；③当 $a < a_c(\theta)$ 时，可以得到不稳定模式。

令 $a = a_c(\theta)$，将式（10-13）的实部和虚部进行分离，得到如下两个方程：

$$\omega^2 - \omega \sum_{j=1}^{p_2} \kappa_j [\sin(\theta j) - \sin\theta(j-1)] + a_c(\theta) V' \sum_{l=1}^{p_1} \beta_l [\cos(\theta l) - \cos\theta(l-1)] = 0 \tag{10-14}$$

$$\omega a_c(\theta) - \omega \sum_{j=1}^{p_2} \kappa_j [\cos(\theta j) - \cos\theta(j-1)] - a_c(\theta) V' \sum_{l=1}^{p_1} \beta_l [\sin(\theta l) - \sin\theta(l-1)] = 0 \tag{10-15}$$

将 $\kappa_j = \lambda_j/\tau = \lambda_j a$ 分别代入式（10-14）和式（10-15），整理得：

$$a_c(\theta) = \frac{\omega^2}{\omega \sum_{j=1}^{p_2} \lambda_j [\sin(\theta j) - \sin\theta(j-1)] - V' \sum_{l=1}^{p_1} \beta_l [\cos(\theta l) - \cos\theta(l-1)]} \tag{10-16}$$

$$\omega = \frac{V'(h) \sum_{l=1}^{p_1} \beta_l [\sin(\theta l) - \sin\theta(l-1)]}{1 - \sum_{j=1}^{p_2} \lambda_j [\cos(\theta j) - \cos\theta(j-1)]} \tag{10-17}$$

根据线性稳定性分析的基本理论，当且仅当 $a > a_c(\theta)$ 时，系统是稳定的。在式（10-7）和式（10-8）的参数设置条件下，通过数值计算可得，当 $\theta \to 0$ 时，$a_c(\theta)$ 达到最大值。因此可以得到中性稳定曲线：

$$a = \frac{2V'}{\sum_{l=1}^{p_1} \beta_l(2l-1) + 2\sum_{j=1}^{p_2} \lambda_j} \qquad (10\text{-}18)$$

对于长波模式的小扰动,使均匀交通流稳定的条件是:

$$a > \frac{2V'}{\sum_{l=1}^{p_1} \beta_l(2l-1) + 2\sum_{j=1}^{p_2} \lambda_j} \qquad (10\text{-}19)$$

如果 $\lambda_j = 0 (j=1,2,\cdots,p_2)$,此时 MHVD 模型等价于 Hasebe 等(2003)提出的模型在 $p_- = 0$ 的情况,此时,模型的稳定性条件为:

$$a > \frac{2V'}{\sum_{l=1}^{p_1} \beta_l(2l-1)} \qquad (10\text{-}20)$$

比较式(10-19)和式(10-20),可以看出 MHVD 模型的稳定性条件更容易满足,说明与仅考虑车头距信息相比,同时考虑车头距和速度差信息能够在更大程度上提高交通流的稳定性。

如果 $p_1 = 1$ 且 $\beta_l = 1$,则 MHVD 模型简化为 MVD 模型。此时,模型的稳定性条件为:

$$a > \frac{2V'}{1 + 2\sum_{j=1}^{p_2} \lambda_j} \qquad (10\text{-}21)$$

对比式(10-19)和式(10-21),同样可以看出,MHVD 模型的稳定性条件更容易满足。因此,与仅考虑速度差信息相比,同时考虑两种交通信息能够进一步提高交通流的稳定性。

图 10-1 中,实线(包括带符号的实线)表示参数空间 $(\Delta x, a)$ 上的中性稳定曲线。其中,中性稳定曲线由式(10-18)确定,该曲线是稳定区域和不稳定区域的临界曲线。显然,对于每条中性稳定曲线,存在一个临界点 (a_c, h_c)。从图 10-1 中可以看出,随着考虑前车信息量的增多,临界曲线及其对应的临界点 (a_c, h_c) 逐渐降低,说明交通流的稳定性逐渐增强。

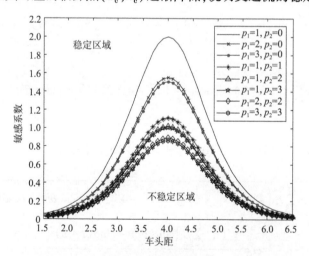

图 10-1 车头距-敏感系数空间上的相图($v_{max} = 2, h_c = 4, \lambda_0 = 2$)

10.2.3 非线性分析

交通拥堵是交通流复杂性的一个重要特征,通常被认为是由车辆之间相互作用引起的密度波传播的极限情形。本节主要研究描述不稳定区域密度波传播的 mKdV 方程。

在临界点(a_c, h_c)附近考虑模型的性质和状态特征。分别引入空间和时间的慢变量 X 和 T 如下：

$$X = \varepsilon(n + bt) \tag{10-22}$$

$$T = \varepsilon^3 t \tag{10-23}$$

式中，$0 < \varepsilon \ll 1$；b 为待定参数。令车头距

$$\Delta x_n(t) = h_c + \varepsilon R(X, T) \tag{10-24}$$

将式(10-24)代入式(10-9)，整理得：

$$\frac{d^2(\Delta x(t))}{dt^2} = a\left\{V\left[\sum_{l=1}^{p_1}\beta_l \Delta x_{n+l}(t)\right] - V\left[\sum_{l=1}^{p_1}\beta_l \Delta x_{n+l-1}(t)\right] - \frac{d[\Delta x_n(t)]}{dt}\right\} + \sum_{j=1}^{p_2}\kappa_j\left[\frac{d[\Delta x_{n+j}(t)]}{dt} - \frac{d[\Delta x_{n+j-1}(t)]}{dt}\right] \tag{10-25}$$

将式(10-22)、式(10-23)和式(10-24)代入式(10-25)，并作 ε 的五阶 Taylor 展开，可得如下的非线性偏微分方程：

$$\varepsilon^2(b - V')\partial_X R + \varepsilon^3\left[\frac{b^2}{a} - \frac{1}{2}V'\sum_{l=1}^{p_1}\beta_l(2l-1) - \sum_{j=1}^{p_2}\left(\kappa_j\frac{b}{a}\right)\right]\partial_X^2 R + \varepsilon^4\left\{\partial_T R + \left[-\frac{1}{6}V'\sum_{l=1}^{p_1}\beta_l(3l^2 - 3l + 1) - \frac{1}{2}\sum_{j=1}^{p_2}\left(\kappa_j(2j-1)\frac{b}{a}\right)\right]\partial_X^3 R - \frac{1}{6}V'''\partial_X R^3\right\} + \varepsilon^5\left\{\left(\frac{2b}{a} - \sum_{j=1}^{p_2}\frac{\kappa_j}{a}\right)\partial_X\partial_T R + \left[-\frac{1}{24}V'\sum_{l=1}^{p_1}\beta_l(4l^3 - 6l^2 + 4l - 1) - \frac{1}{24}\sum_{j=1}^{p_2}\kappa_j\left((3j^2 - 3j + 1)\frac{b}{a}\right)\right]\partial_X^4 R - \frac{1}{12}V'''\sum_{l=1}^{p_1}\beta_l(2l-1)\partial_X^2 R^3\right\} = 0 \tag{10-26}$$

其中，

$$V' = dV(\Delta x_n)/d\Delta x_n\big|_{\Delta x_n = h_c} = V'(h_c), \quad V''' = d^3 V(\Delta x_n)/d\Delta x_n^3\big|_{\Delta x_n = h_c} = V'''(h_c)$$

在临界点(a_c, h_c)，$a_c = (1 + \varepsilon^2)a$，并取 $b = V'$，从而消除 ε 的二阶项和三阶项，整理得：

$$\varepsilon^4(\partial_T R - g_1\partial_X^3 R + g_2\partial_X R^3) + \varepsilon^5(g_3\partial_X^2 R + g_4\partial_X^4 R + g_5\partial_X^2 R^3) = 0 \tag{10-27}$$

其中，

$$g_1 = \frac{1}{6}V'\sum_{l=1}^{p_1}\beta_l(3l^2 - 3l + 1) + \frac{1}{2}\sum_{j=1}^{p_2}\left[\kappa_j(2j-1)\frac{V'}{a_c}\right] \tag{10-28}$$

$$g_2 = -\frac{1}{6}V''' \tag{10-29}$$

$$g_3 = \frac{1}{2}V'\sum_{l=1}^{p_1}\beta_l(2l-1) \tag{10-30}$$

$$g_4 = \left(\frac{2V'}{a_c} - \sum_{j=1}^{p_2}\frac{\kappa_j}{a_c}\right)\left[\frac{1}{6}V'\sum_{l=1}^{p_1}\beta_l(3l^2 - 3l + 1) + \frac{1}{2}\sum_{j=1}^{p_2}\left(\kappa_j(2j-1)\frac{V'}{a_c}\right)\right] + \left[-\frac{1}{24}V'\sum_{l=1}^{p_1}\beta_l(4l^3 - 6l^2 + 4l - 1) - \frac{1}{6}\sum_{j=1}^{p_2}\frac{\kappa_j V'(3j^2 - 3j + 1)}{a_c}\right] \tag{10-31}$$

$$g_5 = -\frac{1}{12}V'''\left[\sum_{l=1}^{p_1}\beta_l(2l-1) - \frac{4V'}{a_c} - 2\sum_{j=1}^{p_2}\kappa_j\right] \tag{10-32}$$

为了得到含有高阶小量的标准 mKdV 方程，作如下变换：

$$T' = g_1 T \tag{10-33}$$

$$R = \sqrt{\frac{g_1}{g_2}}R' \tag{10-34}$$

将式(10-33)和式(10-34)代入式(10-27)，得如下方程：

$$\partial_{T'}R' - \partial_X^3 R' + \partial_X R'^3 + \varepsilon M[R'] = 0 \tag{10-35}$$

其中，

$$M[R'] = \sqrt{\frac{1}{g_1}}\left(g_3\partial_X^2 R' + \frac{g_1 g_5}{g_2}\partial_X^2 R'^3 + g_4\partial_X^4 R'\right) \tag{10-36}$$

式(10-35)即是需要推导的方程，如果忽略方程中的 $o(\varepsilon)$，则可得到标准 mKdV 方程，其扭结-反扭结密度波解为：

$$R_0'(X,T') = \sqrt{c}\tanh\sqrt{\frac{c}{2}}(X - cT') \tag{10-37}$$

式中，c 为密度波的传播速度。假设 $R'(X,T') = R_0'(X,T') + \varepsilon R_1'(X,T')$，并考虑 $o(\varepsilon)$ 修正项。为了确定 c 的值，需根据如下的可解性条件：

$$(R_0', M[R_0']) = \int_{-\infty}^{+\infty} dX R_0'(X,T')M[R_0'(X,T')] = 0 \tag{10-38}$$

其中，$M[R_0'] = M[R']$，求解以上方程，可以得到扭结-反扭结密度波的传播速度 c 为：

$$c = \frac{5g_2 g_3}{2g_2 g_4 - 3g_1 g_5} \tag{10-39}$$

从而可得扭结-反扭结孤立子的解为：

$$R(X,T) = \sqrt{-\frac{V'\sum_{l=1}^{p_1}\beta_l(3l^2-3l+1) + 3\sum_{j=1}^{p_2}\left[\kappa_j(2j-1)\frac{V'}{a_c}\right]}{V'''}c} \times$$

$$\tanh\sqrt{\frac{c}{2}}\left(X - cT\left\{\frac{1}{6}V'\sum_{l=1}^{p_1}\beta_l(3l^2-3l+1) + \frac{1}{2}\sum_{j=1}^{p_2}\left[\kappa_j(2j-1)\frac{V'}{a_c}\right]\right\}\right)$$

$$\tag{10-40}$$

其中，孤立子的振幅 A 为：

$$A = \sqrt{\left(\frac{a_c}{a}-1\right)\frac{V'\sum_{l=1}^{p_1}\beta_l(3l^2-3l+1) + 3\sum_{j=1}^{p_2}\left[\kappa_j(2j-1)\frac{V'}{a_c}\right]}{-V'''}c} \tag{10-41}$$

其中，

$$a_c = \left[2V'(h_c) - 2\sum_{j=1}^{p_2}\kappa_j\right]/\left[\sum_{l=1}^{p_1}\beta_l(2l-1)\right] \tag{10-42}$$

扭结-反扭结解表示自由流和拥堵流的共存相，两个交通相下的车头距分别为 $\Delta x = h_c + A$ 和 $\Delta x = h_c - A$。据此，可以给出空间$(\Delta x, a)$上的共存曲线，如图 10-2 中的虚线。

图 10-2 为车头距-敏感系数空间上的相图。对于每对给定的 (p_1,p_2)，存在一条实线（中性稳定曲线）和一条虚线（共存曲线），将相空间划分为三个不同的区域：位于虚线外部的区域为稳定区域，位于实线以内的区域为不稳定区域，位于两条曲线之间的区域为亚稳定区域。在图 10-2 中，随着 p_1 或 p_2 的增大，临界点 (a_c,h_c) 以及相应的中性稳定曲线和共存曲线在图中的位置都逐渐降低，表明考虑更多前车的状态信息能够扩大模型的稳定区域，减小模型的不稳定区域和亚稳定区域。另外，假定 s 表示考虑的前车数量，下面分别比较在相同的 s 值下考虑不同类型智能交通信息对交通流稳定性的影响。当 $s=1$ 时，$(p_1,p_2)=(1,1)$ 对应的中性稳定曲线和共存曲线的位置都低于 $(p_1,p_2)=(1,0)$ 的情况，表明稳定区域有所增大，而不稳定区域有所减小；比较 $s=2$ 的情况，如 $(p_1,p_2)=(2,2)$ 和 $(p_1,p_2)=(2,0)$、$(p_1,p_2)=(2,2)$ 和 $(p_1,p_2)=(1,2)$，以及 $s=3$ 的情况，如 $(p_1,p_2)=(3,3)$ 和 $(p_1,p_2)=(3,0)$、$(p_1,p_2)=(3,3)$ 和 $(p_1,p_2)=(1,3)$，可以得到相似的结论。以上结果表明，同时考虑车头距信息和速度差信息比仅考虑其中一种信息能在更大程度上提高交通流的稳定性，抑制交通拥堵。

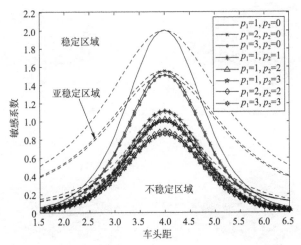

图 10-2 车头距-敏感系数空间上的相图 ($v_{\max}=2, h_c=4, \lambda_0=2$)

10.2.4 数值模拟和分析

10.2.2 节和 10.2.3 节分别对 MHVD 模型进行了线性稳定性分析和非线性分析，本节通过数值模拟的方法对理论分析的结果进行检验。模拟中，选取周期边界条件和如下的初始条件：

如果 $n \neq 50, 51$，则 $\Delta x_n(0) = \Delta x_0 = 4.0, \Delta x_n(1) = \Delta x_0 = 4.0$；

如果 $n = 50$，则 $\Delta x_n(1) = 4.0 - 0.5$；

如果 $n = 51$，则 $\Delta x_n(1) = 4.0 + 0.5$。

这里总车辆数为 $N=100$，安全车间距为 $h_c=4.0$。其他模型参数为：$a=1.0, \lambda_0=2.0, v_{\max}=2.0$。在这些参数设置值的条件下，根据前面理论分析的结果，当 $(p_1,p_2)=(1,0)$、$(2,0)$、$(3,0)$、$(1,1)$、$(1,2)$、$(1,3)$ 时，交通流处在稳定状态；而当 $(p_1,p_2)=(2,2)$ 和 $(3,3)$ 时，交通流处在不稳定状态。

图 10-3 和图 10-4 为不同 (p_1, p_2) 下车头距的时空演化图。在图 10-3 中,交通流都处在不稳定状态,小扰动最终导致交通拥堵的形成。这是因为此时的参数设置不满足模型的稳定性条件[式(10-18)],均匀交通中的小扰动在演化过程中逐渐放大,并最终形成非均匀交通流。在图 10-4 中,由于考虑了更多智能交通信息,能够满足模型的稳定性条件,因此小扰动在演化过程中减弱并最终消失,交通流处在均匀稳定的状态。进一步,固定参数 $p_2 = 0$,则随着参数 p_1 的增大,交通拥堵的状况逐渐减弱[图 10-3a)~c)];相似地,固定参数 $p_1 = 1$,随着参数 p_2 的增大,交通拥堵的状况逐渐减弱[图 10-3d)~f)];而同时考虑车头距和速度差两种智能交通信息,即 $(p_1, p_2) = (2,2)$ 或 $(3,3)$ 时,交通拥堵完全消失(图 10-4)。因此,可以说明,同时考虑两种智能交通信息(车头距信息和速度差信息),能更大程度地抑制交通拥堵,提高交通流的稳定性。从图 10-3 中还可以看到交通拥堵以扭结-反扭结孤立子密度波的形式向上游传播。由上述说明可知,数值模拟的结果与理论分析的结果是一致的。

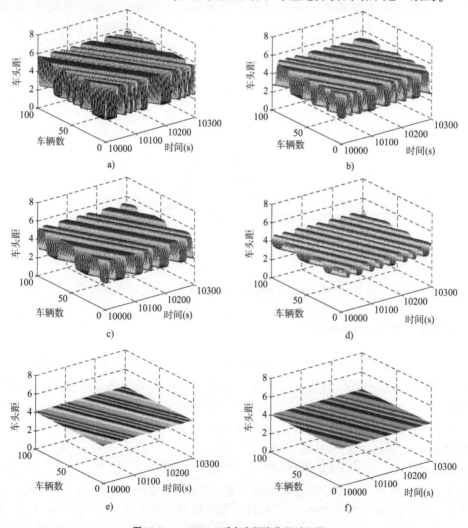

图 10-3 $t = 10000$ s 后车头距演化的时空图 1

注:a),b),c),d),e) 和 f) 处于共存相,分别对应 $(p_1, p_2) = (1,0),(2,0),(3,0),(1,1),(1,2),(1,3)$ 的情况。

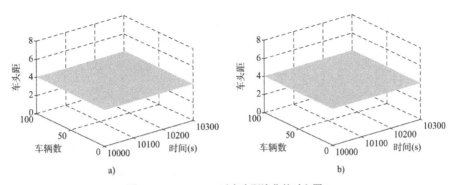

图 10-4 $t=10000$ s 后车头距演化的时空图 2

注：a) 和 b) 处于自由流相，分别对应 $(p_1, p_2) = (2,2)$ 和 $(3,3)$ 的情况。

10.3 考虑车间通信信息的自适应巡航控制模型

本节主要探讨含有互联车的混合交通系统建模与分析。考虑到互联车的发展是一个相对漫长的时期，在相当长的时期内，会存在普通车和互联车并存的状态，为此，本节针对这种混合交通流状态，提出了基本的混合交通流模型框架，并设计了基于互联车的辅助驾驶策略。

图 10-5 给出了本节研究的基本思路。假设道路交通系统中存在两种类型的车辆，即普通车和互联车；针对混合交通流中的不同车辆采用不同的模型进行描述，普通车的跟驰过程采用人工驾驶员模型（Human Driver Model，HDM）进行描述，互联车的跟驰过程采用智能驾驶员模型（Intelligent Driver Model，IDM）进行描述。为提升混合交通流效率，本节基于互联车的车间通信技术获取的邻近车辆的状态信息，分别设计出两种辅助驾驶策略，并通过模拟仿真研究了互联车的占有率、通信延迟和排布方式等因素对交通流状态、车辆能源消耗以及尾气排放的影响。

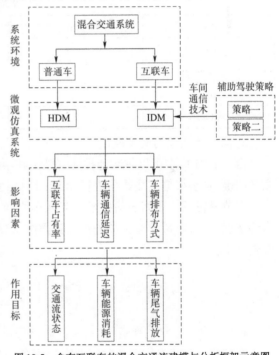

图 10-5 含有互联车的混合交通流建模与分析框架示意图

10.3.1 车辆微观仿真模型

本节研究的道路交通系统中存在两种车辆，即普通车和互联车，并假设互联车的驾驶策略不存在反应延迟时间，而普通车驾驶的操作存在一定的反应延迟时间。

1）描述普通车的模拟模型

Treiber 等（2006）将反应时间、估计误差、空间预期和时间预期等因素与 IDM 模型相结合,提出了 HDM 模型。研究结果表明,反应时间是其中最重要的影响因素之一,基于此,本节拟采用 HDM 模型模拟普通车的运动,该模型的动力学方程如下:

$$a_n(t) = a_{\max}\left\{1 - \left[\frac{v_n(t-T')}{v_{\max}}\right]^4 - \left[\frac{v_n(t-T')T + d_0 - \dfrac{v_n(t-T')\Delta v_n(t-T')}{2\sqrt{a_{\max}b}}}{d_n(t-T')}\right]^2\right\}$$

(10-43)

式中,T' 表示驾驶员的反应时间;$v_{\max}$ 表示车辆的最大速度;$a_{\max}$ 表示最大加速度;b 代表舒适减速度;d_0 表示安全距离;$d_n(t) = x_{n-1}(t) - x_n(t) - L_{veh}$ 表示前车 $n-1$ 和后车 n 之间的距离,其中 L_{veh} 代表车辆长度;$v_n(t)$ 表示车辆 n 在 t 时刻的速度;$\Delta v_n(t)$ 表示前车 $n-1$ 和后车 n 之间的速度差;常数 T 表示期望车头时距。IDM 模型尝试更加细致地描述驾驶员在不同状态下的控制行为,其模型参数物理意义明确,数值计算效率高。根据王炜等(2011)关于驾驶员反应时间的研究结果,表明驾驶员的认知-反应时间为 0.4 ~ 0.7 s,不失一般性,本节设置驾驶员的反应时间为 0.4 s。更加详细的模型参数设置如表 10-1 所示。

模型参数设置　　　　　　　　　　　　　　　　　表 10-1

参数	取值	参数	取值
$a_{\max}(\text{m/s}^2)$	0.73	$T(\text{s})$	1.6
$v_{\max}(\text{km/h})$	80	$T'(\text{s})$	0.4
$b(\text{m/s}^2)$	1.67	$L_{veh}(\text{m})$	5
$d_0(\text{m})$	2	$\Delta t(\text{s})$	0.1

2) 描述互联车的模拟模型

由于 IDM 模型可以细致地描述驾驶员在不同状态下的控制行为,并且其模型参数物理意义明确,容易根据实测数据进行标定。因此,我们基于 IDM 模型设计辅助驾驶策略。

本节考虑基于车间通信技术的互联车协同驾驶辅助系统,该系统能够给驾驶员提供适当的速度建议,以帮助驾驶员进行驾驶操作。对于采用辅助驾驶策略的车辆,其加速度表达形式如下:

$$a_n(t) = a_{\max}\left\{1 - \left[\frac{v_n(t)}{V(t)}\right]^4 - \left[\frac{v_n(t)T + d_0 - \dfrac{v_n(t)\Delta v_n(t)}{2\sqrt{a_{\max}b}}}{d_n(t)}\right]^2\right\}$$

(10-44)

式中,$v_n(t)$ 是状态变量;$V(t)$ 是控制信号;$a_n(t)$ 是输出信号。

本节假定基于车间通信的互联车都配备先进的通信设备和传感器,因此车辆的位置和速度都是已知的,并且由于车间通信系统的存在,车辆之间可以信息共享。

3) 油耗排放模型

油耗排放模型可以分为微观模型和宏观模型两大类。宏观模型是对一个区域内的油耗排放总量进行计算;微观模型则针对单个车辆,计算其在特定驾驶模式下的能耗和排放。本节的研究对象是单个车辆,故选用微观模型进行测算。油耗排放微观模型主要包括四类:发动机动力仿真、基于驾驶模式分解、基于速度-加速度统计和基于功率需求的物理模型。本节研究内容主要涉及车辆的速度和加速度,因此选用基于速度-加速度的统计模型,这类模型主要有 MoDem 模型和 VT-Micro 模型。

为了研究所提出的辅助驾驶策略对油耗与排放的影响,本节拟采用 VT-Micro 模型,因为 VT-Micro 模型考虑车辆的瞬时能耗和排放只与车辆的瞬时速度和瞬时加速度有关,计算一段时间的总能耗则只需将瞬时能耗进行叠加。本节采用跟驰模型模拟车辆的运行,能够提供 VT-Micro 模型所需的微观车辆状态信息。

10.3.2 两种基于车间通信的辅助驾驶策略

本节基于车间通信技术,设计了两种辅助驾驶策略:辅助驾驶策略一和辅助驾驶策略二。其中,辅助驾驶策略一考虑到随着车辆间距离增加,车辆间的相互影响会越来越小,因此对不同位置的互联车信息设置不同的权重系数;辅助驾驶策略二则假设不同位置互联车信息所占的权重相同。

1) 辅助驾驶策略一

为进行数值模拟,需要对模型进行时间维度上的离散化处理,Δt 表示离散的时间步,g 代表"互联车",G 代表"互联车集合",且 $g \in G$。下文中 $v_{g,n}(k) = v_{g,n}(k\Delta t)$,最大建议速度 $V_g(t)$ 的计算分四步进行:

第一步,计算互联车在一段时间的平均速度:

$$\bar{v}_{g,n}(k) = \frac{1}{K} \sum_{k=k-K+1}^{k} v_{g,n}(k) \tag{10-45}$$

第二步,为了减小最大建议速度的突然变化,求 $\bar{v}_{g,n}(k)$ 的滑动平均:

$$\bar{V}_{g,n}^{*}(k) = \begin{cases} v_{\max}, & 0 \leq k < K-1 \\ \dfrac{\sum\limits_{k=K-1}^{k} \bar{v}_{g,n}(k)}{k-K+2}, & K-1 \leq k < 2K-1 \\ w_1 \cdot \dfrac{\sum\limits_{k=K-1}^{k-K} \bar{v}_{g,n}(k)}{k-2(K-1)} + w_2 \cdot \dfrac{\sum\limits_{k=k-K+1}^{k} \bar{v}_{g,n}(k)}{K}, & k \geq 2K-1 \end{cases} \tag{10-46}$$

该策略分别从时间和空间两个层面考虑信息的衰减作用。K 为车辆速度的波动周期,本节取 120 s。式(10-46)中 $w_1 + w_2 = 1$,w_2 代表最近的交通信息的权重,w_1 代表更早的交通信息的权重,考虑到信息随时间的衰减作用,所以通常可以设定 $w_2 > w_1$。

第三步,互联车共享独立的平均速度信息 $\bar{V}_{g,n}^{*}(k)$,如果建议速度 $V_{g,n}^{*}(k)$ 只是 $\bar{V}_{g,n}^{*}(k)$ 的简单加权平均,虽然提高了交通流的稳定性,但是会造成道路交通系统车辆的平均速度过低,从而严重影响道路交通系统的运行效率。因此,为了增加平均速度进而防止道路交通系统运行效率过低,引入函数 $K_{p1}(\rho)$:

$$V_{g,n}^{*}(k) = K_{p1}(\rho) \sum_{m=1}^{n} \omega_{mn} \bar{V}_{g,m}^{*}(k) \tag{10-47}$$

其中,ω_{ij} 满足两个基本条件:① ω_{mn} 随着车辆 m 与 n 之间车辆数的增加而减小;② $\sum\limits_{m=1}^{n} \omega_{mn} = 1$。辅助驾驶策略一考虑到两辆车之间的车辆数越少,两辆车之间相互的影响就越大,这里选择双曲正切函数描述权重 ω_{mn}：

$$\omega_{mn}^* = \Omega_n(m) = \frac{1}{2}\left[\tanh 5\left(\frac{m}{n} - \frac{1}{2}\right) + 1\right] \quad (10\text{-}48)$$

$$\omega_{mn} = \frac{\omega_{mn}^*}{\sum_{m=1}^{n}\omega_{mn}^*} \quad (10\text{-}49)$$

式中，$\Omega_n(m)$ 是自变量为 m 的增函数，变化范围是 0 到 1；ω_{mn} 是 ω_{mn}^* 的单位化。

第四步，为了保证建议速度不超过城市道路的最大限速，最大建议速度计算表达式如下：

$$V_{g,n}(k) = \min(v_{\max}, V_{g,n}(k)^*) \quad (10\text{-}50)$$

这里考虑到车辆在不同交通状态下具有不同的驾驶行为，因此设置参数 $K_{p1}(\rho)$ 与道路上车辆的密度相关。在数值模拟中，我们采用如下方法确定 K_{p1} 在各密度下的值，K 取 120 s，w_1 和 w_2 分别取 0.25 和 0.75。

首先，选取车辆密度为 40 veh/km 的情况进行说明。图 10-6 给出了不同 K_{p1} 值时的车辆平均速度和速度标准差。这里，我们采用平均速度代表道路交通的拥挤状态，采用速度标准差代表交通流的波动程度。参数 $K_{p1}(\rho)$ 的设置应尽量提高交通系统的效率，并尽可能抑制交通流的波动程度。基于此，选取 $K_{p1}(40) = 1.6$。使用上述方法确定不同密度下的 $K_{p1}(\rho)$ 值，如表 10-2 所示。

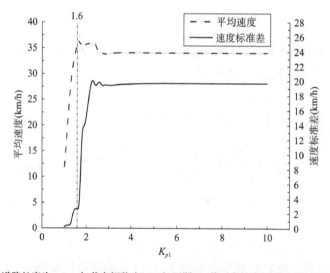

图 10-6　道路长度为 2 km，加载车辆数为 80 时，不同 K_{p1} 值对应的车辆平均速度和速度标准差

道路上不同车辆密度下所确定的 $K_{p1}(\rho)$ 值　　　　　　　　　表 10-2

密度(veh/km)	5	10	15	20	25	30	35	40
K_{p1}	1.1	1.2	1.5	2.2	2.6	1.6	1.6	1.6
密度(veh/km)	45	50	55	60	65	70	75	80
K_{p1}	1.6	1.7	1.7	1.7	1.7	1.8	1.8	1.8

续上表

密度(veh/km)	85	90	95	100	105	110	115	120
K_{p1}	1.9	1.9	2.0	2.1	2.2	2.4	2.5	2.8

从表 10-2 可以看出，K_{p1} 值的散点图在自由流和拥堵流状态会呈现出两种趋势，当车辆密度大于 25 veh/km 时，K_{p1} 的值会出现明显的下降，因此本节选用两条函数曲线来拟合 K_{p1}，分别是二次函数曲线和三次函数曲线，形式如下：

$$K_{p1}(\rho) = \begin{cases} f_1 \times \rho^2 + f_2 \times \rho + f_3, & 0 < \rho \leq 25 \\ f_4 \times \rho^3 + f_5 \times \rho^2 + f_6 \times \rho + f_7, & \rho > 25 \end{cases} \tag{10-51}$$

其中，需要确定的参数为 $f_1, f_2, f_3, f_4, f_5, f_6, f_7$，拟合结果如图 10-7 所示。

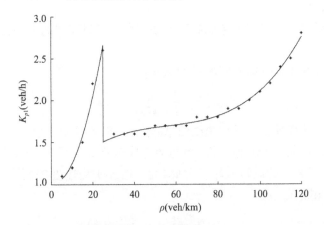

图 10-7 K_{p1} 函数拟合图

当车辆密度 $\rho \in (0,25]$ 时，确定的函数参数及统计指标如表 10-3 所示。

表 10-3 车辆密度 $\rho \in (0,25]$ 时，K_{p1} 值拟合函数的参数及统计指标

参数	统计指标	参数	统计指标
参数 f_1 (95% 的置信区间)	(-0.003363, 0.009077)	R-square	0.9786
参数 f_2 (95% 的置信区间)	(-0.1959, 0.1845)	Adjusted R-square	0.9572
参数 f_3 (95% 的置信区间)	(-0.2279, 2.268)	RMSE	0.1352
SSE	0.03657		

表 10-3 中 SSE 是拟合误差的平方和，它越接近 0，说明拟合结果推断的准确性越高；R-square 是表达值与推测值之间相关系数的平方值，其值越接近 1，说明模型能更好地解释变量间的比例关系，即两组数据的相关性更好；Adjusted R-square 是按照误差自由度调整后的 R-square，其值越接近 1，说明拟合结果越好；RMSE 是均方差，其值越接近 0，说明拟合结果的推断越有用。从参数 f_1, f_2, f_3 的各统计指标可以看出各参数的估计值是可靠的。

当车辆密度 $\rho \in (25,120]$ 时，确定的函数参数及统计指标如表 10-4 所示。

车辆密度 $\rho \in (25, 120]$ 时，K_{p1} 值拟合函数的参数及统计指标　　　表 10-4

参数	统计指标	参数	统计指标
参数 f_4（95% 的置信区间）	$(2.184 \times 10^{-6}, 4.408 \times 10^{-6})$	SSE	0.01958
参数 f_5（95% 的置信区间）	$(-0.0008039, -0.0003008)$	R-square	0.9907
参数 f_6（95% 的置信区间）	$(0.01608, 0.05154)$	Adjusted R-square	0.9888
参数 f_7（95% 的置信区间）	$(0.5713, 1.337)$	RMSE	0.03613

表 10-4 中，从参数 f_4、f_5、f_6、f_7 的各统计指标可以看出各参数的估计值是很可靠的，最终确定 $K_{p1}(\rho)$ 的函数表达式如下：

$$K_{p1}(\rho) = \begin{cases} 0.002857\rho^2 - 0.005714\rho + 1.02, & 0 < \rho \leq 25 \\ 3.296 \times 10^{-6}\rho^3 - 0.0005523\rho^2 + 0.03381\rho + 0.9542, & \rho > 25 \end{cases} \quad (10\text{-}52)$$

2）辅助驾驶策略二

对于辅助驾驶策略二，我们不考虑共享互联信息在时间和空间上的衰减，具体控制策略设计如下。

第一步，计算互联车在一段时间的平均速度：

$$\bar{v}_{g,n}(k) = \frac{1}{K} \sum_{k=k-K+1}^{k} v_{g,n}(k) \quad (10\text{-}53)$$

第二步，互联车共享独立的平均速度信息 $\bar{v}_{g,n}(k)$，如果建议速度 $V^*_{g,n}(k)$ 只是 $\bar{v}_{g,n}(k)$ 的简单平均，虽然提高了交通流的稳定性，但是会造成道路交通系统车辆的平均速度过低，从而严重影响道路交通系统的运行效率。因此，为了增加平均速度进而防止道路交通系统运行效率过低，引入函数 $K_{p2}(\rho)$：

$$V^*_{g,n}(k) = K_{p2}(\rho) \frac{\sum_{n=1}^{N} \bar{v}_{g,n}(k)}{N} \quad (10\text{-}54)$$

式中，N 表示道路上车辆的总数。

第三步，为了保证建议速度不超过城市道路的最大限速，最大建议速度计算表达式如下：

$$V_{g,n}(k) = \min(v_{\max}, V^*_{g,n}(k)) \quad (10\text{-}55)$$

使用同辅助驾驶策略一的方法确定不同密度下的 $K_{p2}(\rho)$ 值，如表 10-5 所示。

道路上不同车辆密度下所确定的 $K_{p2}(\rho)$ 值　　　表 10-5

密度（veh/km）	5	10	15	20	25	30	35	40
K_{p2}	1.4	1.6	1.8	2.0	2.5	1.5	1.5	1.5
密度（veh/km）	45	50	55	60	65	70	75	80
K_{p2}	1.5	1.5	1.5	1.6	1.7	1.7	1.8	1.8
密度（veh/km）	85	90	95	100	105	110	115	120
K_{p2}	1.9	2.0	2.1	2.2	2.2	2.3	2.3	2.4

从表 10-5 可以看出，K_{p2} 值的散点图在自由流和拥堵流状态会呈现出两种趋势，当车辆密度大于 25 veh/km 时，K_{p2} 的值会出现明显的下降，因此本节选用两条函数曲线来拟合 K_{p2}，

分别是二次函数曲线和三次函数曲线，形式如下：

$$K_{p2}(\rho) = \begin{cases} h_1 \times \rho^2 + h_2 \times \rho + h_3, & 0 < \rho \leq 25 \\ h_4 \times \rho^3 + h_5 \times \rho^2 + h_6 \times \rho + h_7, & \rho > 25 \end{cases} \quad (10\text{-}56)$$

其中，需要确定的参数为 $h_1, h_2, h_3, h_4, h_5, h_6, h_7$，拟合结果如图 10-8 所示。

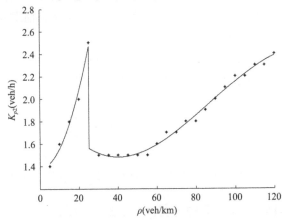

图 10-8 K_{p2} 函数拟合图

当车辆密度 $\rho \in (0, 25]$ 时，确定的函数参数及统计指标如表 10-6 所示。

表 10-6 当车辆密度 $\rho \in (0, 25]$ 时，K_{p2} 的函数参数及统计指标

参数	统计指标	参数	统计指标
参数 h_1（95% 的置信区间）	(-0.001584, 0.005013)	R-square	0.9856
参数 h_2（95% 的置信区间）	(-0.1003, 0.1014)	Adjusted R-square	0.9711
参数 h_3（95% 的置信区间）	(0.7182, 2.042)	RMSE	0.07171
SSE	0.01029		

从参数 h_1, h_2, h_3 的各统计指标可以看出各参数的估计值是很可靠的。

当车辆密度 $\rho \in (25, 120]$ 时，确定的函数参数及统计指标如表 10-7 所示，从参数 h_4、h_5、h_6、h_7 的各统计指标可以看出各参数的估计值是可靠的，最终确定 $K_{p2}(\rho)$ 的函数表达式如下：

$$K_{p2}(\rho) = \begin{cases} 0.001714\rho^2 + 0.0005714\rho + 1.38, & 0 < \rho \leq 25 \\ -2.255 \times 10^{-6}\rho^3 + 0.0005925\rho^2 - 0.03661\rho + 2.142, & \rho > 25 \end{cases} \quad (10\text{-}57)$$

表 10-7 车辆密度 $\rho \in (25, 120]$ 时，K_{p2} 的函数参数及统计指标

参数	统计指标	参数	统计指标
参数 h_4（95% 的置信区间）	$(-3.231 \times 10^{-6}, -1.279 \times 10^{-6})$	SSE	0.01508
参数 h_5（95% 的置信区间）	(0.0003717, 0.0008133)	R-square	0.992
参数 h_6（95% 的置信区间）	(-0.05217, -0.02104)	Adjusted R-square	0.9904
参数 h_7（95% 的置信区间）	(1.806, 2.478)	RMSE	0.03171

10.3.3 互联车对交通流影响的模拟分析

为了进一步研究分析所提出两种辅助驾驶策略的效果,本节针对不同场景进行了仿真分析,深入探讨了辅助驾驶策略对交通流状态、车辆能耗和尾气排放的影响,互联车的市场占有率对交通流状态、车辆能耗和尾气排放的影响,通信延迟对辅助驾驶策略的影响,以及互联车不同的排布方式带来的影响。

跟驰模型采用微分方程描述车辆的运动动态,是典型的微观连续交通流模型。为进行数值模拟,需要对模型进行离散化处理,本节采用如下离散格式:

$$v_n(t+\Delta t) = v_n(t) + \Delta t \cdot \frac{\mathrm{d}v_n(t)}{\mathrm{d}t} \tag{10-58}$$

$$x_n(t+\Delta t) = x_n(t) + \Delta t \cdot v_n(t) + \frac{1}{2} \cdot \frac{\mathrm{d}v_n(t)}{\mathrm{d}t} \cdot (\Delta t)^2 \tag{10-59}$$

式中,$v_n(t)$ 表示车辆 n 在 t 时刻的速度;$x_n(t)$ 表示车辆 n 在 t 时刻的位置;Δt 表示离散的时间步,这里取 0.1 s。

1) 辅助驾驶策略的影响分析

本节的数值模拟采用周期性边界条件,假设车辆在长度为 2 km 的环形道路上行驶。数值模拟的初始条件均为:车辆在车道上排列为车队,车辆初始间距为 8 m,尾车排在 $x_1 = 0$ m 的位置,则其他车辆的初始排布位置为 $x_n = (n-1) \times 8$ m,车辆的初始速度与加速度均为 0。

(1) 对交通流状态的影响分析。

首先模拟两种辅助驾驶策略对流量-密度关系的影响,如图 10-9 所示。

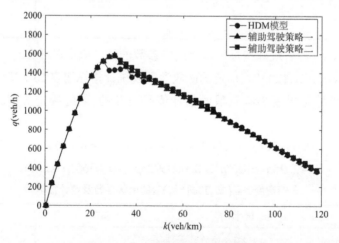

图 10-9 三类模型的流量-密度曲线

从图 10-9 可以看出:曲线可以划分为 3 个部分:自由流部分 $0 \leq k < 30$、拥挤流部分 $48 < k \leq 120$ 和中间部分 $30 \leq k \leq 48$。自由流部分和拥挤流部分,三条曲线基本重合,而中间部分(当车辆密度超过 30 veh/km 时),HDM 模型的流量-密度曲线出现较大的波动,因为驾驶员存在一定的反应延迟时间,而两种辅助驾驶策略不会出现这种现象,这是由于这两种驾驶策

略在第一步均作了时间维度上的速度平均,并且使用了车间通信技术,两种驾驶策略在第二步均作了空间维度上的速度平均,很大程度上减少了车辆的急加速和急减速,从而提升了道路交通系统的稳定性。当车辆密度达到 30 veh/km 时,三类模型的流量-密度关系曲线均达到了最大流量值,可以看出本节设计的两种辅助驾驶策略所能达到的最大流量均大于 HDM 模型,原因是对 $K_{p1}(\rho)$ 函数和 $K_{p2}(\rho)$ 函数的优化设计,使得道路交通系统不仅有较高的稳定性,而且有较高的通行效率。

为了更深入理解不同道路交通状态下三类模型的交通流演化特征,进一步给出了三类模型在车辆密度分别为 25 veh/km、35 veh/km、65 veh/km 和 105 veh/km 的时空图,如图 10-10~图 10-12 所示。

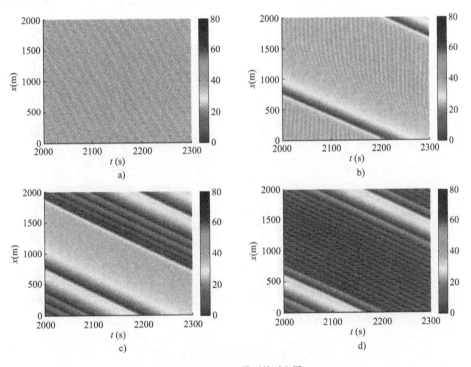

图 10-10 HDM 模型的时空图
a) 25 veh/km;b) 35 veh/km;c) 65 veh/km;d) 105 veh/km

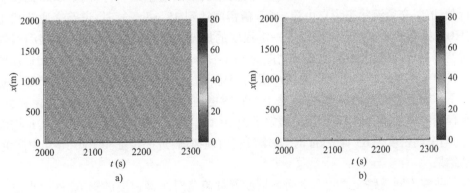

图 10-11

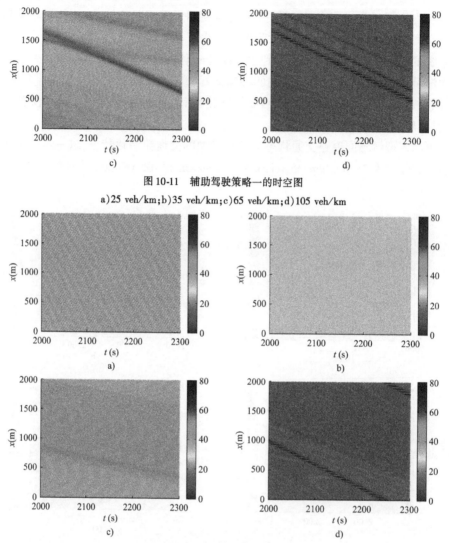

图 10-11 辅助驾驶策略一的时空图
a) 25 veh/km; b) 35 veh/km; c) 65 veh/km; d) 105 veh/km

图 10-12 辅助驾驶策略二的时空图
a) 25 veh/km; b) 35 veh/km; c) 65 veh/km; d) 105 veh/km

可以看出:当车辆密度为 25 veh/km 时,三类模型的时空图一样,均显示车辆以较高的车速行驶,道路交通流状态为自由流;当车辆密度达到 35 veh/km 时,道路交通流状态为亚稳态,HDM 模型的时空图已经出现了一定程度的拥堵,而辅助驾驶策略一和辅助驾驶策略二的时空图均没有出现拥堵;当车辆密度为 65 veh/km 和 105 veh/km 时,道路交通流状态为拥堵流,HDM 模型的时空图出现非常严重的拥堵,而由于辅助驾驶策略一和辅助驾驶策略二作用下车辆的协同驾驶,车辆在道路上行驶得更加协调,避免了大量的急加速和急减速,在一定程度上抑制了交通拥堵,所以缓解了图 10-10c) 和 d) 中的拥堵程度,尤其是辅助驾驶策略二,当车辆密度为 65 veh/km 时,基本没有出现拥堵,进一步证实了图 10-9 中流量-密度曲线的结果。

为了研究不同道路交通状态下两种辅助驾驶策略对车辆速度的影响,进一步仿真了三类模型在车辆密度分别为 35 veh/km 和 105 veh/km 时的速度演化过程,如图 10-13 所示。

同时,通过统计计算,得出了两种车辆密度下几个重要的统计指标值,包括车辆的最小速度、最大速度、平均速度和速度标准差,如表10-8和表10-9所示。

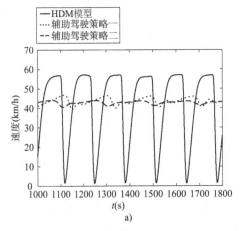
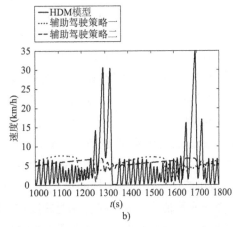

图10-13 三类模型的车辆速度对比

a) 35 veh/km; b) 105 veh/km

车辆密度为 35 veh/km 时三类模型车辆速度对比　　　　　表10-8

对比项	HDM 模型	辅助驾驶策略一	辅助驾驶策略二
最小速度(km/h)	1.278	39.50	40.57
最大速度(km/h)	57.18	46.80	44.16
平均速度(km/h)	41.32	43.60	42.84
速度标准差(km/h)	18.87	1.716	0.8174

车辆密度为 105 veh/km 时三类模型车辆速度对比　　　　　表10-9

对比项	HDM 模型	辅助驾驶策略一	辅助驾驶策略二
最小速度(km/h)	0	0.0305	0
最大速度(km/h)	34.74	7.473	6.822
平均速度(km/h)	5.024	5.424	5.449
速度标准差(km/h)	6.335	1.677	1.060

从图10-13可以看出:当车辆密度为35 veh/km和105 veh/km时,HDM模型的速度-时间曲线出现较大的波动,而辅助驾驶策略一和辅助驾驶策略二的速度-时间曲线比较平缓,并且辅助驾驶策略二的速度-时间曲线最平缓。表10-8和表10-9中,当车辆密度为35 veh/km和105 veh/km时,两种辅助驾驶策略的平均速度比HDM模型大,而速度标准差却远小于HDM模型,说明两种辅助驾驶策略不仅可以平滑车辆速度的波动,而且可以提升车辆行驶的效率。

出现上述现象的原因主要是辅助驾驶策略一和辅助驾驶策略二对车辆建议速度作了时间维度和空间维度的平均,从而大量避免了车辆的急加速和急减速。表格中的数据进一步揭示了速度-时间图所反映的现象。同时,两种辅助驾驶策略的平均速度比HDM模型更大,其原因是$K_{p1}(\rho)$函数和$K_{p2}(\rho)$函数的存在,使得车辆行驶不仅更加平滑,而且可以保持较高的通行效率,以一个比较大的速度巡航。因此,本节提出的两种辅助驾驶策略不仅降低了交通流的波动性,而且提升了道路交通系统的通行效率。

(2)对车辆能耗和尾气排放的影响分析。

为了研究不同道路交通流状态下,车辆的能源消耗和尾气排放,采用 VT-Micro 模型模拟计算三类模型在车辆密度分别为 25 veh/km、35 veh/km 和 105 veh/km 时车辆的能耗和尾气排放,并分析了两种辅助驾驶策略对能耗和尾气排放的影响。

表 10-10 ~ 表 10-12 给出了三类模型在车辆密度分别为 25 veh/km、35 veh/km 和 105 veh/km 时,车辆的能源消耗和尾气排放的数据对比。可以看出:当车辆密度为 25 veh/km 时,三类模型的能耗和尾气排放基本相同,这是由于车辆密度较小,三类模型下交通流均处于自由流状态。当车辆密度为 35 veh/km 和 105 veh/km,即交通流状态分别为亚稳态和拥堵流时,两种辅助驾驶策略会大大降低能源消耗和尾气排放,尤其是当交通流状态处于亚稳态时,辅助驾驶策略二节约能源消耗高达 38.49%,减小氮氧化合物排放高达 37.91%。出现上述现象,是由于两种辅助驾驶策略分别对速度作了时间维度和空间维度的平均,大大降低了车辆速度的波动性,从而很大程度上减少了车辆的急加速和急减速,进而形成较低的能耗和排放。

车辆密度为 25 veh/km 时三类模型在车辆能耗和尾气排放的对比　　　　表 10-10

	HDM 模型	辅助驾驶策略一	节约率	辅助驾驶策略二	节约率
Fuel(L)	40.30	40.30	0	40.30	0
CO_2(kg)	93.35	93.35	0	93.35	0
NO_x(g)	57.54	57.54	0	57.54	0

车辆密度为 35 veh/km 时三类模型在车辆能耗和排放的对比　　　　表 10-11

	HDM 模型	辅助驾驶策略一	节约率	辅助驾驶策略二	节约率
Fuel(L)	71.96	45.29	37.06%	44.26	38.49%
CO_2(kg)	114.8	104.8	8.71%	102.3	10.89%
NO_x(g)	71.96	47.54	33.94%	44.68	37.91%

车辆密度为 105 veh/km 时三类模型在车辆能耗和排放的对比　　　　表 10-12

	HDM 模型	辅助驾驶策略一	节约率	辅助驾驶策略二	节约率
Fuel(L)	71.18	63.83	10.33%	64.21	9.79%
CO_2(kg)	165.0	147.1	10.85%	147.9	10.36%
NO_x(g)	59.95	47.74	20.37%	47.97	19.98%

2)互联车市场占有率影响分析

考虑到互联车的发展是一个相对漫长的时期,在相当长的时期内,会存在普通车和互联车并存的状态,为此,本节针对这种混合交通流状态,研究不同互联车市场占有率下混合交通流的状态,以及车辆能耗和尾气排放的特征。

(1)对交通流状态的影响分析。

为了研究不同车辆密度的条件下,互联车市场占有率的不同对道路交通流状态的影响,并且当互联车的市场占有率发生变化时,比较两种辅助驾驶策略对交通流状态影响的异同。本节给出了互联车市场占有率-车辆速度标准差关系图及互联车市场占有率-车辆最大、最小速度关系图,如图 10-14 ~ 图 10-16 所示。

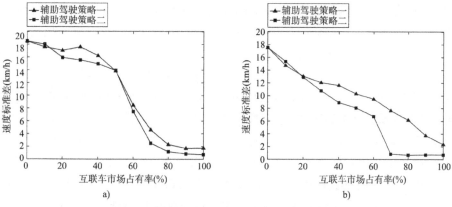

图 10-14 互联车市场占有率对车辆速度标准差的影响

a) 35 veh/km; b) 50 veh/km

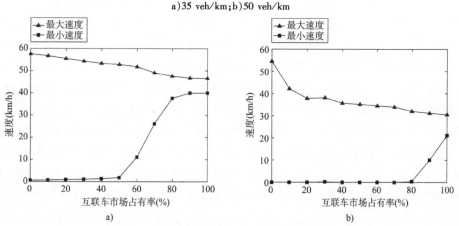

图 10-15 互联车市场占有率对车辆最大、最小速度的影响(辅助驾驶策略一)

a) 35 veh/km; b) 50 veh/km

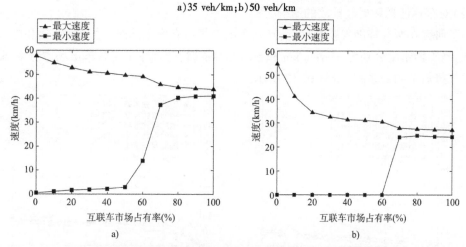

图 10-16 互联车市场占有率对车辆最大、最小速度的影响(辅助驾驶策略二)

a) 35 veh/km; b) 50 veh/km

从图 10-14 可以看出随着互联车市场占有率的增加,道路上车辆速度标准差有比较明显的下降。分别对比车辆密度为 35 veh/km 和 50 veh/km 时互联车市场占有率对车辆速度标准差的影响,发现当车辆密度为 35 veh/km 时,即交通流状态为亚稳态时,两种辅助驾驶策略作用下,车辆速度标准差会在互联车市场占有率达到 50% 以后发生明显的下降。当车辆密度为 50 veh/km 时,即交通流状态为拥堵流时,辅助驾驶策略一作用下,车辆速度标准差会在互联车市场占有率达到 80% 后出现明显下降;辅助驾驶策略二作用下,车辆速度标准差会在互联车市场占有率达到 60% 后出现明显下降。图 10-15 和图 10-16 也印证了上述现象,随着互联车市场占有率的增加,车辆最大速度和最小速度的差值会逐渐减小,即车辆速度的波动性会逐渐减小。当车辆密度为 35 veh/km 时,两种辅助驾驶策略作用下,车辆最小速度会在互联车市场占有率达到 50% 以后明显上升。当车辆密度为 50 veh/km 时,辅助驾驶策略一作用下的车辆最小速度会在互联车占有率达到 80% 后出现明显的上升,辅助驾驶策略二作用下的车辆最小速度会在互联车占有率达到 60% 后出现明显的上升。

出现上述现象的原因是随着互联车市场占有率的增加,越来越多的车辆信息得到了共享,辅助驾驶策略一和辅助驾驶策略二给出的建议速度会使得车辆行驶更加协同,因此车辆速度的标准差会越来越小,车辆速度波动变得越来越小,避免了大量的急加速和急减速,车辆最大速度和最小速度的差值逐渐减小。当道路交通流状态为亚稳态时,道路上车辆密度还不是很大,车间距也比拥堵流状态时大,因此两种辅助驾驶策略给出的建议速度提供了足够长的距离,让车辆去修正其行驶速度,故亚稳态下,与拥堵流状态相比,互联车可以在市场占有率较低的时候就发挥作用,大大降低车辆速度的波动。拥堵流状态下,辅助驾驶策略二在对建议速度作空间维度上的平均时,并没有像辅助驾驶策略一一样把车间距不同的影响考虑进去,会使得道路上车辆行驶更加协同,但其安全性比辅助驾驶策略一差,因此,辅助驾驶策略二作用下,与辅助驾驶策略一相比,互联车在市场占有率较低的情况下就发挥出明显的作用。实际生活中,可以将通信车辆的市场占有率控制在 60%~80%,既可以保证经济性,又减少了车辆速度的波动。

(2) 对车辆能耗和尾气排放的影响分析。

为了研究在两种辅助驾驶策略下,互联车的市场占有率不同时,对车辆能耗和尾气排放的影响,当车辆密度分别为 35 veh/km 和 50 veh/km 时,分别作了互联车市场占有率-车辆能耗及尾气排放节约关系图,如图 10-17 所示。

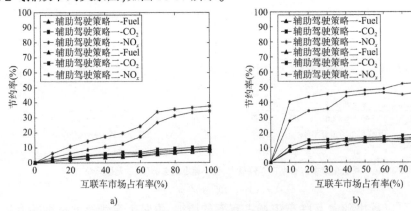

图 10-17 互联车市场占有率对车辆能耗和尾气排放的影响
a) 35 veh/km;b) 50 veh/km

从图 10-17 可以看出：随着互联车市场占有率的增加，两种辅助驾驶策略在能耗节约和尾气排放节约方面均表现得越来越好，并且辅助驾驶策略二在全域的表现均优于辅助驾驶策略一。通过对比车辆密度分别为 35 veh/km 和 50 veh/km 时互联车市场占有率对车辆能耗和尾气排放的影响，发现当车辆密度为 35 veh/km 时，在两种辅助驾驶策略下车辆的能耗节约率和尾气排放减少率较低，而当车辆密度为 50 veh/km 时，车辆的能耗节约率和尾气排放减少率较高。并且当车辆密度为 50 veh/km 时，互联车市场占有率为 0%~10% 时，两种辅助驾驶策略作用下，车辆的能耗节约率和尾气排放减少率会出现明显的提升；互联车市场占有率为 10%~100% 时，车辆节约能耗百分比和尾气排放百分比变化较小。

出现上述现象主要是由于随着互联车市场占有率的增加，车间通信技术对车辆信息的共享作用越来越强，进而两种辅助驾驶策略对车辆的建议速度在时间维度和空间维度上的平均作用越来越强，大大减少了车辆的急加速和急减速，使得车辆的速度曲线更加平滑，从而车辆的能耗和排放也会减少。当道路交通流状态为拥堵流时，辅助驾驶策略可以影响更多的车辆，使得更多的车辆得以平缓行驶，减少了更多的急加速和急减速，因此当车辆密度为 50 veh/km 时，车辆的能耗节约率和尾气排放减少率较高。并且由于辅助驾驶策略二对车辆建议速度作了空间维度上的平均，且没有像辅助驾驶策略一一样把车辆间距离不同的影响考虑进去，因此辅助驾驶策略二会使得道路上车辆行驶更加协同，车辆的急加速和急减速会大大减少，从而获得比辅助驾驶策略一更低的能耗和尾气排放。

3）通信延迟对辅助驾驶策略的影响分析

进一步，考虑车辆信息共享过程中的通信延迟，我们研究了不同延迟时间下两种辅助驾驶策略对交通流状态和车辆能耗、尾气排放的影响。当车辆密度为 35 veh/km 和 50 veh/km 时，分别给出了通信延迟-车辆速度标准差关系图与通信延迟-车辆能耗和尾气排放关系图，分别如图 10-18 和图 10-19 所示。

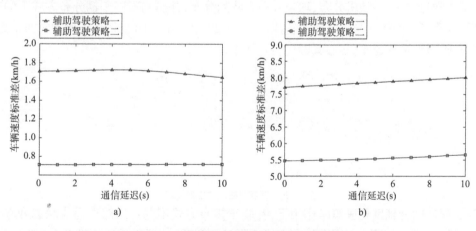

图 10-18 通信延迟对车辆速度标准差的影响
a）35 veh/km；b）50 veh/km

从图 10-18 可以看出：当车辆密度为 35 veh/km 时，随着车辆间通信延迟的增加，车辆速度标准差变化不大。当车辆密度为 50 veh/km 时，随着车辆间通信延迟的增加，车辆速度标准差略微增加,但是从整体上看,增幅较小。

出现上述现象的原因主要是随着通信延迟的增加,车辆间共享信息的滞后性加强,从而会在一定程度上增加车辆速度标准差,但是由于通信延迟只会影响辅助驾驶策略给出建议速度的及时程度,并不会直接影响车辆的行驶速度,因此车辆速度标准差的变化很小。

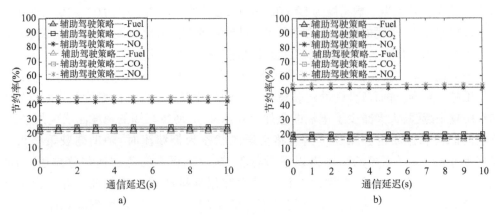

图10-19 通信延迟对车辆能耗和尾气排放的影响
a)35 veh/km;b)50 veh/km

从图10-19可以看出:随着车间通信延迟的增加,车辆能耗和尾气排放的变化极其细微,因此,车间通信延迟对车辆能耗和尾气排放的影响可以忽略不计。这是由于随着车辆间通信延迟的增加,车辆速度标准差变化不大,速度的波动性变化不大,因此车辆的能耗和尾气排放变化也非常小。

4)互联车排布的影响分析

考虑到未来互联车在道路上可能存在不同的排布状态,这里分别假设互联车在道路上呈现三种排列方式——随机分布、均匀分布和队列分布,并研究不同车辆分布方式下的交通流特征,以及车辆的能耗与尾气排放特征。图10-20给出了不同互联车排列方式的示意图,其中空心圆圈表示普通车,实心圆圈代表互联车。

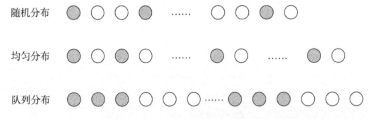

图10-20 互联车的三种排列方式

为了研究两种辅助驾驶策略作用下,互联车排布方式不同对道路交通流状态和车辆能耗、尾气排放的影响,计算互联车排布方式不同时,车间距的平均值和标准差,如表10-13和表10-14所示,并计算了互联车排布方式不同时,车辆的平均速度和速度标准差,如表10-15和表10-16所示。最后计算了互联车排布方式不同时,车辆的能耗和尾气排放,如表10-17和表10-18所示。

车辆密度为 50 veh/km 时三种排列方式下互联车及普通车的
车间距对比（辅助驾驶策略一） 表10-13

对比项	平均值(m)		标准差(m)	
	互联车	普通车	互联车	普通车
随机分布	16.18	13.82	6.137	4.783
均匀分布	16.18	13.82	6.130	4.847
队列分布	16.16	13.84	6.097	4.826

车辆密度为 50 veh/km 时三种排列方式下互联车及普通车的
车间距对比（辅助驾驶策略二） 表10-14

对比项	平均值(m)		标准差(m)	
	互联车	普通车	互联车	普通车
随机分布	16.34	13.66	4.968	3.692
均匀分布	16.36	13.64	4.964	3.713
队列分布	16.36	13.64	4.912	3.681

车辆密度为 50 veh/km 时三种排列方式下互联车及普通车的
速度对比（辅助驾驶策略一） 表10-15

对比项	平均值(km/h)		标准差(km/h)	
	互联车	普通车	互联车	普通车
随机分布	25.80	25.85	10.69	10.66
均匀分布	25.83	25.83	10.78	10.81
队列分布	25.84	25.87	10.76	10.76

车辆密度为 50 veh/km 时三种排列方式下互联车及普通车的
速度对比（辅助驾驶策略二） 表10-16

对比项	平均值(km/h)		标准差(km/h)	
	互联车	普通车	互联车	普通车
随机分布	25.55	25.61	8.386	8.372
均匀分布	25.57	25.57	8.388	8.424
队列分布	25.60	25.58	8.317	8.339

车辆密度为 50 veh/km 时三种排列方式下车辆能耗
和排放节约率对比（辅助驾驶策略一） 表10-17

对比项	随机分布	均匀分布	队列分布
标准差	27.81%	27.54%	26.68%
Fuel 节约率	8.40%	8.76%	8.64%
CO_2 节约率	9.51%	9.92%	9.78%
NO_x 节约率	31.53%	33.13%	32.59%

车辆密度为 50 veh/km 时三种排列方式下车辆能耗
和排放节约率对比(辅助驾驶策略二)　　　　表 10-18

对比项	随机分布	均匀分布	队列分布
标准差	37.57%	35.55%	36.24%
Fuel 节约率	10.88%	13.27%	13.08%
CO_2 节约率	12.22%	14.75%	14.64%
NO_x 节约率	37.69%	43.37%	43.41%

从表 10-13~表 10-16 可以看出,在这三种排布方式下,互联车的车间距的平均值比普通车的大,且互联车的车间距的标准差比普通车略大。在这三种排布方式下,互联车和普通车车辆速度的均值十分接近,且标准差也十分接近。这说明互联车的存在,不仅减少了互联车本身的速度波动,也间接地减少了普通车的速度波动。但是互联车的排布方式对车间距和速度的影响很小。

从表 10-17 和表 10-18 可以看出,对于辅助驾驶策略一,互联车的三种排列方式对车辆速度的标准差、能耗和尾气排放的影响非常小;对于辅助驾驶策略二,互联车的排列方式为均匀分布和队列分布时,车辆的能耗节约率和尾气排放节约率较大。这是由于当互联车的排列方式为均匀分布和队列分布时,辅助驾驶策略二对建议速度在空间维度的平均作用可以达到更好的效果,车辆的速度曲线会更加平滑,因此均匀分布和队列分布时,车辆的能耗节约率和尾气排放节约率会较大。

10.4　考虑车间通信的协同驾驶模型与混合交通流特性分析

本节考虑的混合交通系统是由普通车和互联车组成的,其动力学特征可以用以下不同的车辆跟驰模型来描述。

对于普通车,驾驶员只能根据自己的感知来驾驶车辆,普通的跟驰模型能够描述此类车辆的运动。

对于互联车,驾驶员获取的信息不仅包括自己的感知信息,还包含高级驾驶辅助系统(Advanced Driving Assistance System,ADAS)提供的信息;也就是说,人的感知信息和 ADAS 提供的信息在互联车驾驶员的驾驶过程中都起着重要的作用。为此,针对互联车运动的模型应当同时考虑以上两类信息。

10.4.1　混合交通系统建模

1)模型假设

本节中,构建模型的基本假设如下:
①只考虑车辆跟驰过程,不考虑换道行为。
②所有的车辆都是由人驾驶的。

③普通车的驾驶员只根据自己的感知驾驶车辆,而互联车驾驶员则综合考虑其感知信息和 ADAS 提供的信息。

④考虑到互联车构成的 AdHoc 网络,互联车可以接收其周围互联车发送的所有信息(Wang 等,2017)。

令 p_{cv} 表示互联车的比例,并且假设互联车在混合交通流中是均匀分布的。为此,普通车和互联车构成的混合交通流中存在以下四种车辆跟驰情况:

①普通车跟随普通车的概率为 $(1-p_{cv})^2$。
②普通车跟随互联车的概率为 $(1-p_{cv})p_{cv}$。
③互联车跟随普通车的概率为 $p_{cv}(1-p_{cv})$。
④互联车跟随互联车的概率为 p_{cv}^2。

互联车之间的共享信息只存在于信息提供者和信息接收者之间,这意味着只有在互联车跟随互联车的情况下存在信息交互,并且影响跟随车辆驾驶员的行为。为方便起见,本节其余部分所述的互联车即为互联车跟随互联车情况下的跟随车辆。

2) 描述普通车的跟驰模型

令 n 和 $n-1$ 分别表示当前车辆及其前车,$x_n(t)$ 和 $v_n(t)$ 分别表示车辆 n 在时刻 t 的位置和速度,则描述普通车的车辆跟驰模型 $f_{rv}(\cdot)$ 可以描述为:

$$\frac{dv_n(t)}{dt} = f_{rv}(v_n^m(t-\tau_m^v), \Delta x_n^m(t-\tau_m^{dx}), \Delta v_n^m(t-\tau_m^{dv})) \tag{10-60}$$

式中,τ_m^v,τ_m^{dx} 和 τ_m^{dv} 分别是关于普通车速度、车头距和速度差的反应时间;$\Delta x_n^m(t-\tau_m^{dx})$ 是车辆 n 在时刻 $t-\tau_m^{dx}$ 的车头距,可以写为:

$$\Delta x_n^m(t-\tau_m^{dx}) = x_{n-1}(t-\tau_m^{dx}) - x_n(t-\tau_m^{dx}) \tag{10-61}$$

$\Delta v_n(t-\tau_m^{dv})$ 是车辆 n 与其前车 $n-1$ 在时刻 $t-\tau_m^{dv}$ 之间的速度差,可以表示为:

$$\Delta v_n(t-\tau_m^{dv}) = v_{n-1}(t-\tau_m^{dv}) - v_n(t-\tau_m^{dv}) \tag{10-62}$$

3) 描述互联车的跟驰模型

对于互联车,驾驶员的驾驶行为受到其感知信息和 ADAS 提供信息的共同干扰。因此,互联车的运动方程 $f_{cv}(\cdot)$ 可以描述为:

$$\frac{dv_n(t)}{dt} = f_{cv}(v_n^m(t-\tau_m^v), \Delta x_n^m(t-\tau_m^{dx}), \Delta v_n^m(t-\tau_m^{dv}), v_n^c(t-\tau_c), \Delta x_n^c(t-\tau_c), \Delta v_n^c(t-\tau_c))$$

$$\tag{10-63}$$

式中,$v_n^c(t-\tau_c), \Delta x_n^c(t-\tau_c)$ 和 $\Delta v_n^c(t-\tau_c)$ 分别表示 ADAS 提供的速度、车头距和速度差信息;τ_c 表示 ADAS 提供信息的延迟时间。

这里,我们采用下面的方法对驾驶员感知信息与 ADAS 提供信息进行融合,具体描述如下:

$$v_n(v_n^m(t-\tau_m^v), v_n^c(t-\tau_c)) = (1-\alpha)v_n^m(t-\tau_m^v) + \alpha v_n^c(t-\tau_c), \quad \alpha \in [0,1]$$

$$\tag{10-64a}$$

$$\Delta x_n\left(\Delta x_n^m(t-\tau_m^{dx}),\Delta x_n^c(t-\tau_c)\right) = (1-\beta)\Delta x_n^m(t-\tau_m^{dx}) + \beta\Delta x_n^c(t-\tau_c), \quad \beta \in [0,1] \tag{10-64b}$$

$$\Delta v_n\left(\Delta v_n^m(t-\tau_m^{dv}),\Delta v_n^c(t-\tau_c)\right) = (1-\gamma)\Delta v_n^m(t-\tau_m^{dv}) + \gamma\Delta v_n^c(t-\tau_c), \quad \gamma \in [0,1] \tag{10-64c}$$

式中，ADAS提供信息的权重分别用α,β,γ来表示，其值越大，则表示ADAS提供信息的重要度越大。

为了简化描述，分别用$v_n,\Delta x_n$和Δv_n表示$v_n(v_n^m(t-\tau_m^v),v_n^c(t-\tau_c))$，$\Delta x_n(\Delta x_n^m(t-\tau_m^{dx}),\Delta x_n^c(t-\tau_c))$和$\Delta v_n(\Delta v_n^m(t-\tau_m^{dv}),\Delta v_n^c(t-\tau_c))$，则描述互联车的跟驰模型可以写为：

$$\frac{dv_n(t)}{dt} = f(v_n,\Delta x_n,\Delta v_n) \tag{10-65}$$

4）通用车辆跟驰模型

为了构建能够同时描述普通车与互联车的统一的模型形式，将车辆速度、车头距和速度差分别写为如下的形式：

$$v_n = (1-\Theta\alpha)v_n^m(t-\tau_m^v) + \Theta\alpha v_n^c(t-\tau_c) \tag{10-66a}$$

$$\Delta x_n = (1-\Theta\beta)\Delta x_n^m(t-\tau_m^{dx}) + \Theta\beta\Delta x_n^c(t-\tau_c) \tag{10-66b}$$

$$\Delta v_n = (1-\Theta\gamma)\Delta v_n^m(t-\tau_m^{dv}) + \Theta\gamma\Delta v_n^c(t-\tau_c) \tag{10-66c}$$

式中，Θ为离散变量；$\Theta=1$表示跟驰车辆为互联车，$\Theta=0$则表示跟驰车辆为普通车。参数$\alpha,\beta,\gamma \in [0,1]$，则所有车辆的动力学方程可以用式(10-65)表示。需要说明，式(10-65)是车辆跟驰模型的通用表达，可以应用于任何一个具体的车辆跟驰模型。

10.4.2 混合交通系统稳定性分析

1）交通流稳定性条件分析

本节在假设周期边界条件下分析混合交通流的稳定性。

假设交通流在稳定的状态下，求解下面的方程：

$$f_n(v_n^e,\Delta x_n^e,0) = 0 \tag{10-67}$$

同时，可以得到平衡状态解下车辆n的速度和车头距分别为$v_n = v_n^e$和$\Delta x_n = \Delta x_n^e$。假设$\delta v_n$和$\delta\Delta x_n$为稳态解的小扰动，则：

$$v_n = v_n^e + \delta v_n, \quad \Delta x_n = \Delta x_n^e + \delta\Delta x_n \tag{10-68}$$

将式(10-68)代入式(10-65)，并采用Taylor展开对其进行线性化，可得：

$$\frac{d\delta v_n}{dt} = f_n(v_n^e,\Delta x_n^e,0) + (1-\Theta\alpha)f_n^{vm}\delta v_n^m(t-\tau_m^v) + \Theta\alpha f_n^{vc}\delta v_n^c(t-\tau_c) +$$
$$(1-\Theta\beta)f_n^{\Delta xm}\delta\Delta x_n^m(t-\tau_m^{dx}) + \Theta\beta f_n^{\Delta xc}\delta\Delta x_n^c(t-\tau_c) +$$
$$(1-\Theta\gamma)f_n^{\Delta vm}\Delta\delta v_n^m(t-\tau_m^{dv}) + \Theta\gamma f_n^{\Delta vc}\Delta\delta v_n^c(t-\tau_c) \tag{10-69}$$

式中，

$$f_n^{vm} = \frac{\partial f_n}{\partial v_n^m}\bigg|_{(v_n^e,\Delta x_n^e)}, \quad f_n^{vc} = \frac{\partial f_n}{\partial v_n^c}\bigg|_{(v_n^e,\Delta x_n^e)}, \quad f_n^{\Delta xm} = \frac{\partial f_n}{\partial \Delta x_n^m}\bigg|_{(v_n^e,\Delta x_n^e)}, \quad f_n^{\Delta xc} = \frac{\partial f_n}{\partial \Delta x_n^c}\bigg|_{(v_n^e,\Delta x_n^e)},$$

$$f_n^{\Delta vm} = \frac{\partial f_n}{\partial \Delta v_n^m}\bigg|_{(v_n^e,\Delta x_n^e)}, \quad f_n^{\Delta vc} = \frac{\partial f_n}{\partial \Delta v_n^c}\bigg|_{(v_n^e,\Delta x_n^e)}$$

进而,假设小扰动 $\delta v_n = V_n e^{in\omega + \lambda t}$ 和 $\delta \Delta x_n = \Delta X_n e^{in\omega + \lambda t}$,并且分别在慢变化和长波约束下对其进行展开。需要注意的是,长波不稳定性并不一定是唯一的,因为它取决于延迟时间。因此,我们只能提供线性稳定的必要条件而不是充分条件。

基于此,可以得到混合交通流的稳定性条件如下(具体的推导过程本章参考文献[9]):

$$\sum_{n \in N} \left\{ -\frac{1 + (1-\Theta\alpha)f_n^{vm}\tau_m^v + \Theta\alpha f_n^{vc}\tau_c}{(1-\Theta\beta)f_n^{\Delta xm} + \Theta\beta f_n^{\Delta xc}} + \frac{1}{2}\frac{[(1-\Theta\alpha)f_n^{vm} + \Theta\alpha f_n^{vc}]^2}{[(1-\Theta\beta)f_n^{\Delta xm} + \Theta\beta f_n^{\Delta xc}]^2} + \right.$$

$$\frac{[(1-\Theta\alpha)f_n^{vm} + \Theta\alpha f_n^{vc}][(1-\Theta\beta)f_n^{\Delta xm}\tau_m^{dx} + \Theta\beta f_n^{\Delta xc}\tau_c]}{[(1-\Theta\beta)f_n^{\Delta xm} + \Theta\beta f_n^{\Delta xc}]^2} +$$

$$\left. \frac{[(1-\Theta\alpha)f_n^{vm} + \Theta\alpha f_n^{vc}][(1-\Theta\gamma)f_n^{\Delta vm} + \Theta\gamma f_n^{\Delta vc}]}{[(1-\Theta\beta)f_n^{\Delta xm} + \Theta\beta f_n^{\Delta xc}]^2} \right\} \geq 0 \quad (10\text{-}70)$$

式中,N 表示系统中的车辆数。将系统中的所有车辆纳入相同的车辆跟驰框架下,可得:

$$f_n^{vm} = f_n^{vc}, \quad f_n^{\Delta xm} = f_n^{\Delta xc}, \quad f_n^{\Delta vm} = f_n^{\Delta vc} \quad (10\text{-}71)$$

需要注意的是,这里我们假设所有车辆都为人工驾驶车辆,因此,可以考虑每辆车的驾驶员(包括普通车和互联车)都具有相同的驾驶行为,从而可以采用相同的车辆跟驰函数 $f_n(\cdot)$。

令 $f_n^v = f_n^{vm} = f_n^{vc}, f_n^{\Delta x} = f_n^{\Delta xm} = f_n^{\Delta xc}$ 和 $f_n^{\Delta v} = f_n^{\Delta vm} = f_n^{\Delta vc}$,则式(10-70)可以整理为:

$$\sum_{n \in N} \left\{ -\frac{1 + (1-\Theta\alpha)f_n^v \tau_m^v + \Theta\alpha f_n^v \tau_c}{f_n^{\Delta x}} + \frac{1}{2}\frac{(f_n^v)^2}{(f_n^{\Delta x})^2} + \frac{f_n^v[(1-\Theta\beta)\tau_m^{dx} + \Theta\beta\tau_c]}{f_n^{\Delta x}} + \frac{f_n^v f_n^{\Delta v}}{(f_n^{\Delta x})^2} \right\} \geq 0$$

$$(10\text{-}72)$$

如果不等式(10-72)成立,则系统是稳定的。从稳定性条件可以看出,系统的稳定性受到系统中所有车辆的影响,而互联车的分布情况在一定程度上影响着混合交通流的稳定性。

假设互联车在系统中随机分布,并且令 $\tau_m^v = 0, \tau_m^{dx} = \tau_m, \tau_m \geq \tau_c$,则稳定性条件可以简化为:

$$(1 - p_{cv}^2)\left[-\frac{1}{f_n^{\Delta x}} + \frac{1}{2}\frac{(f_n^v)^2}{(f_n^{\Delta x})^2} + \frac{f_n^v}{f_n^{\Delta x}}\tau_m - \frac{(f_n^v)(f_n^{\Delta v})}{(f_n^{\Delta x})^2}\right] + p_{cv}^2 \left\{-\frac{1 + (1-\Theta\alpha)f_n^v \tau_m^v + \Theta\alpha f_n^v \tau_c}{f_n^{\Delta x}} + \right.$$

$$\left. \frac{1}{2}\frac{(f_n^v)^2}{(f_n^{\Delta x})^2} + \frac{f_n^v[(1-\Theta\beta)\tau_m^{dx} + \Theta\beta\tau_c]}{f_n^{\Delta x}} + \frac{f_n^v f_n^{\Delta v}}{(f_n^{\Delta x})^2}\right\} \geq 0 \quad (10\text{-}73)$$

式中,p_{cv}^2 表示互联车跟随另一辆互联车的概率。稳定性函数为式(10-73)的左侧部分,如果该函数为正,则交通流是渐进线性稳定的。

2) 数值实验

车辆跟驰理论的目的是获取车辆的详细动力学信息,从而可以应用于模拟分析复杂的交通流特性。在过去的几十年里，很多研究已经构建了大量车辆跟驰模型，其中 IDM 模型（Treiber 等，2000）是最重要的车辆跟驰模型之一。因此，本节选取 IDM 模型进行数值实验，以验证混合交通流稳定性分析的结果。

由于连续方程不能直接用于仿真或实际交通中，因此采用欧拉格式对式(10-65)进行离散化处理，可得以下方程：

$$v_n(k+1) = v_n(k) + f((1-\Theta\alpha)v_n^m(k-k_m^v) + \Theta\alpha v_n^c(k-k_c),$$
$$(1-\Theta\beta)\Delta x_n^m(k-k_m^{dx}) + \Theta\beta\Delta x_n^c(k-k_c),$$
$$(1-\Theta\gamma)\Delta v_n^m(k-k_m^{dv}) + \Theta\gamma\Delta v_n^c(k-k_c))\Delta t \quad (10\text{-}74)$$

式中，Δt 是时间步长的长度；k 是时间步；k_c，k_m^v，k_m^{dx} 和 k_m^{dv} 分别是互联车的延迟步长，以及普通人驾驶车辆关于速度、车头时距和速度差的延迟步长，可分别通过式 $\tau_c/\Delta t$，$\tau_m^v/\Delta t$，$\tau_m^{dx}/\Delta t$，$\tau_m^{dv}/\Delta t$ 计算。在以下数值实验中，模拟的时间步长设置为 0.1 s。此外，需要注意，只有当反应时间为 Δt 的整数倍时，才可以应用此方法。

① 智能驾驶员模型（IDM）。

在 IDM 模型中，车辆 n 的加速度定义为速度 v_n、车间距 s_n 和速度差 Δv_n 的连续函数，表示为：

$$\frac{dv_n(t)}{dt} = a\left\{1 - \left[\frac{v_n(t)}{v_0}\right]^4 - \left[\frac{s^*(v_n(t),\Delta v_n(t))}{s_n(t)}\right]^2\right\} \quad (10\text{-}75)$$

式中，v_0 是期望的速度；a 是最大加速度；车间距 $s_n = \Delta x_n - l_n$（l_n 是车辆 n 的长度）；$s^*(\cdot)$ 是期望的最小车间距，它是速度 v_n 和速度差 Δv_n 的函数，具体表达式为：

$$s^*(v_n(t),\Delta v_n(t)) = s_0 + \max\left(0, Tv_n(t) + \frac{v_n(t)\Delta v_n(t)}{\sqrt{ab}}\right) \quad (10\text{-}76)$$

式中，b 表示期望减速度；s_0 为堵塞时的车间距；T 表示安全车头时距，为常数。

这里，由于假设所有车辆都为人工驾驶车辆，所以普通车和互联车能够用采用统一的车辆跟驰模型形式。下面模拟中，我们采用 IDM 模型进行模拟，变量 $v_n(t)$，$s_n(t)$，$\Delta v_n(t)$ 分别被式(10-66a)～式(10-66c)中的形式替换，则可以分别用以模拟普通车和互联车。

② IDM 模型框架下的稳定性。

前面的稳定性分析方法可适用于 IDM 模型，即在满足式(10-73)的情况下，在互联车随机分布下，混合交通系统是稳定的。基于 IDM 模型，可以推导出以下结果：

$$f_n^{vm} = f_n^{vc} = -2a\left[\frac{2}{v_0}\left(\frac{v_n^e}{v_0}\right)^3 + \frac{T(s_n^0 + Tv_n^e)}{(s_n^e)^2}\right] \quad (10\text{-}77\text{a})$$

$$f_n^{\Delta xm} = f_n^{\Delta xc} = \frac{2a}{s_n^e}\left(\frac{s_n^0 + Tv_n^e}{s_n^e}\right)^2 \quad (10\text{-}77\text{b})$$

$$f_n^{\Delta vm} = f_n^{\Delta vc} = -\frac{v_n^e}{s_n^e}\sqrt{\frac{a}{b}}\frac{s_n^0 + Tv_n^e}{s_n^e} \quad (10\text{-}77\text{c})$$

联合式(10-73)和式(10-76)，可以绘出车头距-敏感系数空间上的相图，如图 10-21 所示。模型的参数设置如表 10-19 所示。

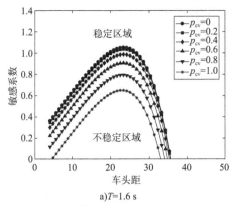
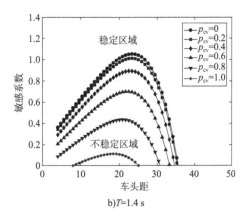

图 10-21 不同 p_{cv} 下的稳定性曲线

IDM 模型参数　　表 10-19

参数	普通车	互联车
期望速度 v_0(m/s)	33	33
堵塞车间距 s_n^0(m)	4	4
安全车头时距 T(s)	1.6	1.6
最大加速度 a(m/s²)	2	2
期望减速度 b(m/s²)	3	3
延迟时间 τ(s)	0.4	0

在图 10-21 中，每个 p_{cv} 均有一条曲线与其相对应，从而将整个区域分成两个部分；其中，曲线上面的区域是稳定区域，而曲线下面的区域是不稳定区域。可以清晰地看到，随着 p_{cv} 的增加，敏感系数不断下降，这意味着随着所考虑的 ADAS 信息权重增加，稳定区域逐渐变大，不稳定区域逐渐减小。

此外，在图 10-21 中，随着 p_{cv} 的增加，互联车跟随互联车的比例增加，两个相邻曲线之间的间隙也因此逐渐变大。更具体地说，已知互联车跟随互联车的概率为 p_{cv}^2，因此互联车的比例越高，混合交通系统将越稳定。

此外，从图 10-21a) 可以发现，在自由流状态下，互联车对交通稳定性的影响很小。原因是显而易见的：在自由流交通中不存在车辆间的相互作用，因此不能体现出互联车的优点，即较小的反应时间。图 10-21b) 给出了不同互联车参数下的稳定性相图 [即互联车具有较小的安全时间间隔 (1.4 s) 和更大的最大加速度 (2.5 m/s²)]。在此情况下，可以发现互联车对自由流状态的稳定性有很大影响，特别是当 p_{cv} 趋于 1.0 时。然而，对于不同的参数集，其定性结果是一致的。

③数值模拟。

在周期性边界条件下进行了数值试验，以验证理论分析的结果。模拟中采用无出入口匝道的环形道路，道路长度 $L=2000$ m，采用通用 IDM 模型的欧拉格式，模型参数见表 10-19，车辆平均长度设为 5 m，普通车和互联车均以 0 m/s 的初始速度随机分布在道路上。模拟时间为

5600 s,时间步长为0.1 s。为了避免瞬态效果的影响,舍弃前2000 s的模拟结果。

图10-22显示了$p_{cv}=0,0.2,0.4,0.6,0.8,1.0$的情况下,$t=2000$ s后的速度时空图。图10-22a)~c)中,由于稳定性条件不满足,交通流不稳定。因此,初始的扰动逐渐放大,并形成走走停停波。随着p_{cv}的增大,交通拥挤逐渐得到抑制,速度波动逐渐减弱。当$p_{cv}=0.8,1.0$时,交通拥挤最终消失,速度波动很小。基于此,可以看出通过考虑ADAS提供的信息,互联车可以有效抑制交通波动,缓解交通拥堵。

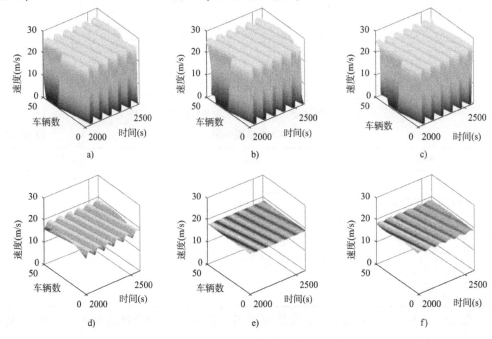

图10-22 速度时空图

注:车辆密度为25 veh/km;a)~f)分别对应$p_{cv}=0,0.2,0.4,0.6,0.8,1.0$的情况。

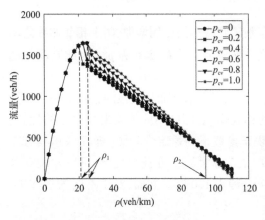

图10-23 不同p_{cv}下的基本图

图10-23为不同p_{cv}下的基本图,可以分析互联车对交通流的影响。根据临界密度ρ_1和ρ_2,基本图可以分为三个部分。当密度小于ρ_1时,交通为自由流,流量随密度的增加呈线性增加。当交通流密度在$[\rho_1,\rho_2]$区间内时,交通流量突然下降,表明交通流存在从自由流到拥堵流的相变。然而,随着互联车渗透率(即p_{cv})的增加,流量-密度曲线逐渐升高,最大流量下降的幅度逐渐变小。这种现象的出现是由于随着p_{cv}的增加,交通流变得更加稳定并且交通波被抑制;参见图10-22。当密度大于ρ_2时,交通流为拥挤流,此时的流量较小。

图10-24给出了车辆密度在100 veh/km下的速度时空演变。可以看出,所有的车辆速度都小于10 m/s,并且随着p_{cv}的增大,速度波动不断变弱,最终收敛到一个稳定的较小值。

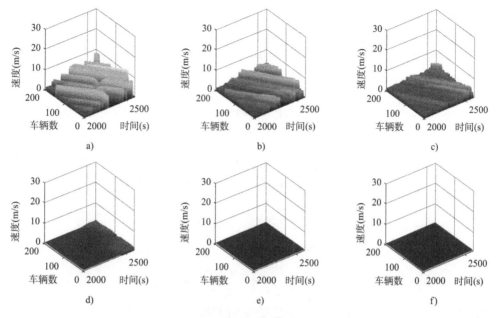

图 10-24 速度时空图

注：车辆密度为 100 veh/km；a)~f) 分别对应 $p_{cv}=0,0.2,0.4,0.6,0.8,1.0$ 的情况。

从图 10-24 中可以进一步发现，平均速度随着 p_{cv} 的增加而变小。为了验证这一现象，表 10-20 给出了完成 2000 m 行程的所有车辆的平均速度和行驶时间，其结果与图 10-24 中的现象相一致。此外，当车辆密度大于临界密度 ρ_2 时，结果与图 10-23 中的情况一致。结果表明，在非常拥挤的交通流中，互联车可以显著抑制交通波动，但其交通效率略有降低。

车辆的平均速度和行驶时间（密度为 100 veh/km，行驶距离为 2000 m） 表 10-20

p_{cv}	平均速度（m/s）	旅行时间（s）
0	0.7174	2788
0.2	0.6859	2916
0.4	0.6639	3013
0.6	0.6327	3161
0.8	0.6251	3199
1.0	0.6249	3201

10.4.3 混合交通系统辅助驾驶策略

前面讨论了互联车之间的信息共享可以增强交通流的稳定性，提高交通效率。然而，在其跟驰模型中，需要考虑六个因素，包括分别从驾驶员感知和 ADAS 提供的车头距、速度和速度差，如此复杂的影响因素会在一定程度上干扰驾驶员的快速决策，从而影响 ADAS 信息的效果。为了解决这一问题，并帮助驾驶员合理驾驶互联车，本节提出了一种基于反馈控制理论的辅助驾驶策略。

1) 辅助驾驶策略

与前面所述车辆跟驰情况一致,辅助驾驶策略仅针对前后车辆均为互联车的情况。在式(10-65)的车辆跟驰模型中加入一个反馈控制项 $g_n(\cdot)$,以稳定车辆的运动状态,新的车辆跟驰模型可以写为如下形式:

$$\frac{dv_n(t)}{dt} = f(v_n^m(t-\tau_m^v), \Delta x_n^m(t-\tau_m^{dx}), \Delta v_n^m(t-\tau_m^{dv})) + g_n(v_n(t-\tau_{cs}), V_n(t-\tau_{cs})) \tag{10-78}$$

式中,$V_n(t-\tau_{cs})$ 是由参考模型计算的期望速度。该参考模型是一个具有反应延迟 τ_{cs} 的车辆跟驰模型。在下面的模拟中,我们将速度的平衡解取为 $V_n(t-\tau_{cs})$,可以通过求解以下方程得到:

$$f_n(V_n(t-\tau_{cs}), \Delta x_n(t-\tau_{cs}), 0) = 0 \tag{10-79}$$

这里选择 IDM 模型以描述车辆跟驰过程,此时 $V_n(t-\tau_{cs})$ 为:

$$V_n(t-\tau_{cs}) = v_0 \left\{ 1 - \left[\frac{s_0 + Tv_n(t-\tau_{cs})}{s_n(t-\tau_{cs})}\right]^2 \right\}^{1/4} \tag{10-80}$$

具体地,反馈控制项 $g_n(\cdot)$ 定义为期望速度和当前速度差值的函数:

$$g_n(v_n(t), V_n(t)) = \lambda(V_n(t-\tau_{cs}) - v_n(t-\tau_{cs})) \tag{10-81}$$

式中,λ 为常数,表示反馈控制项的强度。

与前面模拟中对式(10-65)离散化相似,采用欧拉格式对式(10-78)进行离散化处理,以应用于以下的模拟。同样,设时间步长为 0.1 s,反应延迟 τ_{cs} 为 0.2 s。每次模拟持续 5600 s,并舍弃前 2000 s 的仿真结果以避免瞬态行为。

图 10-25 给出了具有离散反馈控制策略的车辆跟随过程,即,驾驶员根据 ADAS 提供的辅助驾驶策略信息来驾驶车辆。

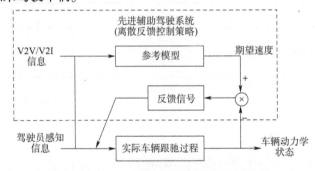

图 10-25 具有离散反馈控制策略的车辆跟驰过程

2) 针对辅助驾驶策略的数值实验

本节通过数值模拟以验证提出的辅助驾驶策略对稳定交通流的效果。类似地,对于式(10-78)中的一般车辆跟驰模型,这里仍然选取经典的 IDM 模型。注意到车辆跟驰模型存在反应延迟,而在参考模型中没有延迟。反馈项系数设为 $\lambda = 0.3$,IDM 模型的其他参数见表 10-19。边界条件、道路长度和车辆长度均与前面稳定性分析数值模拟中的相同。

为了揭示所提出的策略对交通流动态特性的影响,进一步给出参考模型的期望速度和反馈信号 $V_n(t) - v_n(t)$ 的变化曲线,如图 10-26 所示。可以看出,当 $p_{cv} = 0.2$ 和 0.4

时,期望速度的扰动逐渐放大,并最终达到周期性振荡,即交通流的走走停停状态,此时反馈信号也表现出周期性波动。此外,可以发现 $V_n(t)-v_n(t)$ 的值小于0,表明在这种交通条件下激进的驾驶可能会导致高风险的驾驶状态。然而,当 $p_{cv}=0.8$ 时,期望速度的波动逐渐变小。此时,虽然反馈信号的值很小(接近0),但它对交通流的稳定起着至关重要的作用。

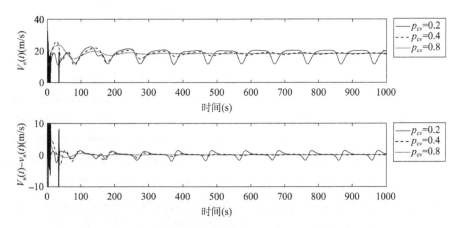

图 10-26　期望速度 $V_n(k)$ 和反馈信号 $V_n(t)-v_n(t)$ 随时间的变化

注:交通密度为 25 veh/km,互联车以 p_{cv} 的概率随机分布。

图 10-27 给出了不同 p_{cv} 下的流量-密度基本关系图,表明了辅助驾驶策略对交通流量的影响。可以看出,随着 p_{cv} 的增加,提出的辅助驾驶策略可以逐渐提高通行能力(最大流量)。值得注意的是,辅助驾驶策略对基本图堵塞分支具有较大影响。随着 p_{cv} 的增加,临界密度下交通流量下降的幅度逐渐变小,并在 p_{cv} 大于某个值时流量下降的现象彻底消失。出现这一现象的主要原因是所提出的辅助驾驶策略能够抑制交通流的波动,图 10-28 则进一步证实了这一结论。

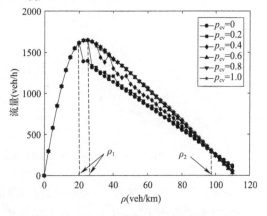

图 10-27　不同 p_{cv} 下的流量-密度基本关系图($s_n^0=4$)

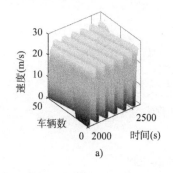
a)

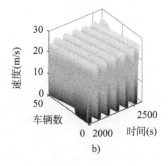
b)

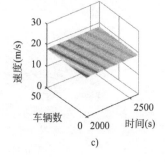
c)

图 10-28

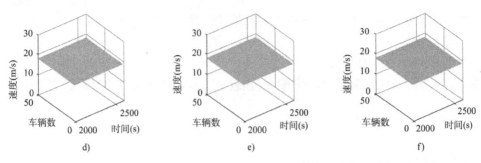

图 10-28 交通密度为 25 veh/km 下的速度时空演化图

注：a)~f)分别对应 $p_{cv}=0,0.2,0.4,0.6,0.8,1.0$ 的情况，参数 $\lambda=0.3$。

图 10-29 所示是车辆速度的平均值和标准差随互联车的交通密度和渗透率的变化。结果表明，在自由流条件下，车辆速度的标准差为 0；在车辆密度达到约 25 veh/km 时，车辆速度标准差突然急剧上升；之后，随着密度的增加而逐渐减小。这些结果表明，最不稳定的交通状态出现在临界密度 25 veh/km 附近。同时可以发现，速度标准差随着 p_{cv} 的增大而减小，并最终在 $p_{cv}=1$ 时变为一个很小的值。这些结果从另一个方面证实，随着 p_{cv} 的增大，基本图的拥堵状态分支的流量逐渐增大，并且在临界密度时流量突然下降现象最终消失。

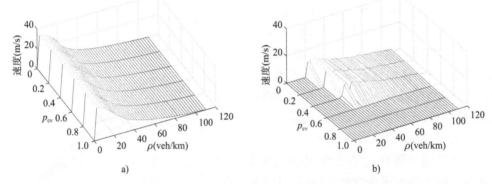

图 10-29 车辆速度的平均值和标准差随互联车的交通密度和渗透率的变化

a)平均值；b)标准差

根据式(10-81)，参数 λ 表示反馈控制项的作用强度。为了明确参数 λ 对交通流的影响，图 10-30 分别给出了 $\lambda=0.3,0.5,0.9$ 时车辆速度的时空演化图。结果表明，交通流波动的幅度随 λ 的增大而减小，因此本节提出的辅助驾驶策略能够稳定交通流状态，抑制交通拥堵。

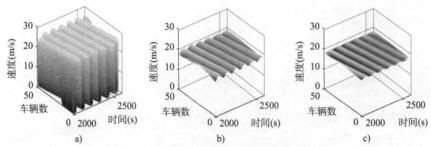

图 10-30 交通密度为 25 veh/km，$p_{cv}=0.2$ 下的速度时空演化图

注：a)~c)分别对应 $\lambda=0.3,0.5,0.9$ 的情况。

正如一些文献所述,当引入互联车时,车辆跟驰过程中的安全距离可以减小。因此,对于互联车跟随互联车的情况,我们模拟了较短安全距离(即设置 $s_n^0=2$)的情况。图 10-31 给出了不同 p_{cv} 下的流量-密度基本关系图。由此可见,随着 p_{cv} 的增大,最大流量逐渐增大,每条曲线的右侧分支逐渐增高。结果表明,本节提出的互联车控制策略能有效提高交通拥挤时的交通效率。此外,图 10-32 给出了最大流量随 p_{cv} 的变化。当 $p_{cv}<0.4$ 时,最大流量缓慢增加;而当 $p_{cv}>0.4$ 时,最大流量呈近似线性增加。这一结果主要取决于 10.4.1 节的基本假设,即仅在互联车跟随互联车时,互联车之间的共享信息才能发挥作用。为此,对于较小的 p_{cv} 值,互联车的影响随 p_{cv}^2 的增大而增大,互联车发挥显著作用的渗透率阈值较大;而当 p_{cv} 趋近于 1 时,互联车的效果则呈现近似线性增长的现象。因此,只有当互联车的渗透率达到足够大的值时,互联车才能在较大程度上提高交通效率。

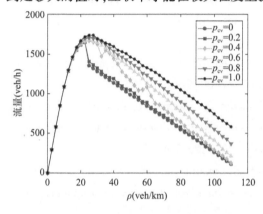

图 10-31　不同 p_{cv} 下的流量-密度基本关系图($s_n^0=2$)　　图 10-32　最大流量随 p_{cv} 的变化曲线

10.5　本章小结

未来交通系统中,以车间通信、车路通信、自动驾驶为代表的新一代智能交通技术将构建出全新的智能网联环境,从而为城市交通系统带来重大变化,并为交通管理与控制带来新的机遇与挑战。然而,智能网联交通环境下多种类型车辆的驾驶行为与控制模式特征及其对交通流的影响机理尚不清晰。基于此,本章面向智能网联环境下智能网联车辆与普通人驾驶车辆构成的异质交通流,构建能够刻画多种类型车辆的交通流模型,进而通过理论分析、模拟分析等方式深入研究智能网联环境下信息交互与响应、车辆行为等多类型因素对交通流基本图、稳定性、交通波动等特性的影响;在以上研究基础上,提出了多个基于智能网联环境下共享信息的辅助驾驶策略,并通过模拟分析深入分析了辅助驾驶策略对交通流特性的影响。

本章参考文献

[1] AHN K, RAKHA H, TRANI A, et al. Estimating vehicle fuel consumption and emissions based on instantaneous speed and acceleration levels[J]. Journal of transportation engineering, 2002, 128(2): 182-190.

[2] BANDO M, HASEBE K, NAKAYAMA A, et al. Dynamical model of traffic congestion and numerical simulation[J]. Physical review E, 1995, 51(2): 1035-1042.

[3] HASEBE K, NAKAYAMA A, SUGIYAMA Y. Dynamical model of a cooperative driving system for freeway traffic[J]. Physical review E, 2003, 68(2): 026102.

[4] JOUMARD R, HICKMAN A J, NEMERLIN J, et al. Modelling of emissions and consumption in urban areas: final report[M]. France: INRETS, 1992.

[5] MAHMASSANI H S. 50th anniversary invited article—autonomous vehicles and connected vehicle systems: flow and operations considerations[J]. Transportation science, 2016, 50(4): 1140-1162.

[6] TREIBER M, KESTING A, HELBING D. Delays, inaccuracies and anticipation in microscopic traffic models[J]. Physica A: statistical mechanics and its applicotions, 2006, 360(1): 71-88.

[7] TREIBER M, HENNECKE A, HELBING D. Congested traffic states in empirical observations and microscopic simulations[J]. Physical review E, 2000, 62(2): 1805-1824.

[8] WANG J, KIM Y H, HE X, et al. Analytical model for information flow propagation wave under an information relay control strategy in a congested vehicle-to-vehicle communication environment[J]. Transportation research procedia, 2017, 23: 738-757.

[9] XIE D F, ZHAO X M, HE Z B. Heterogeneous traffic mixing regular and connected vehicles: modeling and stabilization[J]. IEEE transactions on intelligent transportation systems, 2019, 20(6): 2060-2071.

[10] 王涛, 高自友, 赵小梅. 多速度差模型及稳定性分析[J]. 物理学报, 2006, 55(2): 634-640.

[11] 王炜, 过秀成. 交通工程学[M]. 2版. 南京: 东南大学出版社, 2011.